2006年度国家社会科学基金青年项目（项目批准号：06CSH010）

| 海西求是文库 |

中等收入阶层实证研究

——以福建省东南沿海县域为例

程丽香/著

E MPIRICAL STUDY on
MIDDLE-INCOME
STRATUM

社会科学文献出版社
SOCIAL SCIENCES ACADEMIC PRESS (CHINA)

总　序

　　党校和行政学院是一个可以接地气、望星空的舞台。在这个舞台上的学人，坚守和弘扬理论联系实际的求是学风。他们既要敏锐地感知脚下这块土地发出的回响和社会跳动的脉搏，又要懂得用理论的望远镜高瞻远瞩、运筹帷幄。他们潜心钻研理论，但书斋里装的是丰富鲜活的社会现实；他们着眼于实际，但言说中彰显的是理论逻辑的魅力；他们既"力求让思想成为现实"，又"力求让现实趋向思想"。

　　求是，既是学风、文风，也包含着责任和使命。他们追求理论与现实的联系，不是用理论为现实作注，而是为了丰富观察现实的角度、加深理解现实的深度、提升把握现实的高度，最终让解释世界的理论转变为推动现实进步的物质力量，以理论的方式参与历史的创造。

　　中共福建省委党校、福建行政学院地处台湾海峡西岸。这里的学人的学术追求和理论探索除了延续着秉承多年的求是学风，还寄托着一份更深的海峡情怀。多年来，他们殚精竭虑所取得的学术业绩，既体现了马克思主义及其中国化成果实事求是、与时俱进的理论品格，又体现了海峡西岸这一地域特色和独特视角。为了鼓励中共福建省委党校、福建行政学院的广大学人继续传承和弘扬求是学风，扶持精品力作，经校委研究，决定编辑出版《海西求是文库》，以泽被科研先进，沾溉学术翘楚。

　　秉持"求是"精神，本文库坚持以学术为衡准，以创新为灵魂，要求入选著作能够发现新问题、运用新方法、使用新资料、提出新观点、进行新描述、形成新对策、构建新理论，并体现党校、行政学院学人坚持和发展中国特色社会主义的学术使命。

　　中国特色社会主义既无现成的书本作指导，也无现成的模式可遵循。

思想与实际结合，实践与理论互动，是继续开创中国特色社会主义新局面的必然选择。党校和行政学院是实践经验与理论规律的交换站、转换器。希望本文库的设立，能展示出中共福建省委党校和福建行政学院广大学人弘扬求是精神所取得的理论创新成果、决策咨询成果、课堂教学成果，以期成为党委政府的智库，又成为学术文化的武库。

马克思说："理论在一个国家实现的程度，总是取决于理论满足这个国家的需要的程度。"中共福建省委党校和福建行政学院的广大学人应树立"为天地立心、为生民立命、为往圣继绝学，为万世开太平"的人生境界和崇高使命，以学术为志业，以创新为己任，直面当代中国社会发展进步中所遇到的前所未有的现实问题、理论难题，直面福建实现科学发展跨越发展的种种现实课题，让现实因理论的指引而变得更美丽，让理论因观照现实而变得更美好，让生命因学术的魅力而变得更精彩。

中共福建省委党校 福建行政学院

《海西求是文库》编委会

序　言

从人类发展的历史看，在不同的社会发展阶段，社会的主体人群是不同的。奴隶社会的主体人群是奴隶和奴隶主，封建社会的主体人群是农民和地主，资本主义社会的主体人群是工人和资本家，现代社会的主体人群是中产阶层。从社会阶层结构看，现代社会是一个"两头小、中间大"的"橄榄型"社会。拥有最多的经济资源、政治资源和文化资源的群体是极少数，占有这些社会资源最少的群体也是极少数，而中产阶层是在"橄榄型"社会中人口占最大多数的主体。

社会学家们研究指出，中产阶层主要由两部分人群组成。一是社会中的中小企业主、中小农场主，他们拥有一定的生产资料，雇用工人（农场工人）和职员，被称为老中产阶层；二是职业经理、各类专业技术人员、教师、医生、工程师、自由职业者、一部分高级技工等，他们是被雇用的（也有一部分是自雇者），在中国统称为知识分子、白领，随着现代化的发展，这部分人群越来越多，被称为新中产阶层。中产阶层是在工业化、城市化、现代化发展过程中逐渐形成、发展、壮大的。早在20世纪，英国社会学家马歇尔就曾说过："几乎所有西方社会都正在转变为一个中产阶级占统治地位的社会。"

从现代化国家发展的经验和教训看，中产阶层是在经济社会发展过程中起平衡、协调和稳定作用的重要力量。在经济上，中产阶层是市场经济的建设者、组织者、劳动者，也是重要的、稳定的消费群体；在政治上，他们要求社会稳定、有序发展，坚持社会进步的方向；在文化上，中产阶层既是文化的创造者，也是主要的消费者。所以，在现代化的社会阶层结构中，必须要有一个规模宏大的中产阶层，这是社会和谐、稳定、进步的坚实力量。

改革开放以来，在党中央的领导下，我国的工业化、城镇化、现代化迅猛发展。这一时期本来应该是中国中产阶层发展的黄金时期，但是由于各种历史和文化的原因，我国的社会阶层结构没有像经济结构那样得到应有的优化，我国的中产阶层也没有得到应有的成长。2010 年 1 月，我们"当代中国社会结构变迁研究课题组"出版的《当代中国社会结构》，根据国际学术界提出的经济社会指标体系进行分析，结果显示：我国当前的经济结构已经达到了工业社会中期阶段的水平，但我国的社会结构还处于工业化社会初期阶段的水平。就中产阶层规模来说，工业化中期阶段的中产阶层应该达到总就业人口的 40%，而 2009 年中国的中产阶层只占 23%（当前约为 25%）。现代化发展的历史表明，一个现代化国家不仅要有现代化的经济结构，还要有现代化的社会结构，其中有一个较大规模中产阶层的社会阶层结构是核心结构，这个国家才能平衡协调发展，社会才能和谐稳定。当今中国，社会结构严重滞后于经济结构，中产阶层规模过小，这是导致诸多经济社会矛盾以及经济社会发展不平衡、不协调、不稳定、不可持续的主要原因。

要推动经济社会持续稳定较快发展，就一定要按经济规律办事，也一定要按社会发展规律办事。在当前，不仅要把继续调整经济结构、加快转变经济发展方式作为主题，同时也要把调整优化社会结构放到重要的位置，推动经济社会协调发展。要优化社会结构，一个很重要的方面，就是要培育和构建一个宏大的中产阶层。这既是全面建成小康社会的重要任务，也是实现全体人民共同富裕，建设富强、民主、文明、和谐的社会主义现代化国家的战略任务。

随着我国工业化、城镇化、现代化建设持续健康发展，中国的中产阶层正在成长发展之中。据我们课题组的研究，进入 21 世纪以来，每年约有 800 万人从社会各个阶层进入中产阶层的队伍。在总就业人口中，中产阶层人口的比重每年增加约 1 个百分点[①]。当然，如果我们各项社会政策和工作做得更好一些，中产阶层的成长和发展会更好、更快一些。

为了使中国的中产阶层成长发展得更快一些，当前有一个重要的工作

---

① 参见陆学艺主编《当代中国社会结构》，社会科学文献出版社，2010，"总报告"。

要做，就是要给"中产阶层"正名，使之有一个大家通用的名称。这就好比一个孩子，他降生人间，都快到青年、成年期了，还没有一个大名，这对他的成长和发展不利。因为各种原因，直到现在，中国社会各界对国际普遍通用的"Middle Class"这个外来语有各种译名，分别称为中产阶级、中产阶层、中间阶级，中间阶层、中等收入阶层、白领阶层等，政界、学界对此争议很大，经济学界和社会学界、政治学界对此也有争议。政界、经济学界、主流媒体至今还采用"中等收入群体""中等收入阶层"的名称。我们认为还是称中产阶层为好。对此，有关方面应该组织开展一次由有关各界参加的讨论，确定一个统一的名称，取得共识。这对于加快培育和建设宏大的中产阶层，优化社会结构是十分重要的，也是十分必要的。我们社会学界更应积极参加这类研讨，并为此作出应有的贡献。这对推进社会学学科发展，对于当前正在全国开展的社会建设和社会管理工作，都是很有裨益的。

福建省委党校学报编辑部副主编程丽香同志多次参与我们"当代中国社会结构变迁研究课题组"的调研工作，完成了几个子课题的研究。她一面做编辑工作，同时也做社会学的研究，常常深入农村和基层进行各种社会调查。2006年，她申报国家社会科学基金青年项目，获得批准。这本书是她历时六年有余努力完成的这项国家课题的成果。

这本书名为《中等收入阶层实证研究——以福建省东南沿海县域为例》。这是六年前，作者根据招标课题标准申报的项目名称，按照规定，项目出版时要用原名。作者在书中专门对中产阶层和中等收入阶层的概念进行了分析和界定。她认为，中产阶层是指在社会整体阶层结构中居于中间地位且无论是生活水平、财产地位还是其他社会属性或者社会资源的占有均处于中等层次的社会群体；中等收入阶层是指在社会整体阶层结构中相对稳定的家庭年人均收入水平居于中间等级的社会群体，它是中产阶层从经济财富资源占有角度的反映，是中产阶层的一个极其重要的维度。为此，作者费了很大功夫，意在说明中等收入阶层是中产阶层的一个重要组成部分，这不失为一家之言，从中也可以看到前面讲到的要"正名"的必要性。

本书的另一个特点，是研究对象有地区特色。客观地说，中国的社会阶层结构总体还在不断分化和整合之中。中国地广人众，区域发展很不平衡，各地中产阶层的发育程度、构成特征、社会流动状况以及阶层意识等方面都存在很大差异。东南沿海县域相对于中西部内陆县域而言，经济较为发达，社会转型速度较快，社会阶层结构分化较为急剧，一些优势地位群体的发育也相对较为成熟。本书选择东南沿海县域作为研究对象，在问卷调查的基础上全面、系统地考察这一区域中等收入阶层的概况，具有一定的典型意义。

本书较为系统地梳理了国内外有关中产阶级、中间阶层、中等收入群体讨论的主要观点，并在借鉴前人研究成果的基础上，以福建省福清市和龙海市为个案，从县域层面和实证角度对东南沿海县域中等收入阶层的规模与特征、经济地位和社会流动差异、阶层意识与社会心态等进行了较为翔实和系统的分析，并提出了进一步扩大县域中等收入阶层的政策建议。这对进一步丰富中等收入阶层研究，在理论上和方法上都有一定的意义。

本书的方法规范。作者以定量研究为主，选择东南沿海县域的福建省福清市和龙海市，采用随机抽样的方法抽取样本街道和乡镇，再从样本街道和乡镇中采用等距离抽样方法抽取 16～70 岁的样本对象进行入户问卷调查；对经验调查数据的分析则采用社会分层研究领域中流行的统计分析技术，如交叉列联表分析、多元回归分析和多因素方差分析。

这本书是作者做的国家课题的成果，其态度极其认真，孜孜以求。六年多来，她长期坚持，既做大量的文献研究，又做深入的田野工作，调查资料翔实，写作符合学术规范，分析很有深度，实在难能可贵。特别是在当今中国需要优化社会阶层结构、加快培育和建设宏大的中产阶层的时期，这本书的出版，正合时代之需，定会产生很好的社会影响。我也希望有更多的中青年社会学工作者，做这样的国家课题研究，写出这样的作品。

陆学艺

2012 年 12 月 10 日晨

目 录
Contents

第一章

导　论

　　构建和谐的社会阶层结构是构建和谐社会的核心内容，而扩大中等收入阶层或中间阶层更是构建和谐的社会阶层结构的关键所在。最近十年，"中等收入阶层""中间阶层"或"中产阶层"是我国学界或新闻媒体使用频率最高的词语。这表明，随着中国的经济结构和社会结构翻天覆地的变化，中国的社会阶层结构也发生了巨大的变化，新型的社会阶层结构已取代了传统的社会阶层结构，并在不断地分化和整合之中，一些优势地位群体甚至开始出现固化的趋势。毋庸置疑，伴随着这种分化和整合的过程，中等收入阶层或中间阶层、中产阶层已悄然形成，逐步发展、壮大，并以其独特的功能和魅力发挥着巨大的社会影响力。这种变化和社会影响力不仅吸引了学界、商界的关注，也吸引了政界及传媒的关注。目前，学界关注的视角更多集中在城市，较少有学者将研究的视角落在县域。因此，本课题选择经济较为发达的东南沿海县域作为研究对象，力图在问卷调查的基础上全面、系统地考察这一区域中等收入阶层的概况，以期为扩大全国县域的中等收入阶层提供有启迪价值的政策建议。本章主要说明本课题的研究意义和基本思路等。

第一节　问题的提出

　　改革开放 30 多年来，中国经济社会领域内市场化和现代化改革的不断深入，带动了社会结构的变化。在中国除了传统的产业工人和农民之外，出现了一个新的中间阶层，或者说出现了一个中等收入群体。2002 年，陆学艺研究团队的成果显示：中国中间阶层的人数已达到 8000 万人以上；2001 年，龙永图在新加坡的一次讲演中，更是大胆地预测，在未来 10 年中，中国具有中等收入的群体将达 4 亿人之多[①]。中间阶层作为一个工业化、市场化和现代化的产物，总是会随着经济增长而浮现并发展壮大的，这在中国也不例外。这样一个不断发展壮大的群体或阶层必然引起学界、商界、媒体乃至官方的关注与重视。国内学界对此多以"中产阶级""中产阶层""中间阶层"表述，而官方则以"中等收入群体""中等收入阶层"表述。

无论表述如何，作为一种客观存在，国内学界首先对其投入了热情与关注。李春玲的研究显示[②]，中国社会学家对中产阶级研究的关注开始于 20 世纪 80 年代后期。1986 年之前，几乎没有讨论中产阶级问题的文章，80 年代后期有一个中产阶级问题讨论的小高潮，90 年代初期中产阶级问题的研究进入低谷。2000 年是一个转折点，尤其是 2004 年以来，中产阶级研究成为热点，也就是在这一时期，一些社会学家、经济学家和政府部门的统计分析专家开始采用调查数据资料分析研究中国的中产阶级，而不再像以往那样仅仅是陈述一些观点或介绍一些理论。同时，在这一时期，人们对于中产阶级问题的讨论主题也变得多元化了，中产阶级的数量和构成是研究的重点问题，但是人们也开始讨论中产阶级的各种特征及其社会影响。

而官方对此关注的轨迹则大致如下：2002 年，中国共产党第十六次全国代表大会首次提出"以共同富裕为目标，扩大中等收入者比重，提高低收入者水平"的方针。2005 年，中国共产党十六届五中全会在关于制定"十一五"规划的建议中提出：着力提高低收入者收入水平，逐步扩大中等收入者比重，有效调节过高收入，规范个人收入分配秩序，努力缓解地区之间和部分社会成员收入分配差距扩大的趋势。2006 年 5 月 26 日，中共中央总书记胡锦涛主持召开了中共中央政治局会议，会议强调：着力提高低收入者收入水平，扩大中等收入者比重，有效调节过高收入，取缔非

① 转引自周晓虹主编《中国中产阶层调查》，社会科学文献出版社，2005，第 1 页。
② 李春玲：《中国中产阶级研究的理论取向及关注点的变化》，载李春玲主编《比较视野下的中产阶级形成》，社会科学文献出版社，2009，第 47~48 页。

法收入，努力缓解地区之间和部分社会成员收入分配差距扩大的趋势。2006 年，中国共产党十六届五中全会通过的《关于构建社会主义和谐社会若干重大问题的决定》再次提出：在经济发展的基础上，更加注重社会公平，着力提高低收入者收入水平，逐步扩大中等收入者比重，有效调节过高收入，坚决取缔非法收入，促进共同富裕。2007 年，中国共产党十七大报告在谈到 2020 年实现全面建设小康社会目标时指出，合理有序的收入分配格局基本形成，中等收入者占多数，绝对贫困现象基本消除。2010 年，中国共产党十七届五中全会提出今后五年经济社会发展的主要目标之一是：城乡居民收入普遍较快增加，低收入者收入明显增加，中等收入群体持续扩大，贫困人口显著减少，人民生活质量和水平不断提高。

无论学界还是官方，共同的心愿就是：构建一个"中间大，两头小"的和谐、健康、有序的社会。构建和谐社会是当今社会的主题，构建和谐的社会阶层结构是构建和谐社会的核心内容，而扩大中等收入阶层或中间阶层更是构建和谐社会阶层结构的关键所在。陆学艺教授认为，当一个国家或地区的社会中间阶层在人口中占到 40% 以上规模时，政治和经济状况就会相对平稳，社会秩序会比较好，比较安定，社会也比较和谐[1]。

和谐的社会阶层结构不仅体现在中间阶层或中等收入群体的人数规模上，更重要的是体现在它们所拥有的经济资源、组织资源和社会资源的数量和质量上。西方发达国家的经验表明：中间阶层最显著的特征是不占有生产资料，而更多地依赖组织资源（即管理权力）和文化资源（即专业技能）来获取社会地位[2]，它在社会利益调整中具有社会矛盾的"缓冲器"及社会稳定的"安全阀"的独特功能[3]。就中国社会结构转型的具体国情而言，以中间阶层为主导的合理的现代社会阶层结构将承载"贫富分化及社会利益冲突的缓冲功能""社会地位公正获得的示范功能"和"社会主义市场经济及现代性社会价值观的行为示范功能"等社会功能[4]。

---

① 陆学艺：《20 年内"中产"就业者将升至四成》，http://news. xinhuanet. com/mrdx/2005 - 09/15/content_ 3494087. htm，最后访问日期：2012 年 11 月 15 日。
② 陆学艺主编《当代中国社会流动》，社会科学文献出版社，2004，第 267 页。
③ 陆学艺主编《当代中国社会流动》，社会科学文献出版社，2004，第 269 页。
④ 陆学艺主编《当代中国社会流动》，社会科学文献出版社，2004，第 270 页。

当前，国内学者普遍认为中国的中等收入阶层、中间阶层或中产阶层主要集中在城市，尤其是北京、上海、广州等一线城市。除上述城市之外，中国的中等收入阶层、中间阶层或中产阶层在中小城市乃至县域存在吗？如果存在，其规模有多大？划分的依据又是什么？客观地说，中国的社会阶层结构总体还在不断地分化和整合之中，但是，一些具有阶层优势地位的群体已开始出现固化的趋势。由于区域发展的不平衡，这些群体的发育程度、构成特征、社会流动状况以及阶层意识等存在差异。东南沿海县域相对于中西部内陆县域而言，经济较为发达，社会转型速度较快，社会阶层结构分化较为急剧，一些优势地位群体的发育也相对较为成熟。因此，本课题选择东南沿海县域作为研究对象，力图在问卷调查的基础上全面、系统地考察这一区域的中等收入阶层的概况。首先，厘清中等收入阶层、中间阶层以及中产阶层等概念的内涵，明确东南沿海县域中等收入阶层的划分依据和规模。其次，探究东南沿海县域中等收入阶层的生成机制与内在逻辑，考察东南沿海县域中等收入阶层的群体认同、阶层意识和社会心态等。再次，期待在政策层面上为进一步扩大县域中等收入阶层提供有启迪价值的政策建议。

第二节　研究意义

不同的社会发展阶段，有不同的社会阶层结构。一个社会的发展阶段，不仅可以从这个社会的经济发展水平、产业结构来判断，也可以从这个社会的社会阶层结构来判断。从某种意义上来说，从社会阶层结构的特征去判断这个社会的发展阶段，更可靠、更确定①。社会发展理论与发达国家的经验皆表明：一个中等收入阶层、中间阶层或中产阶层占多数并且安居乐业的社会阶层结构是一个稳定的、和谐的社会结构。但是，中等收入阶层、中间阶层或中产阶层的产生、形成和发展有其特定的社会历史条件。周晓虹认为："在西方，工业化及向后工业社会的转变是中产阶层产生的社会背景，但在中国，工业化本身并没有对包括中产阶层在内的中国

---

① 陆学艺主编《当代中国社会阶层研究报告》，社会科学文献出版社，2002，第3页。

社会的阶层变动发生必然的影响。"① 他进一步认为，中国中产阶层的出现和成长还与1978年后出现的中国社会的转型有着最为直接和密切的联系，并且中国社会的转型包括三个最主要的方面：一是从以农业为主导的社会向以工业和服务业为主导的社会的转变；二是从计划经济向现代市场经济的转变；三是从高度中央集权的政治体系向社会主义民主政治体系的转变。正是这种社会转型及下述由这种转型带来的社会生活多方面的变化，使中国中产阶层的出现和成长成为现实②。

中国中等收入阶层、中间阶层或中产阶层的产生、形成和发展是否与周晓虹所概括的三个转型息息相关？中国中等收入阶层、中间阶层或中产阶层的规模和发展趋势是否如一些学者所预计的那么乐观？中国的县域是否也出现了中等收入阶层、中间阶层或中产阶层？可以想象，如果只有城市形成中等收入阶层、中间阶层或中产阶层，而广大的县域没有产生中等收入阶层、中间阶层或中产阶层，那么，中国是难以步入"橄榄型"的中产社会的。因此，本课题选择经济较为发达、社会转型速度较快且社会阶层结构分化较为急剧的东南沿海县域进行中等收入阶层的实证研究，具有较大的典型意义。本课题力图采用定量的分析方法，对这一区域的县域中等收入阶层或中产阶层进行系统的、全面的考察，这有助于促进县域乃至全国中等收入阶层或中产阶层的培育和壮大。

本课题的研究不仅可以弥补中国中等收入阶层或中产阶层微观研究和县域研究的不足，而且更重要的是将合理界定中等收入阶层和中产阶层的含义和归类指标，采用定量的研究方法深入探究东南沿海县域中等收入阶层的社会流动机制及阶层意识等内在逻辑关系，为当代中国中等收入阶层及中产阶层是否具有相应的阶层意识提供经验性的验证，从而为构建合理的现代社会阶层结构以及构建社会主义和谐社会提供理论依据和政策指导。有鉴于此，本课题的研究不仅具有重要的理论意义和现实意义，而且具有一定的方法论意义。

---

① 周晓虹主编《中国中产阶层调查》，社会科学文献出版社，2005，第8页。
② 周晓虹主编《中国中产阶层调查》，社会科学文献出版社，2005，第10~11页。

第三节　基本思路

本课题力图运用国内外关于中等收入阶层或中产阶层的理论研究成果，从县域层面和实证角度对福建省福清市和龙海市的中等收入阶层进行全面系统的考察，从中勾勒出东南沿海县域中等收入阶层的基本构成与特征，比较其经济地位差异，探究其社会流动状况与职业地位获得的影响机制，分析其阶层意识与社会心态，描绘其社会功能与发展趋势，期望能进一步丰富中等收入阶层的研究，并对东南沿海县域乃至全国其他县域的中等收入阶层的进一步培育和壮大提供基础，也期待为东南沿海县域乃至全国其他县域的地方政府制定相关决策提供有价值的信息。

本课题的主要内容：①中等收入阶层研究的理论取向与分析框架，包括中等收入阶层、中间阶层和中产阶层的主要理论，本课题的概念界定、分析框架以及研究方法和资料来源。②东南沿海县域中等收入阶层的划分依据、规模及基本特征，其中包括中等收入阶层的人数规模、群体归属；中等收入阶层的基本特征，如职业分布、受教育程度与就业水平等。③东南沿海县域中等收入阶层的经济地位，包括个人与家庭的收入及家庭的财产分布状况、消费水平与消费构成等方面的比较分析。④东南沿海县域中等收入阶层的社会流动，包括中等收入阶层代内流动、代际流动分析及其职业地位获得的影响机制研究。⑤东南沿海县域中等收入阶层的阶层意识与社会心态，包括阶层意识与社会心态形成的条件与障碍的实证研究。⑥扩大中国县域中等收入阶层的政策建议，包括影响中国中等收入阶层发展的制度约束，以及扩大中国县域中等收入阶层的政策建议。

本课题的主要创新之处：①将研究的视角聚焦在前人较少关注且经济较为发达的东南沿海县域，全景式地考察东南沿海县域中等收入阶层的规模、特征、社会流动、阶层意识和社会心态等。②在系统综述前人研究成果的基础上，建构了东南沿海县域中等收入阶层的分析框架，并对中产阶层以及中等收入阶层的概念作出界定，进而指出二者的区别与联系。中产阶层是指在社会整体阶层结构中居于中间地位且无论是生活水平、财产地位还是其他社会属性或者社会资源的占有均处于中等层次的社会群体。中等收入阶层是指在社会整体阶层结构中相对稳定的、家庭年人均收入水平居于中间等级的社会群体。中等收入阶层是中产阶层从经济财富资源占有角度的反映，是中产阶层的一个极其重要的维度。③借鉴李培林、张翼和周晓虹等人的方法，笔者选择比较容易操作且对目前人们的经济社会地位影响较大的三个指标作为测量中产阶层的指标，即收入水平、职业类别和教育资本。笔者将这三个指标都符合的人群定义为"核心中产阶层"，把其中两个指标符合的人群定义为"半核心中产阶层"，把只有一个指标符合的人群定义为"边缘中产阶层"；同时，把符合收入水平这一测量指标的人群定义为"中等收入阶层"。④界定了中产阶层收入指标、职业指标及教育指标的测量标准，并以家庭年人均收入为量度单位界定中等收入阶层的测量标准（在 2005 年国家统计局城市调查总队发布的研究成果的基础上设定）。凡 2007 年家庭人均年收入在 20000 ~166666.67 元即为"收入中产"，也称为"中等收入阶层"；在 0 ~19999 元的人群界定为"收入低层"，也称"低收入阶层"；高于 166666.67 元的人群界定为"收入高层"，也称"高收入阶层"。⑤还对主观分层中的中产阶层进行了界定和分析。将党政干部阶层、经理人员阶层、专业技术人员阶层、办事人员（职员）阶层、私营企业主阶层、个体经营者阶层以及部分从事非体力劳动的商业或服务人员阶层和专职的乡村管理者阶层界定为主观中产阶层；并将问卷中"在您所在的市/县里，如果把人分成不同等级，您认为您是哪一等级的人？"这一问题选项为"中等"的人群也界定为主观中产阶层，并称之为"中层认同"。⑥运用比较分析法对东南沿海县域之间以及县域内部中等收入阶层与低收入阶层之间的差异进行全面、系统的研究，特别是对其代内流动差异与代际流动差异进行翔实、深入的比较分析，并进一步探讨了其社会流动的内在影响机制。

本课题的局限性和今后研究的重点：限于书稿的篇幅，也限于问卷数据某些方面的不足，本课题未能对东南沿海县域阶层之间的经济地位差异的影响因素作进一步分析。同时，本课题关于社会关系网络以及社会心态的研究也只能是抛砖引玉。例如，关于阶层之间社会网络的关系次数、密度、趋同性以及异质性等网络基本特征方面的比较未能展开分析；关于阶层之间社会心态差异的原因以及各地位群体之间社会心态的调适等也未能涉及，这也是我们今后进一步努力的方向。

第二章

中等收入阶层的相关理论
回顾与分层标准

中等收入阶层、中间阶层或中产阶级作为现代社会分层的一个重要特征，决定了现代社会结构的许多重要特性，它是构建和谐、稳定的现代社会的重要力量。近几十年来，国内外学者对中等收入阶层、中间阶层或中产阶级给予了极大的关注，出版和发表了一系列有较大影响的论著，如 C. 赖特·米尔斯（C. Wright Mills）的《白领——美国的中产阶级》，帕克（Parker）和理查德（Richard）的《中产阶级的神话》，埃里克·奥林·赖特（Erik Olin Wright）的《后工业社会中的阶级》和《阶级分析的三种逻辑与中产阶级研究》，萧新煌和王宏仁的《从东亚到东南亚的中产阶级研究：理论与经验》，苏耀昌的《东亚中产阶级研究的理论与发现》，罗卡（Jean-Louis Rocca）的《政治交叉、社会表征与学术干预：中产阶级在中国的形成》，李春玲的《中国中产阶级研究的理论取向及关注点的变化》和《中国中产阶级的增长及其现状》，李培林、张翼的《中国中产阶级的规模、认同和社会态度》，李强的《关于中产阶级和中间阶层》和《怎样看待中国当前的中产阶级》，张宛丽的《对现阶段中国中间阶层的初步研究》，张宛丽、李炜、高鸽的《现阶段中国社会新中间阶层的构成特征》，周晓虹的《全球中产阶级报告》《中国中产阶级调查》和《全球化与中产阶级的形塑：理论与现实》，刘欣的《中国城市的阶层结构与中产阶层的定位》，吕大乐的《阶级分析的情感转向：上海与香港中产阶级的认同》，李路路、李升的《"殊途异类"：当代中国城镇中产阶级的类型化分析》，王开玉、方金友的《中国中等收入者研究》等，以及在各类学术刊物上发表的上百篇论文。本章将从传统社会分层的两种基本范式、当代西方社会学家的阶级理论及其分层标准、国内学界关于中等收入阶层、中间阶层或中产阶级的研究以及国内外媒体和调查机构对中产阶层的界定这几个方面系统回顾中等收入阶层的相关理论研究与分层标准。

第一节　传统社会分层的两种基本范式

中产阶级、中间阶层或中等收入阶层是现代社会学家在进行社会分层研究中常常使用的概念，它通常是指在社会分层结构中处于中间等级状态的社会群体。但是，综观文献，阶级或阶层的定义到底是什么？其划分标准又如何？中产阶级是否可以被视为一个阶级？可谓众说纷纭，各有各的理解和诠释。总体而言，大致存在两种基本的分层范式，即马克思主义的一元分层模式和西方社会学家的多元分层模式（如马克斯·韦伯的"三位一体的分层模式"）。

一　马克思的阶级理论和中间阶层思想

马克思、恩格斯认为社会分层体系的基础在于群体和生产资料的关系，构成分层系统的群体和阶层称为社会阶级。在马克思的著作中，社会阶级的定义就是该社会阶级与生产资料的独特关系。资本家或者说资产阶级，是一个由对生产资料如矿山、工厂等的占有者们所组成的阶级；工人或无产阶级，则是一个由必须出卖劳动力给生产资料占有者、借以获得一份工资并维持生计的人们所组成的阶级①。按照马克思的理解，阶级的划分标准是对生产资料的占有关系，判别形成一个阶级的条件是必须具备"相同关系"、能构成"大的社会集团"、有共同"利益"、行

---

① 〔美〕丹尼斯·吉尔伯特、〔美〕约瑟夫·A. 卡尔：《美国阶级结构》，彭华民、齐善鸿等译，中国社会科学出版社，1992，第6页。

动"一致"、有"阶级认同感"等几个方面①。马克思在总结自己对于阶级理论的贡献时指出:"在我以前很久,资产阶级历史编纂学家就已经叙述过阶级斗争的历史发展,资产阶级经济学家也已经对各个阶级作过经济上的分析。我所加上的新内容就是证明了下列几点:(1)阶级的存在仅仅同生产发展的一定历史阶段相联系……"②据此,列宁对阶级下了一个十分明确的并为人们所广泛使用的定义:"所谓阶级,就是这样一些大的集团,这些集团在历史上一定的社会生产体系中所处的地位不同,同生产资料的关系(这种关系大部分是在法律上明文规定了的)不同,在社会劳动组织中所起的作用不同,因而取得归自己支配的那份社会财富的方式和多寡也不同。所谓阶级,就是这样一些集团,由于它们在一定社会经济结构中所处的地位不同,其中一个集团能够占有另一个集团的劳动。"③概括地说,马克思的阶级分析,突出强调的是人们经济地位即物质利益的不同,其实质是根据人们所掌握的"权力"和"资源"的不同,来解释人们思想和行为的差别。它表明,人们的思想、行为等种种不同,都可归因于人们经济、政治、社会地位的差别。

马克思、恩格斯在论述资本主义社会的社会结构中侧重于资产阶级和无产阶级,但是他们没有忽视中间阶层。据统计,在《马克思恩格斯全集》第1~39卷中,就有83处直接论及中间阶层④。例如,马克思在《法兰西内战》中谈到巴黎公社的伟大功绩时说:"这终究是工人阶级被认为能够发挥社会首倡作用的唯一阶级的第一次革命;这是除了富有的资本家以外的巴黎中等阶级的广大阶层——小贩,手工业者和商人都一致公认的。公社英明地解决了一向是中等阶级内部纷争起因的债权和债务问题,因而拯救了这个阶级。"⑤在《1848年至1850年的法兰西阶级斗争》一文中,马克思还说:"在无产阶级暂时被挤出舞台而资产阶级

① 陈义平:《关于中产阶级概念的理论问题》,《广东社会科学》2002年第1期,第135页。

② 《马克思恩格斯选集》第4卷,人民出版社,1972,第547页。

③ 《列宁选集》第4卷,人民出版社,1995,第11页。

④ 陆梅:《中产阶级的概念及理论回顾》,《南通师专学报》(社会科学版)1998年第3期,第44页。

⑤ 《马克思恩格斯全集》第17卷,人民出版社,1963,第30页。转引自陆梅《中产阶级的概念及理论回顾》,《南通师专学报》(社会科学版)1998年第3期,第45页。

专政被正式承认之后，资产阶级社会的各个中等阶层，即小资产阶级和农民，就不免要随着他们境况的恶化以及他们与资产阶级对抗的尖锐化而愈益紧密地靠拢无产阶级。"① 在《共产党宣言》中，马克思除了对资本家或工业资产阶级和工人阶级进行分析外，还谈到"中间等级，即小工业家、小商人、手工业者、农民，他们同资产阶级作斗争，都是为了维护他们这种中间等级的存在，以免于灭亡。所以，他们不是革命的，而是保守的"②。恩格斯在《普鲁士军事问题和德国工人政党》一文中指出："除了资产阶级和无产阶级以外，现代大工业还产生了一个站在他们之间的类似中间阶级的东西——小资产阶级。这个阶级是由原先的半中世纪的市民阶级残余和稍稍高出一般水平的工人组成的。"③ 马克思、恩格斯虽然交替使用了小资产阶级、中等阶级、中间阶级、过渡阶级、中等阶层等不同名称来表述中间阶层，但其含义清楚地指介于资产阶级和无产阶级之间的所有社会集团，他们的主要成分是：小工业家、小商人、小食利者、手工业者、农民、医生、律师和学者等；他们的主要特点是按其生活条件接近于资产阶级，并且中间阶层在无产阶级与资产阶级的斗争中居于重要地位。例如，恩格斯在《德国的革命和反革命》一文中指出，中间阶层"在所有现代国家和现代革命运动中，都属于极重要的地位，而在德国尤其重要，在最近德国多次斗争中，它常常起决定性的作用。它的地位是介于较大的资本家即名副其实的资产阶级与无产阶级或产业工人阶级之间，这种地位就决定了它的特性。它力图爬上资产阶级的地位，但命运中的一点点不顺利就把这个阶级中的某些人抛到无产阶级的队伍中去"④。马克思在《剩余价值论》中指出，在资本主义条件下机器的采用和劳动生产率的提高，会导致资产者在非生产劳动上的花费增加。"结果仆人和其他靠非生产阶级的钱过活的劳动者就会增

① 《马克思恩格斯全集》第 17 卷，人民出版社，1963，第 30 页。转引自陆梅《中产阶级的概念及理论回顾》，《南通师专学报》（社会科学版）1998 年第 3 期，第 45 页。
② 马克思、恩格斯：《共产党宣言》，人民出版社，1963，第 34 页。转引自陆梅《中产阶级的概念及理论回顾》，《南通师专学报》（社会科学版）1998 年第 3 期，第 45 页。
③ 《马克思恩格斯全集》第 16 卷，人民出版社，1963，第 75 页。转引自陆梅《中产阶级的概念及理论回顾》，《南通师专学报》（社会科学版）1998 年第 3 期，第 45 页。
④ 《马克思恩格斯全集》第 1 卷，人民出版社，1956，第 259 页。转引自陆梅《中产阶级的概念及理论回顾》，《南通师专学报》（社会科学版）1998 年第 3 期，第 45 页。

加……一部分工人变成仆人……无产阶级的一小部分上升为中等阶级。"① 马克思在评论英国经济学家李嘉图理论后总结性地指出:"他忘记指出:介于工人为一方和资本家、土地所有者为另一方之间的中间阶级不断增加,中间阶级的大部分在越来越大的范围内直接依靠收入过活,成了作为社会基础的工人身上的沉重负担。同时也增加了上流社会的安全和力量。"② 在评马尔萨斯的观点时说:"他的最高希望是,中等阶级的人数将增加,无产阶级在总人口中占的比例将相对的越来越小。马尔萨斯自己认为这种希望多少有点空想。然而实际上资产阶级社会的发展进程却正是这样。"③ 从马克思的这些论述看,这里讲的中间等级或中间阶级的增加,不是指小业主、小商人之类的小资产阶级,而是指"仆人和其他靠非生产阶级的钱过活的劳动者","仆人"即指资产阶级的奴仆,除了家仆外,还包括在政治上为资产阶级的统治和安全效劳的国家机关工作人员、军人、警察、狱吏等等;"其他靠非生产阶级的钱过活的劳动者",可能是那些为资产阶级提供精神财富和特殊劳务的受雇用的医生、律师、教师、学者等。由此可见,马克思在晚年实际上预见到了与小资产者不同的,又有别于工人的特殊的雇佣劳动者,他们将随着劳动生产率的提高和生产力的发展而增长,并把他们看做介于无产阶级和资产阶级之间的中等阶级。由于历史条件的限制,马克思不可能预见这种新的中间阶级的确切构成和详细特征,更不能预见中间阶级会发展成为一支庞大的中产阶级④。

---

① 《马克思恩格斯全集》第 26 卷第 1 册,人民出版社,1972,第 651 页。转引自陆梅《中产阶级的概念及理论回顾》,《南通师专学报》(社会科学版)1998 年第 3 期,第 45 页。

② 《马克思恩格斯全集》第 26 卷第 2 册,人民出版社,1972,第 653 页。转引自陆梅《中产阶级的概念及理论回顾》,《南通师专学报》(社会科学版)1998 年第 3 期,第 45 页。

③ 《马克思恩格斯全集》第 26 卷第 3 册,人民出版社,1972,第 63 页。转引自陆梅《中产阶级的概念及理论回顾》,《南通师专学报》(社会科学版)1998 年第 3 期,第 45 页。

④ 陆梅:《中产阶级的概念及理论回顾》,《南通师专学报》(社会科学版)1998 年第 3 期,第 46 页。

二　马克斯·韦伯的社会分层理论

马克斯·韦伯对社会分层的研究是以马克思的分析为基础的。马克思阶级理论的基本结论是：资本的私人占有及以此为核心形成的各种生产关系是现代资本主义社会不平等的最深刻根源，因而也是社会冲突的主要根源。安东尼·吉登斯（Anthony Giddens）分析道："和马克思一样，韦伯也认为社会是以权力和财富方面的矛盾为特征的。但马克思把极化的阶级关系和经济问题视为所有社会矛盾的核心，而韦伯则发展出一个更为复杂、多维度的社会视角。韦伯认为社会分层并非只与阶级有关，其形成涉及另外两个方面，即地位和政党。分层的这三个相互重叠的元素在社会中产生了多种可能的社会位置，而不只是马克思提出的两级的、刻板的模式。"[①]

韦伯认为阶级划分不仅源于对生产资料的控制或缺乏控制，而且源自对财产有没有直接影响的经济差别，诸如影响个体可获得的工作类型的技能、凭证或资格等资源。韦伯把社会分层从所有权与生产系统引向获得收入的分配系统。他给阶级下的定义是，一个阶级就是这样一些人，他们"（1）在生存机会上有着共同的特殊因素，而且（2）这些原因仅仅体现于他们所占有的商品和收入等经济利益上，而且（3）这种体现发生于商品市场和劳动市场的条件下"[②]。也就是说，阶级是由其市场机会和生产机会广泛相似的各种群体组成。丹尼斯·吉尔伯特和约瑟夫·A.卡尔在《美国阶级结构》一书中认为："韦伯指出了分层的两个序列之间的关键性区别，这两个序列即阶级和地位。阶级这个术语对于韦伯和马克思来说含义大致相同。它指的是依照人们经济状况进行的分群组合。阶级状况或阶级成员依照个人在劳动力、商品和销售市场上的经济机会来定义。这些决定着生活机会，生活机会是韦伯常用来强调个人的

---

① 〔英〕安东尼·吉登斯：《社会学（第4版）》，赵旭东等译，北京大学出版社，2003，第273页。

② 〔美〕刘易斯·A.科瑟：《社会学思想名家》，石人译，中国社会科学出版社，1990，第251页。转引自陆梅《中产阶级的概念及理论回顾》，《南通师专学报》1998年第3期，第46页。

未来可能性的一些基本方面的一个术语……未来可能性由阶级成员来实现。"① 接着，他们认为："继马克思之后，韦伯观察到最重要的阶级之间的差异在于一方拥有财产而另一方没有财产。可是，韦伯还指出了在这两类人之间存在着许多明显的差异。例如，在有财产的佼佼者中，那些使用股票、公债和其他证券支撑着自己的人（食利者们），就和靠赢利挣钱、操纵企业的人（企业家们）处于不同的阶级状况。无产者可以在职业技术的基础上进行划分，职业技术给他们带来市场上的位置：一个无技术的工人和一个受到过训练的工程师的生活机会有天壤之别。"② 然后，他们进一步指出："一个阶级就是一群人，他们在经济上共享同一类型的生存机会。注意这种定义阶级的方式并不暗含这样的意思，即在阶级之中的个人需要了解他们的共同情况。阶级简单定义就是有关人员的类别等级的统计数据。从市场观念这一点来看，一个类别的人相互相似。只有在他们渐渐意识到自己的共同命运的情况下，他们才开始认识到他们相互之间像同等人一样，并发展了为追求他们利益而联合行动的机构——用韦伯的话来说，形成了一个共同体。"③ 简言之，韦伯认为，阶级（或阶层）是由具有共同生活命运的人所组成的，而生活命运又是由他们处理商品的技艺以获取收入的能力决定的。因此，财产而非生产资料才是一个阶级（或阶层）的特征，而且，财产并非唯一标准，它与个人声望、影响力（或权力）等因素一起成为阶级（或阶层）的多元性特征④。

韦伯社会分层理论的核心就是划分社会层次必须依据三重标准：财产——经济标准；声望——社会标准；权力——政治标准。在韦伯看来，所谓经济标准即财产，是指社会成员在经济市场中的生活机遇。生活机遇，用韦伯的话来说，就是个人用其经济收入来交换商品或劳务的能力，即满足自己物质需求的能力。实际上，这是把收入作为划分社会阶级、

---

① 〔美〕丹尼斯·吉尔伯特、〔美〕约瑟夫·A. 卡尔：《美国阶级结构》，彭华民、齐善鸿等译，中国社会科学出版社，1992，第 11~12 页。
② 〔美〕丹尼斯·吉尔伯特、〔美〕约瑟夫·A. 卡尔：《美国阶级结构》，彭华民、齐善鸿等译，中国社会科学出版社，1992，第 12 页。
③ 〔美〕丹尼斯·吉尔伯特、〔美〕约瑟夫·A. 卡尔：《美国阶级结构》，彭华民、齐善鸿等译，中国社会科学出版社，1992，第 12 页。
④ 张伟：《中间阶层界定的一种》，《东岳论丛》2005 年第 6 期，第 58 页。

阶层结构的经济标准。所谓社会标准是指个人在自己所处的社会中享有的声誉和被尊敬的程度。韦伯认为，由经济标准所形成的阶级和由社会标准所形成的地位群体之间虽有非常密切的联系，但两者并不完全等同，比如，收入很高的妓女却并不拥有很高的社会尊重。韦伯在 1946 年写道："人们可以这样来说，即阶级是按照人们同生产和获取商品的关系来划定的，反之，'地位群体'是依特定'生活方式'体现的商品消费原则来划分的。"① 所谓政治标准就是指权力。韦伯将权力定义为个人或者群体即使有人反对也要实现其意志的潜力②。在韦伯看来，权力不仅取决于个人或群体对生产资料的所有关系，而且也取决于个人或群体在科层制度中的地位。韦伯认为，这三条标准虽然有时是相互联系甚至是相互重叠的，但他们之间并不能完全等同或相互代替。其中任何一个标准都可以独立作为划分社会层次结构的一个原则，财产差别产生阶级，声望差别产生地位群体，权力判别产生政党。

现代西方社会学对于社会层次结构的研究，基本上是在韦伯所奠定的这个三重标准的基础上进行的。韦伯重新确立了社会分层的一些主要原则和标准，并把根据合理化原则组织的官僚制确定为社会组织的主要原则，这无疑大大推进了社会分层理论，促使后人从政治、经济、社会、文化等各个领域内选择分层维度的新思路，如财产、声望、影响力、职业、教育素质、生活方式等，或上述标准所形成的指标体系。

第二节　当代西方社会学家的阶级理论及其分层标准

作为一个伴随着资本主义生产关系而出现的社会类型，那些人口众多、形成于 18 世纪末期并被称为"中产阶级"的小企业主、小商人以及依靠少量放债过日子的资产阶级，在 19 世纪中后期农业资本主义化过程中逐渐演变为经营加工、地产、运销和金融的"乡镇企业主"，其政治影响

① 〔美〕丹尼斯·吉尔伯特、〔美〕约瑟夫·A. 卡尔：《美国阶级结构》，彭华民、齐善鸿等译，中国社会科学出版社，1992，第 13 页。
② 〔美〕丹尼斯·吉尔伯特、〔美〕约瑟夫·A. 卡尔：《美国阶级结构》，彭华民、齐善鸿等译，中国社会科学出版社，1992，第 18 页。

和组织规模日益扩大。但真正革命性的"转型"表现为战后欧美社会结构的显著变化所催生的一个全新的社会学类型——"白领"的登场。

一　米尔斯的中产阶级　"白领论"

美国社会学家 C. 莱特·米尔斯（C. Wright Mills）在 1951 年出版的《白领：美国的中产阶级》中第一次提出了作为中产阶级的"白领"阶级的概念，并详细研究了美国中产阶级的状况。他认为，由于白领在数量上凸显的重要性，也由于他们大众化的生活方式，白领已经改变了美国人的生活气息和生活体验。他们以最公开的方式负载着表征我们时代的许多心理问题。因此，任何处在主流地位的理论派别，不论以这样或是那样的方式，都在关注着白领群体①。

在书中，他首先将美国的中产阶级分为老式中产阶级和新式中产阶级，前者主要由农场主、商人和自由职业者构成，后者主要由管理者、工薪专业工作者、销售人员和办公室工作人员构成②。他指出："在构成现代社会的三大阶层中，只有新中产阶级的人口总数在不断地增长。"③ "组成新中产阶级的雇员，并没有形成一个单一紧凑的阶层。他们虽然没有出现在单一的水平层面，但却同时从现代社会的各个层次脱身而出；现在他们像以往那样，与其说形成了一个水平层面，不如说在整个社会的旧金字塔内部形成了一个新金字塔。新中产阶级的大多数是中低层收入群体，但是

---

① 〔美〕C. 莱特·米尔斯：《白领：美国的中产阶级》，周晓虹译，南京大学出版社，2006，第 1 页。

② 〔美〕C. 莱特·米尔斯：《白领：美国的中产阶级》周晓虹译，南京大学出版社，2006，第 50 页。

③ 米尔斯所指的三大阶级即老中产阶级、新中产阶级和雇佣劳动者，这三个阶级占社会劳动力的比例分别由 1870 年的 33%、6%、61% 转变为 1940 年的 20%、25%、55%。米尔斯指出，80 年以前，美国只有 75 万个中产阶级雇员；到了 1940 年，中产阶级雇员人数超过 1250 万。同一时期，老中产阶级增长了 135%，雇佣劳动者增长了 255%，而新中产阶级增长了 1600%。其中，新中产阶级中的经理阶层，在这几十年里受某些次要因素的影响，人数从占新中产阶级的 14% 跌落到 10%；工薪专业人士一样表现出微弱的上下变化，比例从中产阶级的 30% 降到 25%。在整体构成上的主要变化是销售员群体的相对下降，最大的变化发生在 1900 年左右，它从占新中产阶级总体的 44% 降到 25%；同时，办公室人员的比例却在持续增长，从 12% 上升到 40%。资料来源：〔美〕C. 莱特·米尔斯：《白领：美国的中产阶级》，周晓虹译，南京大学出版社，2006，第 49~50 页。

不论社会声望是怎样测量的，各种类型的白领男女在现代社会却从上到下到处都有。……在白领阶层中最大的三个职业群体分别是学校老师、商店内外部的推销人员和各式各样的办公室人员，这三者形成了白领人群的主体。现在，白领职业已经覆盖了美国中产阶级总体的一半以上。1870~1940年，白领工人在中档人群中的比例从15%上升到56%，而老中产阶级的比例则从85%下降到44%。从消极的意义上说，中产阶级的转变是从有产到无产的转变；而从积极的意义上说，则是从财产到新的分层轴线——职业的转变。……中产阶级的旧有的、独立的那部分的人数下降，是财产集中化的结果；新的工薪雇员的人数上升则归咎于工业结构，它导致了组成新中产阶级的各种职业的出现。"①

接着，米尔斯认为，职业是与阶级、地位、权力以及技能和职能联系在一起的；对大多数中产阶级而言，其收入来源是职业而不是财产；在新中产阶级职业中，人们依赖他人的财产为他人工作。为了理解新中产阶级的阶级状况，米尔斯指出，必须超越收入来源这一共同事实来考虑收入数额的大小。就财产而言，白领雇员的地位和雇佣劳动者相当；就职业收入而言，他们大致处在中间位置。他们的收入曾经比雇佣劳动者高出许多，但现在已经大不如前；在20世纪中叶，他们仍然具有一定的优势，但是收入的普遍上涨正在使新中产阶级成为一个更加同质的收入群体。收入是这样，声望也是这样：白领群体经历了社会分化，也许比雇佣劳动者和企业主更为明显。就收入和声望而言，新中产阶级是一个叠加起来的金字塔，从其第一个金字塔的底部可以触及第二个金字塔的顶部。从事白领职业的人要求获得高于雇佣劳动者的声望，而且，他们也可以从雇佣劳动者和默默无闻的大众那里兑现这种要求。这一事实，连同其他许多证据，已经被作为界定白领阶层的根据。虽然有明确的迹象表明，在美国他们的声望在下降，但是在全国范围内，即使低等白领雇员的大多数——办公室工作人员和售货员——也依然享有中等的声望②。但是，米尔斯进一步指出："享

---

① 〔美〕C. 莱特·米尔斯：《白领：美国的中产阶级》，周晓虹译，南京大学出版社，2006，第49~50页。

② 1890年，白领职业群体的平均收入是雇佣劳动者的1倍左右。1948年，所有白领雇员的收入（家庭收入的中位数）为4000美元，而所有城市雇佣劳动者的家庭收入中位数为3300美元。资料来源：〔美〕C. 莱特·米尔斯：《白领：美国的中产阶级》，周晓虹译，南京大学出版社，2006，第55~57页。

有的声望常常要受到干扰，并总是令人担忧；而声望的基础、声望要求的表达方式和承认方式现在都面临着很大的压力，这使得世间的男男女女们常常处在一种实际的地位恐慌之中。……白领职业的声望降低趋势基于两个方面的原因：白领阶层人数的扩大和雇佣劳动者享有的声望上升。随着白领阶层的扩大，它吸引了更多出身于雇佣劳动者家庭的子弟；况且，迄今为止，白领的声望基于他们对企业管理人员权威的分享，因为受到参加工会的雇佣劳动者的成功挑战，这种权威本身在很多方面已经一落千丈。尽管趋势不能和事实混为一谈，但十分清楚的一点是，白领阶层正在经历一种'地位的无产阶级化'。"①

最后，在谈到白领心理的政治形式和内容时，米尔斯是以"后卫政治"一词概括的。在书中，他写道："中产阶级的转型已经使它们分崩离析，如此没有什么'中产阶级的政策'再可能存在，即使对中产阶级来说成为一种现实的运动的权力和机会仍然存在。任何一种政治运动的目的都是为了促进参与其间的各个集团的利益；从这个意义上说，美国政治舞台上不存在旗帜鲜明的中产阶级运动。因为这些阶级的社会形态迥异、物质利益矛盾、意识形态不一；他们之间没有形成共同的政治运动的同质基础。……无论是作为一个整体，还是其新老两翼，中产阶级都无法在忠诚、要求和希望方面形成共同的符号象征。……在白领人士直接的职业生涯中，同样没有什么因素能够推动他们形成自发的政治组织。……政治消极就是他们的职业意识形态……他们在政治上也许容易激动，但却缺乏政治热情……他们是一群政治后卫。短期内，他们会惶恐不安地追求声望；但从长远来看，他们会追逐权力，因为说到底，声望是由权力决定的。"②

简言之，米尔斯论述的白领主要是以职业为划分依据的。米尔斯的著作是战后社会学家第一次考察并形成中产阶级概念的重要著作，它引发了一大批社会学家对中产阶级的关注和研究，使中产阶级真正进入社会学家的视野，成为一个非常重要的研究领域。

---

① 〔美〕C. 莱特·米尔斯：《白领：美国的中产阶级》，周晓虹译，南京大学出版社，2006，第 190～197 页。
② 〔美〕C. 莱特·米尔斯：《白领：美国的中产阶级》，周晓虹译，南京大学出版社，2006，第 279～281 页。

二　新马克思主义分析学派的中产阶级观

当代西方社会学界根据对阶级结构形成的不同的解释主要分成两大阶级分析派别：一派是以美国威斯康星大学社会学系教授埃里克·奥林·赖特为代表的西方新马克思主义分析学派；另一派是以英国牛津大学社会学教授约翰·H. 高德索普（John H. Goldthorpe）为代表的新韦伯主义分析学派。

西方新马克思主义分析学派首先对生产资料一元化标准作出了调整。例如，赖特在《后工业社会中的阶级》一书中认为："如果我们把对资本主义制度中的阶级结构分析局限于拥有生产资料和被排除在生产资料之外，那么我们就可以以这样一种阶级结构来结束分析。在这种阶级结构中只有三个位置：资产阶级、工人阶级和小资产阶级（那些拥有生产资料但不雇用工人的人），并且在这种阶级结构中，大多数发达资本主义国家里85%~95%的人口属于一个单独的阶级。虽然这可能在某种意义上反映了关于资本主义的一个深刻真理：即绝大多数人口是与生产资料相分离、为了生存而不得不在劳动力市场上出卖他们的劳动力，但是这个真理并未给我们提供一个充分的概念性框架以解释我们需要用阶级来帮助解释的许多事情。特别是，如果需要用阶级结构帮助解释阶级意识、阶级形成和阶级冲突这些概念时，我们就需要理解雇员人口中与阶级相关的分类的某些方法。通俗地说，这是一个关于'中产阶级'的问题。'中产阶级'是指那些自己不拥有生产资料，在劳动力市场上出卖他们的劳动力但看起来却不像是属于'工人阶级'的人。这样，问题便成了我们根据什么才可以把那些在资本主义财产关系中处于共同的普遍非所有者位置的人在阶级位置上加以区分。在本书的分析中，我将沿着两种维度对雇员阶级进行分类：第一是他们在生产中与权力的关系，第二是他们所拥有的技术与专长。"[1]

赖特指出："权力看作是雇员中阶级关系的一个维度有两个理论基础。第一个理论基础涉及资本主义财产关系中的统治职能。资本家并非只是简

---

[1] 〔美〕埃里克·奥林·赖特：《后工业社会中的阶级》，陈心想等译，辽宁教育出版社，2004，第20~21页。

单地拥有生产资料和雇佣工人，他们还在生产中统治着工人。从这个意义上理解，只要经理和监督者参与了生产中统治的实践活动，他们就可以被看作是在代理行使资产阶级的权力。在这个意义上，他们可被看作是同时处于资产阶级和工人阶级中：从他们统治着工人这点看，他们像资本家；从他们受资本家控制并且在生产中受剥削这点来看，他们像工人。因而他们处于我称之为阶级关系中的矛盾位置上。一个人在权力等级制度中所达到的位置越高，在这个阶级位置中资本家利益的分量就越大。因而，较高层经理，特别是大公司的总经理是非常紧密地和资产阶级相连的，而较低层的监督工作的阶级特征就更接近于工人阶级的特征。把权力维度当作在员工中区分阶级定位的标准的第二个理论基础是集中在他们的收入和对剩余占有之间的关系上。经理在生产组织中的战略性地位使得他们能够以相对高的收入这种形式大量占有一部分社会剩余。事实上，这意味着管理性劳动力的工资或薪金是高于生产或再生产出这种劳动力的成本的。这种赖以实现占有的特殊机制可以被看作是一种'忠诚租金'。这较高的工资包含了为了培养经理对组织的忠诚而再分配给他们的一部分社会剩余。……区分雇员阶级的第二个维度关注的是技术和专长的拥有。像经理一样，那些拥有高水平技术/专长的雇员在剥削关系中潜在地处于特权占有位置上。这种情况出现在下面两个基础机制的作用中。第一，在劳动市场中技术和专长经常是稀有的，这不仅仅是因为它们供应短缺，而且还因为在增加这些技术供给以满足雇佣组织需求方面存在着系统障碍。这种供给限制所产生的结果是，这些稀有技术的所有者能获得高于生产或再生产他们劳动力成本的工资。这种'技术租金'是雇员能够占有部分社会剩余的一种方式。第二，对知识和技术的控制也经常造成监督和控制技术工人劳动努力程度的困难。由于他们在生产组织中的战略地位（作为知识的控制者）和他们在劳动市场组织中的战略地位（作为稀缺劳动力的控制者），那些拥有高水平专长的雇员能够占有剩余。"①

赖特在《阶级分析的三种逻辑与中产阶级研究》一文中也指出："中产阶级与许多概念一样，它有着松散的一般语言学含义，强加了有关阶级

---

① 〔美〕埃里克·奥林·赖特：《后工业社会中的阶级》，陈心想等译，辽宁教育出版社，2004，第21～23页。

的更系统的社会学理解。正如政治家和新闻记者所使用的那样，中产阶级在西方社会中是指广大的社会主流人群。它由过着还算舒适（既不富裕也不贫困）的生活的人构成。他们为生存而工作，但在他们工作的组织和公司中并不处于真正握有权力的地位。他们受过不错的教育，甚至是高等教育，但这并未使他们进入强有力的精英阶层。在有些模糊的社会分层视图中，他们是广大的中间群体。"① 他进一步认为："中产阶级的这种通行定义最符合阶级分析的个人属性路径。……当然，这导致了将中产阶级视作经济福利分布的中间域的观念。此外，我们也可以采用阶级的机会阻隔分析路径与剥削和支配路径来定义中产阶级。在机会阻隔路径中，中产阶级被定义为劳动力市场中能够有效维持其社会封闭和排斥机制的那些职位的占据者。""在阶级分析的剥削和支配框架中，中产阶级被定义为同时处于剥削与被剥削，或支配与被支配地位的那些人。"②

简言之，赖特的主要观点是，工人阶级的产生主要是无产阶级化的结果，由于中产阶级的部分人群不断地被吸纳进工人阶级，因此在职业结构中任何阶层升迁的趋势都受到阻碍。划分阶级的标准是根据人们对资产的控制，这种对特定资产的控制引导人们在交易关系中采取某种策略，而这些策略又反过来决定了市场交易的后果。生产资料的所有者利用他们拥有的财产性资产，而生产资料的非所有者则利用他们不同程度拥有的组织资产或技术/专业资产。赖特把全部从业者划分成12个阶级，即资本家阶级、小雇主阶级、小资产阶级、专业经理阶级、专业监工阶级、专业非经理阶级、半专业经理阶级、半专业监工阶级、半专业工人阶级、非专业经理阶级、非专业监工阶级和无产阶级。赖特在阶级分析领域享有很高的学术声望，人们一般认为是他首先把经验调查材料植根于马克思主义的逻辑，而不是简单地搬用一些马克思主义的范畴。赖特在分析1980年在美国和瑞典的调查资料以及马歇尔（G. Marshall）等人在英国的调查资料时发现，无产阶级是人数最众多的阶级，占从业人员的40%；资本家阶级是人数最少

---

① 〔美〕埃里克·奥林·赖特：《阶级分析的三种逻辑与中产阶级研究》，载李春玲主编《比较视野下的中产阶级形成过程、影响以及社会经济后果》，社会科学文献出版社，2009，第10页。

② 〔美〕埃里克·奥林·赖特：《后工业社会中的阶级》，陈心想等译，辽宁教育出版社，2004，第10页。

的阶级，占从业人员的 2% 或以下；半专业工人阶级和非专业监工阶级是最靠近无产阶级边缘的两个阶级，前者占有一定的技术/专业资产，后者占有一定的组织资产，这两个边缘性阶级加上无产阶级，其总人数占到从业人数的 60% 左右；而生产资料的所有者资本家阶级、小雇主阶级和小资产阶级加在一起，其人数也只占全部从业人员的 11% ~ 15%①。

三 新韦伯主义分析学派的阶级分类法

与此同时，英国牛津大学社会学教授约翰·H. 高德索普也建立了他的阶级结构解释框架，具有新韦伯学派的浓重色彩，尽管他本人坚持拒绝给他的理论贴上"韦伯学派"的标签。

高德索普在 20 世纪 90 年代建立的关于阶级结构的图解，放弃了他在之前使用的以"霍普 – 高德索普"（Hope-Goldthorpe）命名的注重职业群体和就业地位的社会期望量表。他指出，他的阶级结构图解旨在区分人们在劳动市场和生产单位中的位置，也就是说区分人们在其就业关系中的位置，因为就业关系对于解释人们在阶级结构中的位置是至关重要的。他利用收集的 20 世纪 70 年代中期和 80 年代初期的调查数据把全部从业者分成7 个阶级：服务阶级、日常非体力工作阶级、小资产阶级、农场主阶级、技术工人阶级、非技术工人阶级和农业劳动阶级。他通过对调查资料的分析发现，英国的英格兰和威尔士地区的非体力工作者（包括服务阶级、日常非体力工作阶级和小资产阶级）占全部从业人员的 42%，而美国则更高，占 46%；英国和联邦德国的技术工人阶级最庞大，分别占 33% 和37%，而美国的非技术工人阶级的人数最多，占 26%。应当说明的是，高德索普所使用的"服务阶级"的概念与服务业人员的概念完全不同，它主要包括标准职业分层中的上层职业人员，即大业主、企业经理和行政主管人员以及专业人员，在高德索普的阶级结构图式中，这些人构成中产阶级的上层。关于英国和美国的阶级结构，高德索普提供了与赖特非常不同的图解。形成鲜明对照的是：在高德索普的分析中，中产阶级是最庞大的阶

---

① 李培林：《当今英国社会阶级阶层结构的变化》，《国际经济评论》1998 年第 11 ~ 12 期，第 58 ~ 59 页。

级，工人阶级是相对较小的阶级；而在赖特的分析中，无产阶级是最庞大的阶级，中产阶级是相对较小的阶级。他们从相似的经验材料中得出完全不同的分析结论。后来，在 7 个阶级分层结构的基础上，高德索普把阶级分层扩展到 11 个阶级：阶级 1（高级专业人员、行政主管和企业经理以及大业主），阶级 2（低级专业人员、行政主管和企业经理以及高级技术员和非体力雇员的监工），阶级 3a（高级日常非体力雇员），阶级 3b（低级日常非体力雇员），阶级 4a（有雇员的小业主和工艺人），阶级 4b（无雇员的小业主和工艺人），阶级 4c（农场主和小农田出租者，其他第一产业自我雇用工人），阶级 5（低级技术员和体力雇员的监工），阶级 6（技术体力工人），阶级 7a（非农业的半技术和非技术工人），阶级 7b（农业工人和第一产业的其他工人）。英国牛津大学的社会学教授马歇尔和他的同事们利用高德索普的阶级分析框架对英国 19 世纪 80 年代的调查数据进行了分析，结果发现，在全部从业人员中，高级的专业人员、主管和经理以及大业主（阶级 1）占 9.4%，一般的专业人员、主管和经理（阶级 2）占 17.9%，日常非体力雇员（阶级 3a + 阶级 3b）占 19.5%，小业主、工艺人和农场主（阶级 4a + 阶级 4b + 阶级 4c）占 8.9%，低级技术员和体力雇员的监工（阶级 5）占 8.1%，技术体力工人（阶级 6）占 12.5%，半技术、非技术和农业工人（阶级 7a + 阶级 7b）占 23.8%[①]。

正如安东尼·吉登斯所言[②]，高德索普的阶级分类法没有设计成等级制的，而是反映了当代阶级结构的"关系型"本质。他以相对的市场和工作局势为基础，通过进行职业评估的办法设计他的分类法，即包括 11 个阶级地位，比其他许多分类法更为详细。但一般在使用时将其压缩成三个主要的阶级分层："服务"阶级（阶级 1 和 2）、"中间阶级"（阶级 3 和 4）以及"工人阶级"（阶级 5、6 和 7）。在 90 年代的著作中，高德索普开始在他的分类法中强调雇佣关系。他以此把注意力转向雇佣合同的不同类型，认为工人阶级以劳动合同为特征，而服务阶级以服务合同为特征；中间阶级的地位属于雇佣关系的中间类型。

---

① 李培林：《当今英国社会阶级阶层结构的变化》，《国际经济评论》1998 年第 11～12 期，第 59～61 页。

② 〔英〕安东尼·吉登斯：《社会学（第 4 版）》，赵旭东等译，北京大学出版社，2003，第 276 页。

四 布尔迪厄的阶级与生活方式理论

除此之外，颇受关注的还有法国著名社会学家皮埃尔·布尔迪厄（Pierre Bourdieu）关于阶级分化与不同的生活方式和消费模式相联系的观点。

布尔迪厄认为："社会阶级不是只依据一个人在生产关系中的地位来界定的，而是依据与那个地位具有'正常'关系（即带有高度的统计学概率）的阶级习性界定的。""对于阶级的界定而言，阶级的意识与阶级的存在一样重要，阶级的消费——不一定是奢侈的、符号性的——与阶级在生产关系中的地位一样重要（即使后者真的支配前者）。"① 布尔迪厄把生活方式的指标、趣味、教育文凭、性别、年龄以及职业与收入都包括进他的阶级分析中，布尔迪厄的阶级是各种分层因素的道德综合物；就像整体大于它的部分之和一样，对于布尔迪厄而言，各种相关的分层因素的综合而不是任何单一的决定性因素构建了社会阶级②。布尔迪厄依据各种资本的数量与结构以及它们在实践过程中如何变化来界定社会阶级地位。最基本的资本是经济资本、文化资本、社会资本以及符号资本。布尔迪厄的阶级概念还考虑到其他的分层因素，比如性别、种族或者民族、居住地、年龄等。与经济因素一样，这些也是阶级的"不可分离的"特征。它们常常也是社会阶级的建构性因素，但是它们似乎不是基本的资本形式。布尔迪厄对于这个问题的思考是复杂的，并可能导致误解以及引来合理的批评③。

布尔迪厄根据资本总量的差异，划分了法国阶级之间的分化。布尔迪厄认为，就法国的情况而言，资本总量的差异界定着总体的三个层次分化结构，它包括统治阶级、中产阶级和工人阶级。统治阶级在不同类型资本的占有上均居于优势地位，包括自由职业者、大学教师、高级国家公务员、大企业的老板、高级管理人员、艺术家与作家。在阶级谱系的另一端，则是只拥有非常少的资本的工人阶级。布尔迪厄把各种类型与各种技

---

① 转引自〔美〕戴维·斯沃茨《文化与权力——布尔迪厄的社会学》，陶东风译，上海译文出版社，2006，第167页。

② 〔美〕戴维·斯沃茨：《文化与权力——布尔迪厄的社会学》，陶东风译，上海译文出版社，2006，第167~168页。

③ 〔美〕戴维·斯沃茨：《文化与权力——布尔迪厄的社会学》，陶东风译，上海译文出版社，2006，第176页。

术水平的手工劳动者（不管是在现代工业部门还是在现代农业部门）都归入工人阶级。在这两个极端之间则有范围宽广的中产阶级，他们具有中等数量的资本积累①。布尔迪厄进一步认为，资本拥有的构成的差异则划分了阶级内部的各个部分。统治阶级通过经济资本与文化资本的不平等的分配而在内部发生分化。在这个分化的一级，可以发现这样一些职业：作家、艺术家、大学教授，他们有丰富的文化资源但是经济资本却不那么丰富。而在另外的一极，则是大企业主与金融家，他们的经济财富与他们的文化资本不相称。居于这两种类型之间的是拥有中等量的经济和文化资本的私人与公共部门的自由职业者与高级管理人员等。在发达的工业社会中，统治阶级的这三个组成部分为了获得有价值的资源与权力地位，同时也为了关于文化合法性的定义而展开斗争。他们是权力场域中的主要的竞争者②。布尔迪厄在中产阶级内部的文化资本与经济资本的分配方面也发现了相同的"交叉结构"，比如，它使得小学教师与小商贩（例如店主与手艺人）相互对立，因为前者在文化资本方面相对富有而后者则拥有相对多的经济资本。初级的企业主管、技术人员、文职人员、医生、媒体从业人员以及健康与服务职业则处于这两极之间。布尔迪厄特别关注这些中间阶层或"小资产阶级"，他把他们称为"新小资产阶级"③。布尔迪厄认为，工人阶级的标志是资本总量最少。他通过工人阶级相对缺乏经济资本与文化资本——与统治阶级和中产阶级相比而言——来界定工人阶级。他特别指出，工人阶级所面临的更大的经济制约限制了其文化资本积累的范围。在经济与文化资本方面的相对差异也可以在以下这些工人阶级职业中发现：熟练的、半熟练的、不熟练的手工工人与农民。但是，布尔迪厄很少关注、分析工人阶级内部的差异，他的著作的重点集中在统治阶级④。

　　可见，布尔迪厄主要是以经济资本、文化资本、社会资本及符号资本

① 〔美〕戴维·斯沃茨：《文化与权力——布尔迪厄的社会学》，陶东风译，上海译文出版社，2006，第181~182页。

② 〔美〕戴维·斯沃茨：《文化与权力——布尔迪厄的社会学》，陶东风译，上海译文出版社，2006，第182页。

③ 〔美〕戴维·斯沃茨：《文化与权力——布尔迪厄的社会学》，陶东风译，上海译文出版社，2006，第182~183页。

④ 〔美〕戴维·斯沃茨：《文化与权力——布尔迪厄的社会学》，陶东风译，上海译文出版社，2006，第184页。

等各种资本的数量与结构以及它们的变化来划分法国社会各个阶级的。与此同时，他还关注不同生活方式和消费模式与阶级分化之间的关系。布尔迪厄通过场域分析的视野把他的习性概念与文化资本、符号/象征资本概念结合起来，分析了现代法国的社会阶级、教育系统以及知识分子①。

五 西方其他比较有影响的社会分层方法

当代西方比较有影响的社会分层方法还有：依据职业地位划分，如美国社会学家彼得·布劳（Peter M. Blau）和奥蒂斯·邓肯（Otis D. Duncan）合著的《美国的职业结构》；依据声望（财富、收入、职业、家庭背景等）划分，如美国社会学家劳埃德·沃纳（Loyd Warner）对美国的一座小城扬基城（Yankee City）的研究以及科尔曼和雷恩沃特对美国波士顿和堪萨斯城的研究所著的《美国人的社会等级：阶级的新划分尺度》；依据劳动技术分工划分，如美国社会家丹尼尔·贝尔（Daniel Bell）的《后工业社会的来临》；等等。

第三节 国内学界关于中产阶层或中等收入阶层的研究

如前所述，据李春玲的研究显示②：中国社会学家对中产阶级研究的关注开始于20世纪80年代后期。80年代后期中产阶级研究的兴趣在于阶级分析视角及其政治民主议题。受当时西方新马克思主义理论的影响，一些研究者认为，中产阶级（主要指企业家阶层）是推进民主政治的力量。但是这一观点在1989年后受到官方理论家的批判，认为发展中产阶级就是要在中国培育一个资产阶级，并进而改变社会主义社会的性质。1989年是一个分水岭，之后关于中产阶级的研究几乎中断。90年代后期，一些有影响力的社会学家开始重新关注中产阶级问题，他们预见到，随着经济的发展、工业化和市场化的推进，中产阶级将会发展起来，成为社会的主体。

---

① 〔美〕戴维·斯沃茨：《文化与权力——布尔迪厄的社会学》，陶东风译，上海译文出版社，2006，第10~11页。
② 李春玲主编《比较视野下的中产阶级形成》，社会科学文献出版社，2009，第47~57页。

但是，他们采用诸如"中间阶层""中间阶级""中等阶级""社会中间层"等词语来取代"中产阶级"一词，强调中国中产阶级研究的理论取向是等级分层取向，强调中产阶级的形成有利于社会政治的稳定。基于这样的观点，他们提出的政策建议是，政府应该采取相应政策培育和壮大中产阶级。这一时期，中国社会学家所提倡的中产阶级研究实质上是一种政策取向的研究。李强、陆学艺、李培林等是这一理论的典型代表。李春玲认为，这一时期社会学家们对于中产阶级研究最大的成功在于逐步改变了政府决策者对于中产阶级问题的态度和政策。一个标志性的事件是，2002 年党的十六大明确提出要"扩大中等收入者比重"，从而把培育壮大"中等收入者群体"确定为政府追求的目标之一。许多学者认为，"中等收入者"就是"中产阶级"，政府之所以提"中等收入者"而不提"中产阶级"，可能是由于政府还只能认可收入意义上的中产阶级而对其他含义上的中产阶级的态度还难以确定。但是，政策取向的中产阶级研究只是学者和理论家讨论的话题，真正促使中产阶级问题成为全社会热门话题的是商品的生产者、销售者、服务提供者以及相关的传媒人士，他们发现了中国中产阶级的兴起。"中产阶级"一词成为 20 世纪 90 年代末和 21 世纪初某些昂贵物品如房地产项目、中高档汽车等销售商家的广告用语以及大众传媒的盛行用语和普通民众的流行词语。商家、传媒和公众最关注两个问题："谁是中产？"和"中产的数量有多少？"社会学家、社会分层研究者成为他们追问的对象。面对传媒、公众和商家的这些疑问，社会学家们开始将研究的重点转向了"到底什么是中产阶级，中产阶级的划分标准是什么，以及中产阶级的规模有多大、数量有多少"等问题。总体而言，收入和消费取向的研究是这一阶段中产阶级研究的热点。而最近几年，中产阶级文化与政治开始成为中产阶级研究的新的关注点。

下面简要介绍 2000 年后国内一些知名学者关于中产阶层或中等收入阶层研究的重要观点。

一 陆学艺和张宛丽的中间阶层观点

陆学艺主要从构建和谐社会和社会结构调整的视角来研究中国社会的阶层结构状况。他认为，社会阶层结构是社会结构的核心，新中国成立以来，特别是改革开放以来，中国社会结构深刻变动，首要表现为现代社会阶层结构初步形成。他和其课题组成员通过对全国 11 个调查点随机抽样的 1.1 万份问卷以及近 1000 份各类社会群体成员的访谈记录进行实证研究，根据以职业分类为基础，以组织资源、经济资源和文化资源的占有状况为标准的分层原则，勾画出当代中国社会阶层结构的基本形态，它由 10 个社会阶层和 5 种社会地位等级组成。这 10 个社会阶层分别是：国家与社会管理者阶层，经理人员阶层，私营企业主阶层，专业技术人员阶层，办事人员阶层，个体工商户阶层，商业服务业员工阶层，产业工人阶层，农业劳动者阶层，城乡无业、失业、半失业者阶层[1]。通过实证研究，他们得出了"中国城市的社会等级结构正在向橄榄型现代社会阶层结构演变，而乡村地区或城乡结合的县级行政区的社会阶层结构要转变为现代社会阶层结构，则还要走很漫长的路"[2] 的基本判断。他们的研究进一步表明，当代中国的社会阶层结构已由传统的"金字塔型"转变为"洋葱型"，即处于社会底层的农业劳动者阶层依然庞大，处于社会中下层的产业工人阶层收入依然不高。简单地说，就是该小的阶层（农业劳动者阶层）还没有小下去，该大的阶层（社会中间阶层）还没有大起来，距离合理、开放的现代社会阶层结构还有一定距离。2003 年，在中国 GDP 中农业只占 14.6%，但因为户口、就业、城乡体制的限制，农业劳动者阶层还占 42.9%。如果通过改革，加速工业化、城市化，使这个阶层能降到 20%～25%，那么就会比较合理了。据课题组测算，中国的社会中间阶层 1999 年为 15% 左右，近几年发展得比较好，平均每年增加约 1 个百分点，2003 年已经接近 20%。社会中间阶层规模过小，意味着社会结构的不合理不稳定，这是当前中国诸多社会问题产生的结构性原因[3]。他们的研究还显示：2007 年中国的中产阶层占总就业人口的 23%，现在每年约有 800 万人进入中产阶层[4]。但是，陆学艺课题组的研究强调：中国社会阶层结构发育还相对滞后于现代化社

---

[1] 陆学艺主编《当代中国社会阶层研究报告》，社会科学文献出版社，2002，第 8 页。

[2] 陆学艺主编《当代中国社会阶层研究报告》，社会科学文献出版社，2002，第 26 页。

[3] 陆学艺：《构建和谐社会与社会结构的调整》，《江苏社会科学》2005 年第 6 期，第 5 页。

[4] 陆学艺主编《当代中国社会结构》，社会科学文献出版社，2010，第 23 页。

会发展过程的要求，社会阶层结构中的地位秩序尚未得到全社会的充分认可，应当制定支持不同社会阶层发展的具体社会政策，应以培育和发展合理、有序的现代化社会利益结构为基准，缩小传统阶层规模（如原计划经济体制中的传统"农民阶级"），扩大和提升新兴的现代社会阶层的比重和地位（如作为社会中间层的中层管理人员、中小企业经理人员、专业技术人员、办事人员、商业服务业人员等阶层）[1]。因为当一个国家或地区的社会中间阶层在人口中占到40%以上规模时，政治和经济状况就会相对平稳，社会秩序会比较好，比较安定，社会也比较和谐。

课题组成员张宛丽从中国中间阶层的含义、社会功能以及构成进行了研究。她认为，所谓中间阶层，包括拥有一定私人生产资料的自雇者（如个体户）和中、小雇主（如中、小私营企业主）群体。其间的主体是指占有一定的专业知识资本及职业声望资本，以从事脑力劳动为主，主要靠工资及薪金谋生，具有谋取一份较高收入、较好工作环境及条件的职业就业能力，对其劳动、工作对象拥有一定的支配权，具有维持中等生活水平的家庭消费能力及相应的闲暇生活质量，以其具有的专业知识，对社会公共事务形成权威评价，并具有一定的社会影响力的社会地位分层群体[2]。依此界定，衡量是否为新中间阶层的操作指标可为以下几项。①一定的知识资本及职业声望资本：主要指具有中等以上国民教育学历水平、具有专业技术培训资历专业技术资格，如持有高中毕业以上学历、各种专业资格考级证书、各种/级专业技术职称者等；从事的职业具有较高的社会地位评价。②职业的工作、劳动方式：从事以脑力劳动为主的职业，包括那些以脑力劳动为主，兼具体力劳动的职业，如工

①　陆学艺主编《当代中国社会阶层研究报告》，社会科学文献出版社，2002，第115～124页。

②　张宛丽：《社会中间阶层的崛起》，载陆学艺主编《当代中国社会流动》，社会科学文献出版社，2004，第270页。此界定系张宛丽于2001年10月在陆学艺研究员主持的"当代中国社会结构变迁研究"课题组中承担的"中国中间阶层研究"专题报告中首次提出，原研究的界定是：所谓中间阶层，是指以从事脑力劳动为主，靠工资及薪金谋生，具有谋取一份较高收入、较好工作环境及条件的职业就业能力及相应的家庭消费能力，有一定的闲暇生活质量；对其劳动、工作对象拥有一定的支配权；具有公民、公德意识及相应修养的社会地位分层群体。此后，随着相关经验研究的深入，张宛丽继续修改了此界定。参见陆学艺主编《当代中国社会阶层研究报告》，社会科学文献出版社，2002，第252页。

程设计师、技术工人。③就业能力：拥有较高的学历、掌握并提供市场稀缺的职业专业技能，所从事的职业具有较高的市场回报。④职业权力：对其授权管辖的工作对象——如下属人员及其办公设备、工具、方式等，拥有一定的调度、支配、控制权；对其上司及其业务安排，有一定的建议权、发言权，如办公室文秘、工程师等。⑤收入及财富水平：主要指工资、薪金等所从事的合法职业的合法报酬和经合法手续获得的私人财富（包括以合法方式拥有的收入、报酬，如股票、利息、私人馈赠、遗产等），其收入及财富水平在社会中等水平者。现阶段，以个人人均年收入及财富拥有量折合人民币在2.5万~3.5万元，家庭（以核心家庭的三口之家两位就业者为参照）年均收入在5万~7万元为基准。⑥消费及生活方式：有能力支付其中等水平的个人及家庭消费；在解决温饱的基础上，为满足家庭成员丰富的文化、精神需要，提供必备的物质条件，如购私产房、私人汽车、定期旅游休假和相应的文化、社交消费等。⑦对社会公共事物具有一定的社会影响力：以其具有的专业知识，对相应社会领域拥有知识判断及权威鉴定能力，并因此对社会公共事物具有一定的发言权和影响力①。可见，张宛丽的新中间阶层操作指标更接近米尔斯所论述的白领及布尔迪厄所提及的中产阶级。

二 李强的中产阶级观点

李强主要从中产阶级的概念、中国中产阶级的特点和构成以及中产阶级的社会功能角度进行研究。他在《关于中产阶级和中间阶层》一文中认为，中产阶级或中间阶层是指生活水平、财产地位处于中等层次的社会群体。这意味着，我们是从高低分层、分级的角度，对社会群体进行划分。按照这种划分方法，与中产阶级相配套的群体概念是上层阶级和下层阶级。由于上、中、下都是相对概念，因此，中产阶级的概念也就比较模糊。它与上层阶级和下层阶级之间并没有一条泾渭分明的界限。在此意义上，中产阶级与中间阶层的概念并没有根本的区别②。李强进

---

① 张宛丽：《社会中间阶层的崛起》，载陆学艺主编《当代中国社会流动》，社会科学文献出版社，2004，第270~271页。
② 李强：《关于中产阶级和中间阶层》，《中国人民大学学报》2001年第2期，第17页。

一步分析了世界近代历史中的中产阶级曾经发生过的重大结构变迁，即所谓"旧中产阶级"与"新中产阶级"的区分。前者指由小企业主、小店主等小资产者构成的社会中间层，后者指从事管理、专业技术、商业、办公室工作的白领阶层。李强指出，发达国家中产阶级的主体是新中产阶级即白领阶层。而我国中间阶层的演变恰恰相反。改革以前中国的中产阶层是由类似于白领的干部、知识分子、国营企业职工构成，而新中产阶层则是由独立经营者构成的。这是中国中间阶层变迁的第一个特点。与西方新、老中产阶级更替的第二个不同点是，西方国家的更替则是一个缓慢的过程，中国的更替则是迅速发生的。中国传统中间阶层衰落的第三个特点是，衰落的群体是整体性的，呈现为某个巨大的"同质"社会群体即国有企业职工组成群体的衰落[1]。李强还分析了中国发展中间阶层的社会意义。他认为："在任何社会中，中间阶层都是维系社会稳定的最重要的社会力量。第一，中产阶级是介于社会高层和底层之间的缓冲层，当它成为社会主体时，社会高层与底层之间的冲突就会受到阻止，社会矛盾就会大大缓和，这是社会稳定的政治因素。第二，中产阶级在社会上代表温和的、保守的意识形态，当这种意识形态占据主导地位时，极端的思想和冲突观念就很难有市场，这是社会稳定的思想原因。第三，中产阶级也是引导社会消费的最主要群体，当中产阶级占社会的多数时，中产阶级的生活方式就保证了社会庞大稳定的消费市场，这是社会稳定的经济因素。"[2] 李强最后认为，特定的经济结构、职业结构和教育结构是中间阶层赖以形成的土壤。他特别强调，大学是造就中间阶层的机器，大学教育非常重要的功能之一是：使人们接受社会主导规范或中间阶层的规范。所以，大学不仅可以生产高层次人才，而且可以生产"中间阶层"[3]。

李强在《怎样看待中国当前的中产阶层》一文中还认为，中国中产阶层由四部分人构成：一是传统的干部和知识分子阶层，这是中国中产阶层最稳定的力量，约占就业人口的 7.37%；二是所谓"新中产阶层"，

---

[1]　李强：《关于中产阶级和中间阶层》，《中国人民大学学报》2001 年第 2 期，第 18～19 页。

[2]　李强：《关于中产阶级和中间阶层》，《中国人民大学学报》2001 年第 2 期，第 19 页。

[3]　李强：《关于中产阶级和中间阶层》，《中国人民大学学报》2001 年第 2 期，第 20 页。

即年龄比较轻、学历比较高，有新的专业知识，懂外语、会电脑，大多就职于"三资"企业、新兴行业，如金融、证券、信息、高新技术等领域，普遍有着很强的高消费倾向的群体，估计占就业人口的 1% ~ 2%；三是效益比较好的国有企业、股份制企业和其他经营比较好的企业、公司、单位的职工层，占就业人口的 3% ~ 4%；四是大量的个体户和私营企业主，占就业人口的 5% ~ 6%，其中，中小工商业经营者有可能上升为中国中产阶层最主要的构成群体。他进一步认为，中国中产阶层具有三个突出的特点：一是中国并不存在一个统一的中产阶层，中产阶层的各个构成具有巨大的差异性；二是中国中产阶层的力量还是比较弱小的；三是从"世界体系论"的角度看，中国中产阶层的发展是受到限制的[1]。可见，李强所分析的中国中产阶层更强调的是社会的中间阶层或中等阶层的含义，突出其收入、职业和教育的衡量指标。

三 周晓虹的中产阶级观点

周晓虹在《中国中产阶级：何以可能与何以可为？》一文中，以东亚现代化和中国的改革开放为背景，分析了中国中产阶级的发生和社会构成，提出中国中产阶级不仅是工业化和现代化的产物，更重要的是社会转型的结果。他认为，正是这种社会转型及下述由这种转型带来的社会生活多方面的变化，使中国中产阶级的出现和成长成为现实。政治的清明和宽松，国家和社会关系的重新调整，使得市民生活在相当的程度上从国家的政治生活中分离出来，哈贝马斯所称的公共领域在一定范围内的出现，这是中国中产阶级出现和成长的条件之一；经济的持续稳固的发展，经济结构的调整，第三产业规模的扩大，市场化程度的提高，以及城市化进程的加快，也是中国中产阶级出现和成长的条件之一；文化的多样化和精英教育向大众教育的转变也为中产阶级尤其是新中产阶级的出现和成长提供了文化和精神基础[2]。他分析指出，中国新兴的中

---

① 李强：《怎样看待中国当前的中产阶层》，载李春玲主编《比较视野下的中产阶级形成》，社会科学文献出版社，2009，第 161 ~ 163 页。

② 周晓虹：《中国中产阶级：何以可能与何以可为？》，《江苏社会科学》2002 年第 6 期，第 41 页。

产阶级也明显表现出了政治后卫的倾向，但这种后卫倾向并不意味着中产阶级不拥护现代化进程中民主政治的推进，而是说他们一般都赞成以渐进而不是动荡的方式推进这种民主。与中产阶级后卫的政治姿态相比，他们在消费上则是前卫的。中国中产阶级在消费上的前卫姿态已经凸显出来①。在中国当时的 12 亿人口中，中产阶级的比重即使最高估计也不过 20%。从这样的意义上说，中国中产阶级的作用除了稳定社会和促进消费以外，还具有对其他更广大人口的工作和生活方面的示范作用。这种示范作用不仅表现在消费方面对其他阶层尤其是中产以下的低收入阶层的影响，更重要的是会在敬业精神、职业道德、商业诚信、成就动机、家庭伦理、素质提升、文化品位以及子女教育方面向整个社会尤其是低收入和低文化阶层提供一个可以学习的榜样，以促进中国良好的工作伦理、健康的生活方式和稳定的社会秩序的形成。由于中产阶级尤其是新中产阶级的成功多数是个人努力和奋斗的结果，同那些通过钻政策空子和收受贿赂发家致富的人相比，他们良好的生活境况一般不会引发社会的不平等感和被剥夺感，反而可以引发普通家庭及其子女的心理认同感。而这种认同感在未来 10～30 年间，在中国社会全面实现工业化并向后工业社会迈进的过程中，将具有显而易见的积极意义②。

周晓虹和他的课题组成员在《中国中产阶层调查》一书中，通过北京、上海、广州、南京和武汉的抽样和电话访问系统完成了 3038 份问卷调查，并在上述 5 大城市及苏州和深圳等地先后完成了对 100 多位中产人士及相关成员的个案访谈③。他们将经济、职业、教育三个指标结合起来，认定同时满足经济条件、职业条件和教育层次的人属于中产阶层。他们设定的条件是：①经济上月收入 5000 元；②职业为事业单位管理或技术专业人员、党政机关公务员、企业技术人员、经理人员、私营企业主；③接受过大学本科及以上教育。统计结果显示：当代中国城市中产阶层的有效百分比是 11.9%④。

---

① 周晓虹：《中国中产阶级：何以可能与何以可为?》，《江苏社会科学》2002 年第 6 期，第 42～43 页。

② 周晓虹：《中国中产阶级：何以可能与何以可为?》，《江苏社会科学》2002 年第 6 期，第 43～44 页。

③ 周晓虹主编《中国中产阶层调查》，社会科学文献出版社，2005，第 26 页。

④ 周晓虹主编《中国中产阶层调查》，社会科学文献出版社，2005，第 44～45 页。

四　李培林和张翼的中产阶级观点

中产阶级的界定、划分和规模估计是目前国内中产阶级研究最重要的主题之一。李培林和张翼在《中国中产阶级的规模、认同和社会态度》一文中认为，中国目前正在经历着世界现代化历史上最大规模的社会转型。在全球化背景下，这种转型呈现出极其复杂的特征：工业化、城镇化、市场化和国际化全面推进，经济体制转轨和社会结构转型同时进行，工业化初期的资本积累要求、工业化中期的产业升级要求和工业化后期环境治理要求同时并存。这些复杂的特征也为中产阶级的研究带来一些特殊的难点。第一，中产阶级比重很小，群体边界不清晰。第二，由于转型时期经济政治社会地位的不一致性较强，以职业为主要指标定义的中产阶级，在经济地位上呈现出偏低的特征，且与民众的主观定性判断产生较大差异，与商业机构以收入消费水平或消费取向界定的中产阶级也存在较大差异。第三，中国的城乡和地区差异较大，以职业为主要指标定义的中产阶级与主观上认同的社会"中层"人群很不吻合，甚至存在背离的现象，如在农民工群体中，也有近42%的人认为自己属于"社会中层"①。李培林和张翼的主要研究策略是：在界定中产阶级时，不用某个具体指标对社会人群进行简单归类，而选择了比较容易操作，且对中国目前人们的经济社会地位影响较大的三个指标作为测量的指标，即收入水平、职业类别和教育资本。他们把这三个指标都符合中产阶级标准的人群定义为"核心中产阶级"，把其中两个指标符合中产阶级的人群定义为"半核心中产阶级"，把只有一个指标符合中产阶级的人群定义为"边缘中产阶级"②。他们选择了中国城市户籍人口的平均收入线作为参照基准，把高于平均收入2.5倍及以上的收入群体定义为"高收入者"，把低于平均收入线50%及以下的收入群体（这个标准在发达国家通常被定义为"相对贫困"）定义为"低收入层"；把低收入的上限到平均线之间者定义为"中低收入层"；把平均线

① 李培林、张翼：《中国中产阶级的规模、认同和社会态度》，《社会》2008年第2期，第2页。

② 李培林、张翼：《中国中产阶级的规模、认同和社会态度》，《社会》2008年第2期，第4页。

以上到平均线的 2.5 倍的人群定义为"中等收入层",即"收入中产阶级"。由于高收入者在整个被调查人群中所占比重很小,故他们将之并入"收入中产阶级"之中。根据以上定义和他们 2006 年的调查数据测算,2005 年中国城镇户籍人口年家庭平均收入为 9340 元,因此,中国城镇家庭年人均收入在 9341 元之上者为中等收入家庭,在 4671～9340 元的为中低收入家庭,在 4670 元以下的为低收入家庭。由于中国人的"不露富"心理以及现实中存在的大量隐性收入,收入水平的问卷调查数据一般都大大低于人们的实际收入水平。按照调查经验,人们的实际收入,平均来看大致是其回答收入的 1.5 倍,因此他们确定实际标准时,把每个收入层的收入水平乘上 1.5 的系数,作为调整后的收入分层标准,并扣除十位以后的零数。这样,根据调整后的收入标准,中国家庭年人均收入在 35001 元以上的为高收入家庭,在 14001～35000 元的为中等收入家庭,在 7001～14000 元的为中低收入家庭,在 7000 元以下的为低收入家庭[①]。他们的研究得出的中国中产阶级的规模是:用收入这个单一指标来测量,中国目前家庭年人均收入在 14001 元以上者占 17.8%,在 7001～14000 元的中低收入层占 24.8%,在 7000 元以下的低收入层占 57.4%。同时,在他们的研究中,把各种领取薪金的、具有一定管理权限或技术水平的非体力劳动者定义为职业中产(不包括体力劳动管理人员),其中也包括了"自雇"和雇主等;把体力劳动的工人、半技术半体力劳动者、体力劳动者的监管人员定义为职业中低层;把农民定义为职业低层。按此标准划分,职业中产占 22.4%,职业中低层占 30.6%,职业低层占 47%[②]。他们还把取得了中专和大学本科阶段及以上教育文凭的人员定义为"教育中产",把拥有高中及职高、技校等学历的人员定义为"教育中低层",把初中及以下学历人员定义为"教育低层"。按此标准测算,中国教育中层占 12.7%,教育中低层占 9.5%,教育低层占 77.9%[③]。用职业、收入和教育三项指标界定的中产阶级,即比较宽泛地定义的中产阶级占社会成员的 25.8%(老中产阶级——私

---

① 李培林、张翼:《中国中产阶级的规模、认同和社会态度》,《社会》2008 年第 2 期,第 5 页。
② 李培林、张翼:《中国中产阶级的规模、认同和社会态度》,《社会》2008 年第 2 期,第 6 页。
③ 李培林、张翼:《中国中产阶级的规模、认同和社会态度》,《社会》2008 年第 2 期,第 6～7 页。

营企业主和个体企业经营者数量抬升了该数字）。其中三个维度都符合"中层"标准的"核心中产阶级"只占 3.2%，符合其中两项"中层"标准的"半核心中产阶级"占 8.9%，仅仅符合一项"中层"标准的"边缘中产阶级"占 13.7%。所以，如果将符合其中两项标准者认定为"中产阶级"，则中国当前的中产阶级大约占 12.1%①。

李春玲对此文评价道："李培林和张翼的文章采用职业、收入和教育程度三个标准来划分中产阶级，这是典型的多元划分模型，可归类为赖特所说的三种阶级分析路径中的第一种——个人属性路径。此文的亮点之一是有关中产阶级收入标准的设计。中国的公众和学者大多认为收入是划分中产阶级的最主要标准，但对于收入标准如何确定却多有争议，到底有多少收入才能算是中产阶级？这似乎是一个难解的问题。李培林和张翼提出了设定中产阶级收入标准的一种思路。"②

李培林、张翼早在 2000 年所著的《消费分层：启动经济的一个重要视点》一文中就提出了将国际上通行的衡量消费水平的恩格尔系数作为消费分层的划分依据。文中根据重庆市的调查资料，划分了 7 个消费阶层。结果显示：居民消费分层结构呈橄榄型，即中间大两头小，且橄榄型中间以下的部分要比中间以上的部分都大一些，其中，中间阶层（恩格尔系数为 0.50～0.59）占的比重最高（22.0%）③。

五　李路路和李升的中产阶级观点

李路路和李升在《"殊途异类"：当代中国城镇中产阶级的类型化分析》一文中，以中国社会的制度转型过程为背景来分析中国中产阶级的社会功能。他们根据"再分配→市场"转型的二元分析框架，按照"社会结构——阶级经历——阶级认同——阶级性格特征"的逻辑，对当代中国的中产阶级群体作出"内源——外生"的类型化区分，并基于 2003 年 CGSS

---

① 李培林、张翼：《中国中产阶级的规模、认同和社会态度》，《社会》2008 年第 2 期，第 16～17 页。
② 李春玲主编《比较视野下的中产阶级形成》，社会科学文献出版社，2009，第 4～5 页。
③ 李培林、张翼：《消费分层：启动经济的一个重要视点》，《中国社会科学》2000 年第 1 期，第 53 页。

（中国综合社会调查）数据，从"代际延续性""政治意识"和"消费意识"三个方面讨论了两类中产阶级不同的性格特征及其社会功能，从而提供了一种分析当代中国中产阶级分化的类型学模式①。在文中他们认为，相对于西方资本主义体制不断走向成熟的背景下中产阶级形成的二三百年历史，当代中国中产阶级的产生和逐步发展只是在近二三十年之间，是在一种急剧的社会结构变动之中"催生"出来的一个群体，在这样的一种时空条件下产生的中产阶级可能具有不同于西方资本主义体制下中产阶级的性格特征以及社会功能②。他们认为，中产阶级指的是在社会属性或者社会资源占有上处于社会结构的中间位置。按照不同的划分标准，在同一社会中，可以划分出不同的中产阶级群体。从社会结构变迁的视角看，中国中产阶级的形成一方面是改革开放与市场经济导入的结果，另一方面又不可避免地带有传统再分配体制的痕迹。也就是说，中国中产阶级的形成经历了两条道路：一条我们称之为"内源"道路，主要是指更多延续再分配体制特征的中产阶级即"内源中产阶级"。另外一条可称之为"外生"道路，主要是由于市场的兴起，在更加市场化的体制中产生、发展的中产阶级即"外生中产阶级"。作者认为，这是两条区别很大的中产阶级形成路径。他们更关注制度结构的变迁对于中产阶级形成的影响，认为不同的制度背景，将导致不同的阶级经历，从而导致中国中产阶级内不同的阶级性格③。他们认为，中国的中产阶级群体其实并不是一个统一的群体，而是存在着结构上的分化，这种分化主要体现在中产阶级的性格特征上。在这个层面上可以说，当代中国的中产阶级仍然是一个差异性群体，很难形成一致的社会行为。在再分配体制下产生的"内源中产阶级"具有较强的代际延续性，在政治意识和消费意识方面相对保守，使得他们至少在现阶段很难成为激进社会运动的领衔者；而产生于市场条件下的"外生中产阶级"由于其产生与形成更具市场经济体制的特征，在政治意识上会较为激进，在消费意识上也会较为前卫。因此，有关当代中国中产阶级社会功能

---

① 李路路、李升：《"殊途异类"：当代中国城镇中产阶级的类型化分析》，《社会学研究》2007 年第 6 期，第 15 页。

② 李路路、李升：《"殊途异类"：当代中国城镇中产阶级的类型化分析》，《社会学研究》2007 年第 6 期，第 17～18 页。

③ 李路路、李升：《"殊途异类"：当代中国城镇中产阶级的类型化分析》，《社会学研究》2007 年第 6 期，第 20～22 页。

的讨论，应该建立在不同的类型学基础上，而和再分配体制的关系以及由于社会转型过程所导致的不同形成路径，使得当代中国中产阶级实际上是一个非同质性的阶级，其社会功能很可能是不同的。他们认为，虽然中产阶级现在在迅速增多，但中国中产阶级的发展仍然表现出较强的路径依赖特征。随着中国经济的继续增长和社会结构的转变，中产阶级的社会功能也会发生相应的变化。由此，需要在认清中国社会经济变化的趋势下，更好地认清中国社会阶级结构的变动趋势①。

六 李春玲的中产阶级观点

李春玲在《中国中产阶级的增长及其现状》一文中，利用已有调查数据资料，对中国中产阶级的基本状况作出了一个概括性的描述。她从四个方面分析中国中产阶级的现状:①中产阶级的出现:背景、定义和规模;②中产阶级的构成特征;③中产阶级的收入和消费;④中产阶级的社会政治态度②。她认为，中国社会近几十年高速和稳定的经济增长是促成中国中产阶级产生的基础。另外，高等教育和城市白领职业的迅速扩张也为中产阶级的人数增长提供了条件。社会公众意识中的中产阶级通常指的是高收入和高消费的企业主、职业经理人和精英知识分子。这种所谓的中产阶级与社会学家提出的中产阶级概念界定有很大的不同，他们应该是社会学家所界定的中产阶级当中的少数上层。东亚中产阶级比较研究项目（即 EAMC 项目）的阶级分类是在约翰·H. 高德索普的阶级分类框架基础上作了进一步的中产阶级划分，它共划分了七个阶级（见表 2 - 1）。EAMC 项目的中产阶级划分大体上是以职业为基本分类标准，再加上雇佣状态的区分（是雇主还是受雇者），来界定中产阶级概念。这样的分类隐含着两种中产阶级的概念界定：一种是广义的中产阶级——大中产阶级概念，它包括新中产阶级、老中产阶级和边缘中产阶级；另一种是狭义上的中产阶级——核心中产阶级概念，它专指新中产阶级（也被称为现代中产阶级）。李春玲认为，这样的中产阶级分类较为适

---

① 李路路、李升:《"殊途异类":当代中国城镇中产阶级的类型化分析》,《社会学研究》2007 年第 6 期, 第 32 ~ 33 页。

② 李春玲:《中国中产阶级的增长及其现状》, 载李春玲主编《比较视野下的中产阶级形成》, 社会科学文献出版社, 2009, 第 118 页。

表 2 - 1 高德索普的阶级分类与 EAMC 项目阶级分类的对应

高德索普的阶级分类	EAMC 项目阶级分类
（I） 较高等级专业人员 （II） 较低等级专业人员	资产阶级（雇佣 20 人或以上） 新中产阶级
（IVa） 雇用他人的小雇主 （IVb） 不雇用他人的小雇主	老中产阶级
（IIIa） 普通办公人员 （IIIb） 非体力的商服人员	边缘中产阶级
（V） 技术人员和监管人员 （VIa） 技术工人 （VIIa） 半技术或非技术工人	工人阶级
（IVc） 农场主 （VIIb） 农业工人	农业劳动者

资料来源：转引自李春玲主编《比较视野下的中产阶级形成》，社会科学文献出版社，2009，第 121 页。

合于东亚的新兴工业化国家和地区（"亚洲四小龙"）及近期经济高速增长的发展中社会（如中国）的中产阶级状况分析。不过，由于中国中产阶级产生的社会政治背景和制度环境与其他东亚社会有一些不同之处，因而，在采用 EAMC 项目的中产阶级分类以分析中国的中产阶级问题时需要作一些修正。首先，企业主阶级（资产阶级）的阶级地位。在 EAMC 项目阶级分类中，资产阶级是位于中产阶级之上的上层阶级。然而，在当代中国社会，企业主阶级却被认为是中产阶级的一个重要组成部分。其次，EAMC 项目的中产阶级分类所需要作的另一个修正是新中产阶级内部的部门分割。中国社会存在的一个重要的制度特征是公有部门与私有部门（或非公有部门）的分割。公有部门的新中产阶级和非公有部门的新中产阶级成员在社会经济、政治方面的特征有很大的不同。这是中国新中产阶级构成的一个重要特征。因此，李春玲在文中所界定的中产阶级包括四个群体——企业主阶级、新中产阶级、老中产阶级和边缘中产阶级，这四个群体在经济条件、社会地位和社会政治影响方面具有不同的特征。企业主阶级（即私营企业主）是积极的经济行动者但同时又是政治上的依附者。他们有极高的经济收入，热衷于炫耀性的奢侈品消费，尤其是豪华轿车和昂贵的别墅等。他们倾向于表达对政府的政治效忠以换取政府给予的经济利益。公有部门的新中产阶级的社会经济状况在很大程度上依赖于一个强有力的、稳定的政府，他们有较多的渠道影响政府的政策制定以及维护他们的利益。非公有部门的新中产阶级经济收入常常比公有部门的新中产阶级高得多，但是，他们在政治领域的影响力较弱，他们中的许多人表现出政治冷漠。与中产阶级的其他群体相比，老中产阶级（即个体工商户）的社会地位较低，在某些时候还遭受某种程度的歧视。他们是一个数量庞大的群体，但他们很难组织起来采取某种形式的集体行动。边缘中产阶级的核心部分是 20 世纪 70 年代后期和 80 年代出生的、受过中高等教育的、从事低层白领工作的年轻人，即所谓的"小白领"。他们所具有的一个突出特征是具有集体行动和媒体（舆论）动员能力。他们面临着严酷的就业市场竞争，幻想着过上中产阶级的生活，却又在短期内难以实现，从而导致了某种"中产阶级焦虑"，但这也成为他们努力奋斗的动力①。

李春玲的研究结果显示：如果以 EAMC 项目的大中产阶级和核心中产阶级这两个概念来估计中国城市中产阶级的数量规模的话，那么大中产阶级（包括新中产阶级、老中产阶级和边缘中产阶级）的比例在 60% 左右，若排除城市社会中大约 5% 的精英分子（他们应该是位于中产阶级之上的上层阶级），城市大中产阶级的比例大约为 55%。核心中产阶级（新中产阶级）的比例在 20% ~23% 之间，若排除 5% 的上层阶级，核心中产阶级的比例在 15% ~18% 之间。如果我们再把 EAMC 项目的中产阶级分类推广到全国范围，考虑大约 50% 的农业人口，那么在全国范围内，大中产阶级的比例大约是 27%，而核心中产阶级（新中产阶级）是 8% ~9%②。李春玲在计算收入中产阶级的比例时，以李培林和张翼确定的"中等收入者"上限——城镇人均收入的 2.5 倍作为划分收入中产阶级的标准。依据这一思路并采用 2006 年中国社会科学院社会学研究的 CGSS 抽样调查数据计算结果，把城镇人均年收入的 2.5 倍（28272 元）设定为收入中产的标准线，以及以城镇家庭人均年收入的 2.5 倍（21715 元）设定为中产家庭标准线。也就是说，在 2006 年，个人年收入达到或超过 28272 元的人归类为中产阶级，家庭人均年收入达到或超过 21715 元的家庭归类为中产家庭。李春玲估计，大约城市人口的 11% 和全国人口的 6% 同时符合社会学家的中产阶

---

① 李春玲主编《比较视野下的中产阶级形成》，社会科学文献出版社，2009，第 118 ~124 页。

② 李春玲主编《比较视野下的中产阶级形成》，社会科学文献出版社，2009，第 125 页。

级标准和社会公众的中产阶级（收入中产）标准①。李春玲认为，中国中产阶级在稳定地扩张而且扩张的速度在逐步加快，不过，即使如此，中产阶级在中国总人口当中的比例仍然较低。中国社会目前还是以农民和工人占绝大多数的社会结构，要发展成为以中产阶级为主体的社会还需要一个相当长的时期。她进一步认为，近年来的高速经济增长使中产阶级的收入与消费水平得以稳步提高。从某种程度上来说，中国社会的中产阶级现象目前主要表现在收入和消费领域②。

李春玲认为，目前无法判断新中产阶级持有的态度是激进主义还是保守主义。毫无疑问，高速经济增长使中产阶级极大受益，他们的收入和生活水平稳步提高，而且他们也预期在未来几年自己的收入和生活水平还将继续提高。在这种情况下，他们对于政府的政策和现存政治体制持基本肯定的态度，对于政府的治理能力有较高的信任度，他们认可政府的合法性并较高程度地承认国家权威。从这一点来说，他们是现存体制的支持者。但是，他们具有比其他阶级更强的民主意识和参与意识，他们对于生活条件改善和安全感提出更高的要求，并对政府提出诸多批评，要求政府作出更进一步和更快速的改进。从这一点来说，他们又是社会政治变革的推动力。但需要强调的是，至少在目前来看，他们所主张的社会政治变革是有利于现存政治体制的稳固和优化的，而并不主张现存政治体制的根本改变③。

李春玲在《中产阶层的现状、隐忧及社会责任》④ 一文中指出，有关中产阶层的概念界定多种多样，在不同的社会和不同的社会经济发展阶段，划分中产阶层的具体标准也有所不同。不过，比较一致的看法是，中产阶层成员是拥有较高文化水平、中等及以上收入水平、从事白领职业的人。中国的中产阶层主要集中于城市——特别是大城市之中。在北京，符合这些条件的人占总人口的15.9%，约占就业人口的30%；在上海，符合相应条件的人占总人口的13.2%，约占就业人口的25%。这就是说，在北京，大约有229万人有条件成为中产阶层；在上海，大约有221万人有条

① 李春玲主编《比较视野下的中产阶级形成》，社会科学文献出版社，2009，第130页。
② 李春玲主编《比较视野下的中产阶级形成》，社会科学文献出版社，2009，第144页。
③ 李春玲主编《比较视野下的中产阶级形成》，社会科学文献出版社，2009，第145页。
④ 李春玲：《中产阶层的现状、隐忧及社会责任》，《人民论坛》2011年第5期。

件成为中产阶层。在全国城市总人口中，有条件成为中产阶层的人的比例为9.4%，在城市就业人口中的比例为19%。在全国总人口中，有条件成为中产阶层的人的相应比例则仅为6.7%，即约8898万人可能成为中产阶层。在这些人当中，大约3%是私营企业主，31%是党政领导干部、经理人员和中高层专业技术人员，19%是工商个体户，47%是普通的白领职员和低层专业技术人员。李春玲的研究显示：①越来越多的人承认自己是中产阶层。2007年的调查显示，符合中产阶层客观标准的人当中，仅有26.4%的人承认自己是中产阶层。金融危机之后的2010年，承认自己是中产阶层的人的比例大幅提高，符合中产阶层客观标准的人当中，有60%的人认可自身的中产阶层身份。中产群体的身份认同不断增强，说明这一群体有可能发展成为真正意义上的阶层或阶级——有相似的生活状态、生活方式、价值取向并且逐步形成共同的利益认同以及有可能为了追求共同利益而采取社会行动。②中产阶层的经济地位不断改善。2010年的调查表明，2007年以来，94%的中产阶层的收入有所增长。与此同时，中产阶层群体的整体收入水平也在逐步提升。2007年北京和上海的中产阶层家庭年收入在10万元以下的占8.9%，10万~20万元的占30%，21万~30万元的占43.3%，30万元以上的占17.8%。而2010年高收入组的比例有明显增加而低收入组的比例则有所下降，2010年的调查显示，中产阶层家庭年收入在10万元以下的占4.7%，10万~20万元的占31.9%，21万~30万元的占29.7%，31万~40万元的占26.7%，40万元以上的占7%。2010年与2007年相比，中产阶层的家庭年收入高于30万元的比例上升了16个百分点。③中产阶层越来越热衷于投资理财。近年来中国中产阶层的一个变化趋势是投资理财的普遍化。中产阶层的一个突出特征是收入的多元化，工资收入并非中产阶层的唯一收入来源。2010年的调查显示，平均来说，工资收入只占他们总收入的62.3%，即超过1/3的收入源于工资以外的收入，而其中很大一部分来源于投资理财收入。

李春玲认为，中产阶层虽然拥有稳定的收入、相对宽裕的经济生活条件，但与此同时，中产阶层群体中却普遍存在压力和焦虑情绪。他们的压力和焦虑最主要来源于四个方面：购房、子女教育、医疗和养老。这些压力并非单纯的经济压力。为了与中产阶层身份相匹配或者达到中产阶层的生活状态，他们需要居住在宽敞舒适的房子里，他们的子女要上最好的学校、接受最好的教育，他们不仅要有钱看病而且还要保持身体健康长寿，他们还希望退休以后能维持较高的生活水平而不要降低生活质量。由于我国的社会保障较为薄弱，大多数中产阶层认为要解决这些方面的压力就必须多赚钱，而强烈的挣钱欲望以及暂时未能满足的物质欲望又导致了心理焦虑。80%以上的中产阶层拥有私人房产，但其中相当一部分人对于自己的居住条件不够满意而希望购买面积更大、条件更好的居所，少数没有私人房产的中产阶层（大多是中青年人）则处于极度焦虑状态。31.6%的中产阶层感受到强烈的"房贷月供/购房费用"压力。在子女教育和医疗费用支出方面，中产阶层的负担明显低于中下阶层，80%中产阶层的子女教育支出占其收入的比例低于20%，同时，大多数中产阶层的医疗支出占其收入的比例低于10%。也就是说，从客观角度来看，子女教育和医疗费用对中产阶层家庭不构成问题，但是在主观上，却有许多中产阶层感觉到有压力。超过3/4的中产阶级感受到子女教育支出的负担，约1/3的中产阶级感受到医疗支出的负担。相对而言，中产阶层对于养老问题的担忧比较少，93.2%的中产阶级有养老保险或退休金保障，92.6%有医疗保险或公费医疗，因此大多数中产阶层的基本养老不成问题，但是为日后着想，58.8%的中产阶层目前选择"尽量多储蓄"以保障他们在退休后能过上较高质量的生活。

李春玲的研究发现：中产阶层较缺乏安全感。中国中产阶层普遍缺乏安全感，这也是许多在客观条件方面符合中产阶层标准的人否认自己是中产阶层的原因。某些中产阶层成员认为，虽然目前他们有较高的收入或享有较好的物质生活条件，但他们担心意外事件或偶然因素会导致自身失去现有的身份地位。他们时常抱怨，自身缺乏欧美中产阶级享有的社会保障和福利，不能像欧美中产阶级那样安逸舒适地生活。他们声称要保持目前的身份地位或者更上一层楼的话就需要更加勤奋地工作。这是中国中产阶层与发达国家的中产阶级在心态上的一大差异。中国中产阶层比欧美中产阶级更具有活力，有更强烈的物质欲望和追求更高的地位身份的冲动，但同时，他们也表现出更多的焦躁和不安。强烈的欲望和不满足于现状是导致中国中产阶层缺乏安全感的部分原因，另一部分原因则是现实社会生活的安全状况。95%的中产阶层认为缺乏"食品安全"，34%认为缺乏"交通安全"，29%认为缺乏"医疗安全"，23%认为缺乏"个人隐私安全"和

"人身安全"，21% 认为缺乏 "财产安全"，20% 认为缺乏 "劳动安全"。中产阶层成员往往对生活有较高的要求。他们认为，现实生活中的一些不安全因素影响了他们的生活品质，使他们不能获得中产阶层应该享有的生活质量。

李春玲的研究还发现：中产阶层较缺乏社会责任感。虽然中产阶层目前的确在发挥着社会稳定器的作用，但是这一阶层的社会责任意识较弱。中国中产阶层当前最关注的是其个人物质生活条件的改善和个人经济利益的维护，他们较少考虑应该承担什么样的社会责任。作为一个将要成为社会主导性阶层的群体，他们应该肩负着推进社会进步、健全社会体制的责任，但目前中产阶层对这一点还没有充分认识到。许多中产阶层成员只专注于追求物质财富和物质享受，对于公益事业缺乏热心，对下层民众的疾苦漠不关心。对于社会上存在的各种不合理、不公平现象，他们虽然会持批评态度，但并不愿意付出努力去改进社会现实，除非某一事件影响到了他们的个人权益——主要是经济方面的利益，他们才有可能采取行动去维权。总体而言，中产阶层表现出较强的个人主义和物质主义倾向，缺乏社会责任意识和理想主义。不过，缺乏社会责任意识不能只怪中产阶层自身，中国中产阶层的这一弱点在某种程度上是由社会环境和政府政策导致的。长期以来，整个国家的主要目标就是追求经济增长，落实到个人头上，就是多多挣钱，尽快改善物质生活条件，中产阶层也不例外。社会及政府并不鼓励中产阶层培养社会责任意识，也并未向其提供较多的社会政治参与机会，这只能导致中产阶层关注个人利益而漠视社会责任。同时，政府缺少对中产阶层的关注。中产阶层对于未来充满信心是基于他们对中国社会经济发展的良好预期，他们相信经济增长将使他们的经济收入和生活水平进一步提高，中产阶层的队伍也将进一步扩大。不过，尽管中产阶层是经济增长的极大受益者，但政府的一些具体政策并未考虑到促进中产阶层的增长。在发达国家，由于中产阶层是社会上最庞大的人群，政府实施相关政策时总会考虑政策对这一群体的影响。在一些发展中国家，政府把培育壮大中产阶层作为政策目标，实施一些有利于中产阶层发展的政策。我国政府虽然提出 "扩大中等收入群体" 的目标，但并未落实到具体政策层面。而且，提出 "中等收入群体" 的概念主要是针对调节收入分配，而并未把这个群体作为利益相关群体——阶层的概念——来考虑。因此，政府制定相关政策时较少考虑对中产阶层的影响。比如税收政策，大多数中产阶层感觉最近 5 年来他们缴纳的税款越来越多，16% 的中产阶层声称他们缴税"很大幅度增加"，54.9% 是"较大幅度增加"，26.4% "没有变化"，仅有 2.7% 声称他们缴税"减少"。中产阶层觉得他们是被政府政策忽略的群体，政府政策总是偏向于强势阶层而损害中产阶层和下层民众的利益，因为强势阶层的成员是各个领域的精英分子，他们对政府决策的影响很大。下层民众在利益博弈中往往受损最多，政府会采取一些政策扶助或补偿这些弱势群体，但对于中产阶层的利益，政府决策时考虑较少，中产阶层的利益成为政策制定的一个盲点。中产阶层的稳定发展有利于社会稳定及和谐社会建设，政府的相关政策制定应该更多地考虑维护这一群体的利益和促进这一群体的增长。

七　刘欣的中产阶层观点

刘欣在《中国城市的阶层结构与中产阶层的定位》一文中认为，仅仅从收入、职业声望、财富等有价社会资源的相对占有量来界定中产阶层是没有意义的；这样定义的中产阶层，在任何社会中都存在。中产阶层，尤其是"新中产阶层"，是现代社会的产物，特别是发达工业社会的产物，所指的是位于社会基本阶层之间的阶层。他赞同赖特的观点"收入、声望的享有状况不过是阶层地位的结果"。因此，对中产阶层的界定，只能将其置于现代社会的整体阶层结构中进行。阶层分化的基础无疑是某些有价资源①。对中国城市中产阶层的界定，首先要通过考察相对于这些资源的人们之间的社会关系，来确定社会阶层结构中的基本阶层地位；然后再在这些基本阶层之间去定位中产阶层。相形之下，人们的收入高低、是否有住房及住房大小、是否有小汽车、消费水平等方面的差异，都不过是因人们占据阶层地位而表现出的生活机遇的差异。阶层地位与生活机遇之间的关系是本末关系。那些舍本逐末来界定、划分出中产阶层人群的做法，不

---

① 刘欣：《中国城市的阶层结构与中产阶层的定位》，《社会学研究》2007 年第 6 期，第 2 页。

但有效性让人感到疑惑，其分类也可能缺乏一致性的逻辑思路①。他进一步认为，在当前中国社会里，公共权力与市场能力构成了阶层分化的主要动力基础。这里的公共权力主要指国家权力，它有两个方面的表现：一是作为社会公共事务管理者的权力，二是代表人民占有公有资产的权利。市场能力指人们在市场竞争中将自己所控制的资产产权，包括经济资本产权和人力资本产权，付诸实际交易的能力。它既包括人们以对经济资产的所有权、控制权为基础的交易能力，也包括人们基于教育、技术、劳动力的交易能力。比如，企业主的市场能力以经济资产所有权为基础，经理的市场能力以经济资产的控制权为基础，专业技术人员的市场能力以教育和技术为基础，工人的市场能力以劳动力为基础②。

我们可以将刘欣的观点概括如下：阶层地位是制度化的、由资源占有关系所规定的社会位置，对中产阶层的界定应置于社会整体阶层结构中进行；中产阶层地位是居于基本阶层地位之间的阶层地位。为了呈现中国城市的整体阶层结构，他提出了一个以公共权力、市场能力（基于资产控制权和技术资本）为基础的阶层地位划分的理论模式，并进一步在此基础上建构了一个由社会上层、中产上层、中产下层、技术工人及小职员、非技术工人及个体劳动者 5 个阶层构成的阶层结构分析框架。从这一框架出发，刘欣据 "2003 年中国综合社会调查"（CGSS 2003）资料对中国当前城市社会阶层结构进行了分析。研究结果显示，中国城市中社会上层占大约 0.6%，中产上层占 7.6%，中产下层占 22.8%，技术工人及小职员占 25.7%，非技术工人及个体劳动者占 43.4%。这些结果表明，中国城市社会的阶层结构还是一种较典型的 "金字塔型" 结构。在这一结构中，中产阶层的比重大约占 30%。若考虑到庞大的农村人口，中产阶层的比重会更低。总的看来，当前中国城市社会的阶层结构离 "橄榄型" 的中产社会还有相当大的距离。基于这一阶层框架所界定的中国城市中产阶层，无论在收入、住房等生活境遇上，还是在阶层地位认同上，都呈现出典型的中间状况的特点。中国城市的中产阶层，尤其是中产上层，是一个收入相对丰

---

① 刘欣：《中国城市的阶层结构与中产阶层的定位》，《社会学研究》2007 年第 6 期，第 3 ~ 4 页。

② 刘欣：《中国城市的阶层结构与中产阶层的定位》，《社会学研究》2007 年第 6 期，第 4 页。

厚、拥有较大面积的家庭住房、生活幸福感强并倾向于自我认同为社会中间层的社会阶层①。

八　刘毅的中产阶层观点

刘毅在《中产阶层的界定方法及实证测度——以珠江三角洲为例》一文中提出，回顾国内外关于中产阶层的多种界定标准，发现这些界定更多的是针对个人层面，也就是说，具体的某人被测量是否符合中产阶层的标准，目的在于测量哪些人属于中产阶层。这种标准，如果仅采用职业、教育背景、收入这三个指标或其中的某一单个指标，对个人的测量是可行的。但是，如果我们要进一步研究这些被测量个体的消费水平和生活方式，消费方面的指标是难以就个人而独立存在的，它必然要与被测量个体的家庭相联系。原因有二：其一，教育背景、职业和收入是单个个体所拥有的，但他们的收入当然要与整个家庭成员共同分享，因此个体的收入就必然在家庭中转化为家庭收入。其二，消费则更是家庭的消费，我们很难想象某一个体达到了中产阶层的消费水平，而他所处的家庭或其他家庭成员却处于另一阶层的消费水平。对消费的量度指标毫无例外都是以家庭为单位。事实上，我们也不可能得出家庭中某一个成员的消费水平的切实数据，我们只能说某个家庭拥有什么（或多少）耐用消费品，而不能说这个家庭中的某人拥有什么（或多少）耐用消费品；我们可以说某个家庭的食品消费占他们消费支出的多大比例，而不能说这个家庭中的某人的食品消费占这个家庭食品消费的多大比例。可见，无论在理论上还是在现实生活中，对中产阶层家庭层面的测量都要优于个人层面②。因此，刘毅构建的中产阶层界定指标体系，是以家庭为量度单位的，也就是说测量的结果是反映被测量的家庭是否属于中产阶层家庭。指标体系的构建采取客观多指标测定的方法，以收入、职业和消费三项指标作为衡量标准。刘毅认为，在社会分层的量化指标中，

---

① 刘欣：《中国城市的阶层结构与中产阶层的定位》，《社会学研究》2007 年第 6 期，第 12页。
② 刘毅：《中产阶层的界定方法及实证测度——以珠江三角洲为例》，《开放时代》2006年第 4 期，第 77～78 页。

收入往往是被作为一个重要的标准。"中产"，顾名思义，首先就是一个财产划分的概念。中产阶层的收入指标为：以当地当年恩格尔系数为40%的居民户人均年可支配收入的平均值为标准起点（含平均值），上线至人均年可支配收入17万元（含17万元，2004年不变价）。符合这一标准的可算为收入中产阶层。职业是十分关键而又简单易行的分层变量。职业指标的具体标准：以国家统计局《中国统计年鉴》的职业分类为基础选定。具体职业分类为：①各类专业技术人员；②国家机关党群组织、企事业单位负责人；③办事人员和管理人员；④商业工作人员；⑤服务性工作人员；⑥农林牧渔劳动者；⑦生产运输工人和有关人员；⑧不便分类的其他劳动者。本文确定①、②、③项为"新中产阶层"职业。符合这三项的即为职业新中产阶层。关于职业指标需要作进一步说明的是，因为我们的测量对象是以家庭为单位，所以在具体测量时，每个家庭成员会有不同的职业，我们仅以户主作为观测点。在目前我国的家庭结构中，户主往往是由该家庭中的最高权威者出任，他的社会地位、收入等在家庭中往往也是最高的，因此在这个家庭中具有相当高的代表性。在转型社会中，用恩格尔系数（食品消费支出占消费支出总额的比例）作为判别居民生活的消费水平，应当是一个较为有效的方法。消费指标的具体标准：以恩格尔系数在40%以下（含40%）为标准，符合本标准者为消费方面的中产阶层。全部符合以上收入、职业和消费三项指标者，便被界定为中产阶层。其中因职业区分，可划分为新中产阶层和老中产阶层①。

刘毅的研究数据来源于广东省城市社会经济调查队常规入户调查，调查的城市包括珠江三角洲经济区7市7县（区）中的广州市、佛山市、顺德区、深圳市、珠海市、肇庆市、惠州市、东莞市和鹤山市（县级）。调查对象是在城市和县城关镇中按随机原则抽选的部分非农业居民家庭及其成员，包括单身户，但不包括集体户口中的单身者。刘毅的研究结果显示②：在珠江三角洲这块充满活力的大地上，中产阶层伴随着改革开放和社会转型的深

---

① 刘毅：《中产阶层的界定方法及实证测度——以珠江三角洲为例》，《开放时代》2006年第4期，第78～80页。

② 刘毅：《中产阶层的界定方法及实证测度——以珠江三角洲为例》，《开放时代》2006年第4期，第85～86页。

化，日益壮大，并带有明显的特征。第一，出现较早。中产阶层已经在珠江三角洲地区悄悄孕育成长。1995 年，已占全部家庭的 12.22%。第二，增长较快。从 1986 年中产阶层占全部家庭的 3.11% 到 2004 年的 23.69%，年均增长速度为 11.94%。可以断定，在未来的时间里，随着现代化进程的加快，珠江三角洲中产阶层的成长速度必然逐步高于已有的速度。第三，比例较高。按 2004 年中产阶层家庭占珠江三角洲城镇全部家庭的 23.69% 计算，总量约达 126.32 万户家庭。与近期两项规模较大的调查研究结果相比较，珠江三角洲城镇中产阶层的规模，要大大高于全国平均水平和五大城市平均水平。中国社会科学院课题统计分析结果是在中国社会"职业中产"占人口比例为 15.9%；"收入中产"为 24.6%；"消费中产"为 35.0%；"自我认同中产"为 46.8%，达到上述全部指标的中产阶层人数占全国内地适龄人口比例只有 4.1%，按全国内地总人口算，比例更低，仅有 2.8%[1]。而同期，珠江三角洲"职业中产"占全部家庭的 50.6%，"收入中产"占 48.21%，"消费中产"占 52.21%，达到三项标准的新中产阶层为 23.37%。另一项南京大学课题的研究结果认为：在我国五大城市的调查发现，符合职业、教育和收入三项综合指标的中产阶层人数达到总人数的 11.9%[2]。第四，新中产阶层与旧中产阶层同时产生，前者比后者规模更大。在珠江三角洲，新、旧中产阶层几乎是同时问世的，而且无论是规模还是增长速度，新中产阶层都要比旧中产阶层更大、更快。新、旧两个中产阶层同时出现的原因，主要是中国的工业化与社会结构的变动。

九　国内其他学者关于中等收入的研究

王开玉等人在《中国中等收入者研究》一书中认为，中等收入者与中产阶层是既有区别又有联系的两个群体概念。首先，中等收入者与中产阶层是两个有差异的概念，主要体现在相互联系的三个方面：①两者界定的中轴标准不同。中等收入者界定的中轴标准是收入水平，而中产阶层的中轴标准则是家庭财产。②两个概念的外延在中国也有所不同。从中国目前

---

[1]　李春玲：《断裂与碎片——当代中国社会阶层分化实证分析》，社会科学文献出版社，2005，第 45 页。

[2]　周晓虹主编《中国中产阶层调查》，社会科学文献出版社，2005，第 45 页。

的情况看，中产阶层基本上是中等收入者，而中等收入者则有一部分不属于中产阶层。③中产阶层群体特质相对于中等收入者表现为稳定性。从个人发展的角度来看，中等收入者不一定成长为中产者，中产者只是中等收入者一个可能的发展目标。中等收入者是中产阶层的初级形态，而中产阶层是中等收入者的理想形态和成熟形态。但是对于一个国家来说，要产生一定规模的稳定的中产阶层必定要经历一个扩大中等收入者比重的过程。他们还认为，在农村农民工已成为中等收入者的主体，要扩大中等收入者的比重，当务之急就是让更多的农民成为中等收入者①。王开玉等人还进一步以收入法对安徽省农村中等收入者和城市中等收入者进行具体的界定。农村中等收入者年人均年纯收入下限为3000元，上限为8000元。以此上下限标准，2002年安徽省农村中等收入者比重约为17%，人数约为863万。城市中等收入者年人均纯收入下限为1万元，上限为2.5万元。以此上下限标准，可以推算出2002年安徽省城市中等收入者比重约为13.5%，人数约为174万②。

胡荣华等人在《南京城市居民中等收入界定及分析》③一文中认为，中等收入者不同于中产阶层，中产阶层是静态的存量概念，而中等收入者是动态的增量概念，中等收入者以收入水平来判断较为合理。中等收入者是指在一定时期内达到中等收入水平的城乡居民，不必区分居民在教育程度、资产规模、职业种类、价值观念、社会地位等方面的差别，更没有阶级划分的色调。因为收入是综合性的，是基本前提，人们能够获得某个水平的收入，往往决定于他们从事的是什么职业，达到何种教育程度和技能水平。同时，一定的收入水平在某种程度上又可以决定人的生活方式、受教育程度、积累财产及各类生产要素的能力，甚至思想观念的倾向。采用城乡居民家庭人均收入标准，还可以真实说明每个居民或每个家庭成员生活与发展的实际条件且符合国际通行做法。

他们认为，在具体确定一个地区的中等收入界限时，必须考虑如下几个因素：公众的认同性，即确定的数量标准不应该与绝大部分的公众

---

① 王开玉主编《中国中等收入者研究》，社会科学文献出版社，2006，第5～7页。
② 王开玉主编《中国中等收入者研究》，社会科学文献出版社，2006，第9～11页。
③ 胡荣华等：《南京城市居民中等收入界定及分析》，《南京社会科学》2006年第1期。

感觉有太大的差异；绝对数值上应该考虑各地不同的时空条件；作为界定基础的数据资料的可获得性；数据的准确性和可比性，即依据权威部门公布的公开信息，并充分考虑确定的界限与公开信息的可比性。基于上述四个因素，他们认为，可以采用以下几种方法来确定南京市中等收入的界限和比重：一是主观评价法。2003 年，他们对 865 名南京市居民进行了问卷调查，设计了"您认为中等收入家庭（以三口之家为标准）的年收入应该达到多少？"这一道问题。调查数据汇总得出，南京市居民认可的中等收入家庭的年收入平均值为 7.61 万元，以 95% 的可信度估计的南京市居民认可的中等收入家庭的年收入应在 7.15 万 ~ 8.07 万元间，即 7 万 ~ 8 万元。二是比例法。根据研究机构提供的日本和中国香港的中等收入水平来估计并计算出南京市 2003 年居民中等收入家庭的收入范围。根据日本和中国香港中产阶级收入与平均收入比值的上、下限分别计算简单平均数，作为南京市城市居民中等收入者收入与平均收入比值的上、下限，然后根据下述公式计算南京市城市居民中等收入家庭的年均收入范围（2003 年，南京市户均人口数为 3.08 人，家庭年均收入为 10196 元）：

中等收入者收入水平下限：$10196 \times 0.95 = 9686$ 元

中等收入者收入水平上限：$10196 \times 1.66 = 16925$ 元

中等收入家庭年均收入水平下限：$9686 \times 3.08 = 29833$ 元

中等收入家庭年均收入水平上限：$16925 \times 3.08 = 52129$ 元

他们的研究结果显示，南京市居民中属于中等收入的群体比例在 4% ~ 5% 之间。

上海社会科学院社会学研究所陶冶在《中等收入和上海的中等收入群体》一文中认为，中等收入是随时间、空间等条件不断变化的动态概念，它不是一个确定的、一成不变的数值，而是一个变化的区间。通过恩格尔系数，可以判断何时出现中等收入群体；通过人均年可支配收入等指标，可以计算出中等收入的上、下限。上海在持续十多年经济高速增长中已产生中等收入群体，并在逐年扩大。运用统计部门的资料，可以对上海城镇和农村居民的中等收入群体情况进行估算[1]。他认为，以家庭恩格尔系数

---

① 陶冶：《中等收入和上海的中等收入群体》，《社会科学》2006 年第 9 期，第 91 页。

处于 0.3 ~ 0.4 水平为达到中等收入标志是适合我国国情的。他通过人均年可支配收入等指标，计算出 2003 年上海市城镇中等收入群体的上、下限为 1.4 万 ~ 2.2 万元，2004 年为 1.6 万 ~ 2.5 万元，2005 年为 1.7 万 ~ 2.8 万元。他估算 2005 年上海市城镇有 30% ~ 31% 的家庭进入中等收入范围[1]。他用同样的方法计算出：2003 年上海市农村中等收入群体的上、下限为 6100 ~ 9500 元，只相当于同年城镇中等收入水平的 40% ~ 43%；2004 年为 6600 ~ 10100 元，只相当于同年城镇中等收入水平的 40% ~ 41%[2]。

第四节　国内外媒体和调查机构对中产阶层的界定

关于中产阶层的界定和划分标准，国内外媒体和调查机构也作了大量的报道，这里列出几则比较有代表性的报道及其观点。

1996 年 8 月 30 日，美国《洛杉矶时报》发表题为《一个经济庞然大物》的文章，指出"经济学家估计中国多达 2 亿的中产阶层消费者已经有钱买得起各种进口消费品"，这是对中国中产阶级数量的粗略估计。同年 12 月 24 日，美国《商业日报》发表题为《中国变化 10 年》的文章，指出"年轻的专业人员、官员、企业家、双职工家庭，正在组成新的中产阶层"[3]。这是对中国中产阶级成员构成的概述。

法国巴黎百富勤公司的研究部门将中国的"中产阶层"定义为：人均年收入 2.5 万 ~ 3 万元、家庭年收入为 7.5 万 ~ 10 万元，受过高等教育、参与企业决策和管理、从事脑力劳动的专业技术人员及"白领"[4]。

在号称中产阶层大本营的美国，曾普遍认为中产阶层的人年均收入标准应该在 2.5 万 ~ 10 万美元。2006 年，零点调查公司公布了一个新版本，他们从多个角度考察，列出了如下标准，至少符合其中之一的方可被称为中产阶层[5]。

---

① 陶冶：《中等收入和上海的中等收入群体》，《社会科学》2006 年第 9 期，第 92 ~ 96 页。
② 陶冶：《中等收入和上海的中等收入群体》，《社会科学》2006 年第 9 期，第 98 页。
③ 《中国变化 10 年》，（美）《商业日报》1996 年 12 月 24 日。
④ 转引自陈军君《谁是中产阶级？》，《中国经济时报》2004 年 10 月 26 日。
⑤ 《中产阶层的门槛又高了——有感于一份调查统计报告》，《中国信用卡》2006 年第 3 期，第 65 页。

（1）个人或家庭金融资产总水平在 50 万元以上；

（2）个人总体年收入水平在 20 万元以上；

（3）拥有私人轿车，价值在 20 万元以上；

（4）拥有高尔夫球俱乐部会员卡；

（5）拥有企业的规模在 15 人以上；

（6）在上市公司、中国知名品牌企业、地方知名品牌企业、中国企业规模排行榜前 500 名上榜企业和跨国公司代表处、"三资"企业、外商投资企业单位中担任董事、董事长、监事长、总监、副总经理、总经理或总裁以上职位的人士；

（7）担任地级市以上工商联、青年企业家协会或其他类似组织领导的委员；

（8）是 EMBA 班就读学员；

（9）拥有私人服务人员（如私人医生、律师）；

（10）名牌大学或著名研究机构中的博士生导师、学科带头人、知名的有成功历史的自由职业者或专业人士。

这十条标准非常明确具体，对"中产阶层"的界定已不再局限于财富和收入，还包括了职业特征、社会角色、公众声望，甚至精神状态。

2005 年，国家统计局城市调查总队一份抽样调查报告显示：根据世界银行公布的全球中等收入阶层的人均 GDP 起点 3470 美元和上限 8000 美元，并将这两个数据转换为 6 万 ~ 50 万元，以此界定我国城市中等收入群体的家庭（以家庭平均人口三人计算）年收入标准为 6 万 ~ 50 万元。并预测到 2010 年，城市中等收入人群的家庭将占全部城市家庭的 14%，到 2020 年，城市中等收入人群的家庭将占全部城市家庭的 45%①。

2008 年 8 月 28 日，重庆市统计局发布《目前国民中等收入问题研究与重庆实证分析》报告②。报告称，中等收入群体不单纯是经济学概念，它具有经济、历史、地域和社会等多重属性，目前有关中等收入标准的界定，主要基于收入、资产、生活质量三个方面进行考量。所谓中等收入群体，就是指一定时期内收入保持在全社会中等水平、生活较富裕、生活水

---

① 国家统计局城市调查总队课题组：《6 万 ~ 50 万：中国城市中等收入群体研究》，《数据》2005 年第 6 期。

② 张彬：《有房有车：339 万重庆人达到中等收入》，《重庆晚报》2008 年 8 月 29 日。

平相对稳定的居民群体。根据重庆市 8700 户农村住户抽样调查、1500 户城镇住户抽样调查测算，2006 年重庆市有 339.8 万人进入中等收入水平，占全市常住人口的 12.1%。其中，农村中等收入水平人口为 64.4 万人，城镇中等收入水平人口为 275.4 万人。2006 年全市农村人口中达到中等收入的居民，分布在 19 万个农村家庭中，占全市农村人口的 4.3%，占全部中等收入群体的 19%。在农村达到中等收入水平的居民，农业兼业户和非农业兼业户占了大头，占农村中等收入群体的比重高达 87%；三人户、四人户或三代同堂农村家庭是农村中等收入家庭的主要结构。达到中等收入水平的 275.4 万城镇居民，分布在 91.8 万个城镇家庭中，占全市城镇常住人口的 21%，占全部中等收入群体的 81%。在城镇达到中等收入水平的家庭，有 73% 的家庭属于三口之家，而且三个人中有两个人在工作。统计显示，中等收入群体的收入主要靠工资。在 2006 年，重庆市中等收入群体人均年收入为 13467 元。农村达到中等收入水平的家庭，人均年纯收入为 3405 元，是同期全市农村居民人均年收入水平的 1.2 倍。城镇达到中等收入水平的家庭，人均可支配收入是同期全市平均收入水平的 1.4 倍。工薪收入、经营性净收入、财产性收入和转移性收入四部分呈全面上升态势。

重庆居民进入中等收入群体，必须满足以下三个条件中的一个。

标准 1：家庭人均年收入在 2.5 万~7.5 万元之间，或家庭年收入在 7.5 万~30 万元之间。

标准 2：家庭累计持有的金融资产在 20 万~50 万元之间。

标准 3：城镇居民住房面积在 120~200 平方米之间，拥有一辆 10 万~15 万元的私家车；农村居民拥有一套面积在 200~300 平方米之间的砖混或钢混住房。

2005 年 1 月，广东省城市调查队经过一番调查研究，给出了广东省城镇"中等收入者"的"标准画像"：生活水平介乎富裕与小康之间，人均年可支配收入在 1.2 万~3 万元，人均住房建筑面积为 31.7~39.6 平方米，有稳定的职业。据测算，广东省约有 35% 的城镇居民符合这一要求，而建设全面小康的目标是要使"中等收入者"的比重提升到 60%①。

（1）生活：小康之上富裕之下。关于"中等收入者"的认定标准，广

---

① 《广东 35% 城镇居民是中等收入者 目标：提升到 60%》，《南方日报》2005 年 1 月 6 日。

东省城市调查队提出了以恩格尔系数来作主要界定标准的方法。根据恩格尔定律，食品消费占消费支出的50%～40%为小康水平，30%以下为较富裕和富裕，那么介于两者之间的39%～30%就可看做中等收入水平。而据城镇住户调查测算，广东人均年可支配收入在1.2万～3万元的城镇居民群体，其恩格尔系数正好落在30%～39%之间。专家认为：把小康之上和富裕之下的收入水平定义为中等收入群体是目前一种比较可行的方法。专家指出：全面实现小康社会，居民人均可支配收入在1.2万～3万元之间的中等收入群体比重要达到60%以上。而据测算，广东省目前城镇居民在这个收入范围内大约已有35%的比重。这个中间收入群体是一个较大的区间，因此又可把这个区间划分为三个层次，其中1.2万～1.8万元为中下层次，1.8万～2.4万元为中间层次，2.4万～3万元为中上层次。

（2）主体：国有经济单位员工。稳定的职业是中等收入群体生活的根本保障。而从省城市调查队住户调查的情况看，广东省城镇中等收入群体主要分布于国有经济单位中的机关事业单位、科研机构及一些经济效益好的国有企业。在中等收入群体三个层次（中下、中间和中上层次）中，国有经济单位就业人口占其比重分别达到53.8%、56.8%和64%，而城镇集体所有制单位的员工分别只占9.2%、7.4%和7%，其他各种经济类型的分别占19.6%、20.5%和13.1%，个体经营者分别占2.7%、6.3%和5.5%，离退休者分别占9.75%、11.7%和7.4%。

（3）住房建筑面积：31.7～39.6平方米。调查表明，广东省城镇中等收入家庭人均住房建筑面积在30平方米以上，中下层次为31.7平方米，中间层次为37.4平方米，中上层次为39.6平方米。住宅类型以三居室和两居室为主。以中等收入者的中间层次论，三居室占43.9%，两居室占33.8%，单栋住宅的占9.6%，四居室的占8.6%。三个层次的中等收入群体家庭住房拥有自己产权的分别占86.3%、89.8%和87.4%，购买商品房所占的比重为16.2%、18.1%和13.3%。

麦肯锡的经济学智库"麦肯锡全球研究院"（MGI）在研究中称，一个规模大得多、构成复杂的消费群体——中国城市中等收入人群正在崛起，他们的购买力将重新定义中国市场。MGI的研究表明，中等收入人群将会经历两个阶段的快速增长，到 2011 年左右，年收入在 2.5 万～4 万元的一般中等收入人群约为 2.9 亿人，成为中国城镇最大的人群，约占城镇居民人数的 44%。到 2015 年，这一群体的总体消费实力为 4.8 万亿元。到 2025 年，这个人群将达到 5.2 亿人，届时将占中国预期城镇总人口的一半以上，每年的总可支配收入为 13.3 万亿元，食品、住房、医疗、教育等将成为城市消费者的主要支出。这项研究同时指出，中国经济的不断增长将使数亿户家庭摆脱贫困的命运。目前，中国 77% 的城市家庭的年收入少于 2.5 万元；到 2025 年，仅有 10% 的城市家庭年收入将少于 2.5 万元。MGI 指出，中国的城市家庭将成为全球最大的消费市场之一，每年消费能力达 20 万亿元。MGI 使用计量经济学的方法，对中国人口各个细分人群进行预测，并评估家庭支出对 18 个消费大类的影响①。

　　总之，上述研究不仅确立了中产阶层或中等收入阶层的一些基本概念、基本理论和基本方法，而且还针对中产阶层或中等收入阶层的构成特征及其社会意义等问题作出了不同的估计和判断，为中产阶层或中等收入阶层的进一步深入研究提供了极好的参考价值。但是，迄今为止，对中产阶层或中等收入阶层的研究仍然存在着不足，例如：①缺乏对中产阶层或中等收入阶层相对统一的概念界定和归类指标。国外各理论流派对"中产阶层"有不同的理论界定和归类指标，如新马克思主义阶级理论家是基于阶级关系来定位中产阶层，工业化和后工业化理论家是依据职业来划分中产阶层，后现代主义和文化主义取向的阶级理论家则以文化消费特征和主观认同来分类中产阶层；而国内的学者既有人依据职业指标或者收入指标归类，也有人依据职业、收入、消费和主观认同的多维指标归类。这些研究尚未形成统一的概念界定和归类指标。②宏观研究多而微观研究少。已有的研究大多从宏观的视角对城市中产阶层或中等收入阶层的定义和特征、规模和发展趋势以及社会功能等进行了深入的研究，而较少从微观的视角对某一区域的县域中产阶层或中等收入阶层进行经验性实证研究。③定性研究多而定量研究少。已有的研究成

---

① 《麦肯锡报告称 2025 年我中等收入者将超过 5 亿》，中国消费网，http://finance.sina.com.cn/xiaofei/consume/20060609/0807736562.shtml，最后访问日期：2012 年 12 月 20 日。

果多倾向于采用定性研究方法，导致研究成果的总体推论效果不佳，因缺乏定量统计分析也就未能深入探究中产阶层或中等收入阶层的生成机制与内在逻辑。④描述性研究多而解释性研究少。已有研究成果多为对中产阶层或中等收入阶层的描述性研究，但适合本土社会的探索性、解释性研究成果较为薄弱，亟待加强。

第三章

概念界定、分析框架及资料来源

面对国内外理论界关于"中产阶级""中产阶层""中间阶层"或"中等收入阶层"的纷繁复杂和各不相同的概念界定及归类指标,如何合理界定这些概念?如何划分其归类指标?如何设计适合东南沿海县域"中产阶层"或"中等收入阶层"的研究策略与分析框架?如何获取东南沿海县域的第一手资料?如何具体开展本课题的研究与探讨?这些都是本章将要解决的问题。

第一节 研究策略、概念界定与分析框架

一 研究策略

对中产阶级或中产阶层等相关概念的界定是中产阶级研究的主要难点。不同的学者根据各自的研究目的,常常界定出不同的"中产阶级"或"中产阶层"概念。与此同时,用于界定中产阶级或中产阶层的指标也很多,既有主观指标,也有客观指标。第二章的文献回顾显示,米尔斯1951年第一次提出了作为中产阶级的"白领"阶级的概念,并详细研究了美国中产阶级的状况。赖特提出了对雇员阶级进行分类的两种维度:第一是他们在生产中与权力的关系,第二是他们所拥有的技术与专长。他认为,中产阶级在西方社会中是指广大的社会主流人群。它由过

着还算舒适（既不富裕也不贫困）的生活的人构成。他们为生存而工作，但在他们工作的组织和公司中并不处于真正握有权力的地位。他们受过不错的教育，甚至是高等教育，但这并未使他们进入强有力的精英阶层。在有些模糊的社会分层视图中，他们是广大的中间群体。高德索普指出，就业关系对于解释人们在阶级结构中的位置是至关重要的。布尔迪厄则依据资本总量（主要指经济资本、文化资本、社会资本以及符号资本）的数量与结构以及它们在实践过程中如何变化来界定社会阶级地位。布尔迪厄认为，就法国的情况而言，资本总量的差异界定着总体的三个层次分化结构，它包括统治阶级、中产阶级和工人阶级。陆学艺以职业分类为基础，以组织资源、经济资源和文化资源的占有状况为标准，认为当代中国社会由十个社会阶层和五种社会地位等级组成。他认为："中国城市的社会等级结构正在向橄榄型现代社会阶层结构演变，而乡村地区或城乡结合的县级行政区的社会阶层结构要转变为现代社会阶层结构，则还要走很漫长的路。"2007年中国的中产阶层占总就业人口的23%，现在每年约有800万人进入中产阶层。李强认为，中产阶级或中间阶层是指生活水平、财产地位处于中等层次的社会群体。因此，中产阶级与中间阶层的概念并没有根本的区别。周晓虹课题组则将经济、职业、教育三个指标结合起来，认定同时满足经济条件、职业条件和教育层次的人属于中产阶层。他们设定的条件是：①经济上月收入5000元；②职业为事业单位管理或专业技术人员、党政机关公务员、企业技术人员、经理人员、私营企业主；③接受过大学本科及以上教育。李培林和张翼同周晓虹一样以收入水平、职业类别和教育资本这三个指标来界定中产阶级。但是，他们将这三个指标都符合的人群定义为"核心中产阶级"，符合其中两个指标的人群为"半核心中产阶级"，只有一个指标符合的人群为"边缘中产阶级"。他们将家庭年人均收入在14001～35000元之间的定义为收入中产阶级；将各种领取薪金的、具有一定管理权限或技术水平的非体力劳动者定义为职业中产阶级（不包括体力劳动管理人员），其中也包括了"自雇"和雇主等；将取得了中专和大学本科阶段及以上教育文凭的人员定义为教育中产阶级。李路路和李升认为，中产阶级指的是在社会属性或者社会资源占有上处于社会结构的中间位置。他们认为，中国中产阶级的形成经历了两条道路即"内源"道路和"外生"道路，因此，中国中产阶级可以划分为两种类型即"内源中产阶级"和"外生中产阶级"。李春玲在修正 EAMC 项目的中产阶级划分的基础上界定了中国的中产阶级。她认为，广义的中产阶级包括新中产阶级、老中产阶级和边缘中产阶级；狭义的中产阶级专指新中产阶级（也被称为现代中产阶级）。李春玲所界定的中产阶级包括四个群体——企业主阶级、新中产阶级、老中产阶级和边缘中产阶级，这四个群体在经济条件、社会地位和社会政治影响方面具有不同的特征。刘欣认为，对中产阶层的界定应置于社会整体阶层结构中进行，中产阶层地位是居于基本阶层地位之间的阶层地位。他提出了一个以公共权力、市场能力（基于资产控制权和技术资本）为基础的阶层地位划分的理论模式，并进一步在此基础上建构了一个由社会上层、中产上层、中产下层、技术工人及小职员、非技术工人及个体劳动者五个阶层构成的阶层结构分析框架。刘毅以家庭为量度单位来构建中产阶层的指标体系，所测量的结果是反映被测量的家庭是否属于中产阶层家庭。他采取客观多指标测定的方法，以收入、职业和消费三项指标作为衡量标准，其中，收入被作为一个重要的标准。他认为，中产阶层的收入指标为：以当地当年恩格尔系数为40％的居民户人均年可支配收入的平均值为标准起点（含平均值），上线至人均年可支配收入 17 万元（含 17 万元，2004 年不变价）。胡荣华、夏德智等人认为，中等收入者不同于中产阶层，中产阶层是静态的存量概念，而中等收入者是动态的增量概念，中等收入者以收入水平来判断较为合理。他们认为，可以采用两种方法来确定南京市中等收入的界限和比重。一是主观评价法。他们通过调查数据汇总得出2003 年南京市居民认可的中等收入家庭的年收入在 7.15 万 ~ 8.07 万元，即 7 万 ~ 8 万元。二是比例法。他们参照日本和中国香港中产阶级收入与平均收入比值的上、下限等方法分别计算 2003 年南京市中等收入者收入水平在 9686 ~ 16925 元，中等收入家庭年均收入水平在 29833 ~ 52129元。陶冶认为，中等收入是随时间、空间等条件不断变化的动态概念，它不是一个确定的、一成不变的数值，而是一个变化的区间。例如，他通过恩格尔系数和人均年可支配收入等指标，计算出 2005 年上海城镇中等收入的上、下限为 1.7 万 ~ 2.8 万元。而据国家统计局城市调查总队2005 年的一份调查报告显示，我国城市中等收入群体的家庭（以家庭平均人口三人计算）年收入标准为 6 万 ~ 50 万元。

借鉴前人的研究成果和本课题的调查数据，本课题的主要研究策略如下：

（1）鉴于国内在关于中产阶层或中等收入阶层的研究中主要侧重点是城市尤其是大城市，而对于县域中产阶层或中等收入阶层的研究基本上属于缺失的状态，同时又鉴于东南沿海县域在改革开放的大潮中先行先试，区域经济较为发达，居民人均收入相对较高。因此本课题的研究对象定位于东南沿海县域的中产阶层或中等收入阶层。

（2）本课题认为"中产阶级""中产阶层""中间阶层"或"中等收入阶层"等概念并非完全一致，它们之间还是存在区别的。但是，鉴于目前中国官方在正式的文本中尚未使用"中产阶级""中产阶层"或"中间阶层"等概念，而是使用"中等收入阶层"或"中等收入群体"概念，本课题在后面章节的研究中将统一使用"中产阶层"和"中等收入阶层"这两个概念。至于上述几个概念的差异本课题稍后将作界定。在界定中产阶层时，本课题将借鉴李培林、张翼和周晓虹等人的方法，选择比较容易操作且对目前人们的经济社会地位影响较大的三个指标作为测量的指标，即收入水平、职业类别和教育资本。我们把这三个指标都符合的人群定义为"核心中产阶层"，把其中两个指标符合的人群定义为"半核心中产阶层"，把只有一个指标符合的人群定义为"边缘中产阶层"；同时，把符合收入水平这一测量指标的人群定义为"中等收入阶层"。对于不少学者将消费水平也作为界定中产阶层的测量指标的现象，本课题认为消费水平与收入水平密切相关，且消费水平要受收入水平的制约，它们就属性而言，都反映了阶层的经济属性，因此，本课题未将其列为测量的指标。但是，本课题会用较多的笔墨来描述、分析东南沿海县域中等收入阶层的消费特征。

（3）本课题还将对主观分层中的中产阶层进行界定和分析。本课题在问卷中设计了"如果把人归为以下几个阶层，您认为您属于哪一阶层？"这一问题，将选项设计为 13 个社会阶层，即党政干部阶层、经理人员阶层、专业技术人员阶层、办事人员（职员）阶层、私营企业主阶层、个体经营者阶层、商业/服务人员阶层、工人阶层、农民阶层、农民工阶层、乡村管理者阶层、失业/无业者阶层和其他阶层。本课题将党政干部阶层、经理人员阶层、专业技术人员阶层、办事人员（职员）阶层、私营企业主阶层、个体经营者阶层以及部分从事非体力的商业/服务人员阶层和专职的乡村管理者阶层界定为主观中产阶层。本课题在问卷中还设计了"在您所在的市/县里，如果把人分成不同等级，您认为您是哪一等级的人？"这一问题，选项分别为"上等""中上等""中等""中下等""下等"及"不清楚""不回答"。因此，本课题将选择"中等"的人群也界定为主观中产阶层，并称之为"中层认同"。如果按前述李路路和李升的类型学模式划分中国中产阶级为"内源中产阶级"和"外生中产阶级"两大类，那么，东南沿海县域的中产阶层更多的是属于"外生中产阶级"。

二 概念界定与测量

（一）中产阶层的界定与测量

本课题认为，"中产阶级"和"中产阶层"这两个概念相同，只是人们在将 Middle Class 翻译成中文时，用词不同而已，它们都突出"产"字即财产地位。而"中间阶层"，本课题认为它更突出"层级"的地位特征，指在任何社会阶层结构中处于中间层级的群体或阶层。本课题统一用"中产阶层"一词。

中产阶层是指在社会整体阶层结构中居于中间地位且无论是生活水平、财产地位还是其他社会属性或者社会资源的占有均处于中等层次的社会群体。中产阶层的界定可以从收入水平、职业类别和教育资本三个指标来衡量，我们将三个指标都符合的人群定义为"核心中产阶层"，符合其中两个指标的人群定义为"半核心中产阶层"，只有一个指标符合的人群定义为"边缘中产阶层"。

（1）关于中产阶层收入指标的测量。综合考虑前人的研究文献、东南沿海县域的实际，以及分析研究中的简便性和可操作性等因素，本课题借鉴国家统计局城市调查总队 2005 年的研究成果（即我国城市中等收入群体的年家庭收入标准为 6 万~50 万元，以家庭平均人口三人计算）来测量我国东南沿海县域中产阶层的收入水平。无论城镇居民还是农村

居民，凡 2007 年家庭人均年收入达到 20000～166666.67 元的人群即界定为
"收入中产"，在 0～19999 元的人群界定为"收入低层"，高于 166666.67 元
的人群界定为"收入高层"。之所以将城镇居民和农村居民收入中产的划分
标准统一起来，是由于课题组在实地调查中发现，东南沿海县域城乡之间
的差距已不明显，城乡之间已日趋一体化。2007 年福清市城乡收入差距比
为 1.22∶1，龙海市为 1.21∶1。如果把两县域城镇居民的住房补贴、医疗
补贴、失业保险等因素考虑在内，估计不会超过 1.5∶1①。

（2）关于中产阶层职业指标的测量。为简便起见，本课题按照九大职
业类别进行划分，即国家机关、党群组织、企业、事业单位负责人，专业
技术人员，办事人员和有关人员，商业工作人员，服务性工作人员，农、
林、牧、渔、水利业生产人员，生产工人、运输工人和有关人员，警察及
军人，不便分类人员。本课题认为，在县域"国家机关、党群组织、企
业、事业单位负责人"类别中，体制内行政级别最高的为处级，大多数人
为科级、股级甚至无级别（如村主要干部），而体制外的则多为中小企业
负责人。因此，本课题将国家机关、党群组织、企业、事业单位负责人②，
专业技术人员，办事人员和有关人员，警察及军人以及部分从事非体力的
商业工作人员和服务性工作人员界定为"职业中产"。这里的"部分从事
非体力的商业工作人员和服务性工作人员"的具体界定是：根据九大职业
分类表中的"第四大类：商业工作人员"，将其中的"小商店、小旅馆、
小招待所、小餐厅、美容院、发廊、酒吧、歌舞厅、洗衣店等服务业和娱
乐业的小业主（个体老板）和经理（职业代码为 401）"③ 以及"商业代理
人员（职业代码为 407）"和"保险、不动产、证券、商业服务推销员和
拍卖人（职业代码为 409）"界定为"职业中产"；还有将"第五大类：服
务性工作人员"中的"宾馆、酒店、夜总会等服务业和娱乐业的部门经
理、领班、组长等（职业代码为 501）"也界定为"职业中产"。本课题还

---

① 程丽香：《东南沿海县域居民收入差异及内在关联：福建例证》，《改革》2009 年第 8 期，
第 92～93 页。
② 张宛丽、李强、周晓虹、李春玲等人均认为，在当代中国，党政机关领导干部和中小私
营企业主均属中产阶层范畴。
③ 参照第二章的理论回顾部分可见，马克思将小业主、个体老板等当做中间阶级，介于资
本家和无产阶级之间；而米尔斯等人则将小业主、个体老板等称为老中产阶级。因此，
本课题认为小业主、个体老板等属于"职业中产"范围。

将生产工人、运输工人和有关人员以及部分从事体力的商业工作人员和服务性工作人员界定为"职业中低层",将农、林、牧、渔、水利业生产人员和部分不便分类人员界定为"职业低层"。

关于中产阶层教育指标的测量。鉴于县域的实际,中专以上教育文凭者大多从事与白领相关的职业,因此,本课题将取得了中专、大专和大学本科阶段及以上教育文凭的人员界定为"教育中产",将拥有高中、职高教育文凭的人员界定为"教育中低层",将初中及以下学历人员定义为"教育低层"。

(二) 中等收入阶层的界定与测量

中等收入阶层是指在社会整体阶层结构中相对稳定的家庭年人均收入水平居于中间等级的社会群体。中等收入阶层的界定,可以以家庭年人均收入为量度单位来构建中等收入阶层的指标体系。

中等收入阶层的测量:凡家庭人均年收入 20000 ~ 166666.67 元即为"收入中产",也称为"中等收入阶层"。

(三) 二者之间的联系与区别

本课题认为,中产阶层和中等收入阶层二者之间既有联系又有区别。二者的联系在于:二者均强调其社会属性或者社会资源的占有在社会整体阶层结构中的中等层次和中间地位。从这个意义上说,二者均属于社会学的范畴。二者的区别在于:前者强调体现其社会属性或者社会资源占有的指标体系的综合性,其中,在经济指标方面,强调家庭的财产地位;而后者则突出强调其家庭收入水平的衡量指标的单一性。从这个意义上说,前者偏重于社会学范畴,而后者则偏重于经济学范畴。但是,考虑到收入分配结构是社会结构、社会分层的重要维度,是从财富(财产)角度反映社会结构合理与否的重要标志[1]。因此,我们认为中等收入阶层是中产阶层从经济财富资源占有角度的反映,是中产阶层的一个极其重要的维度。本课题后面的章节将东南沿海县域的中等收入阶层作为主要研究对象。

---

① 陆学艺主编《当代中国社会结构》,社会科学文献出版社,2010,第175页。

三　分析框架

具体如图 3-1、图 3-2 所示。

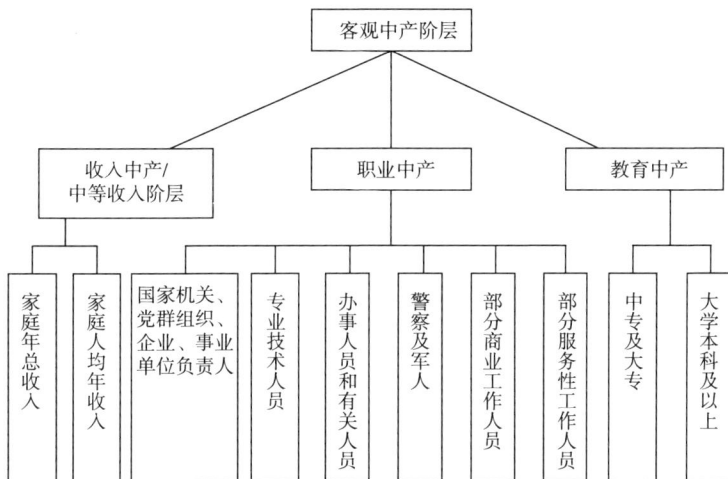

图 3-1　东南沿海县域客观中产阶层分析框架

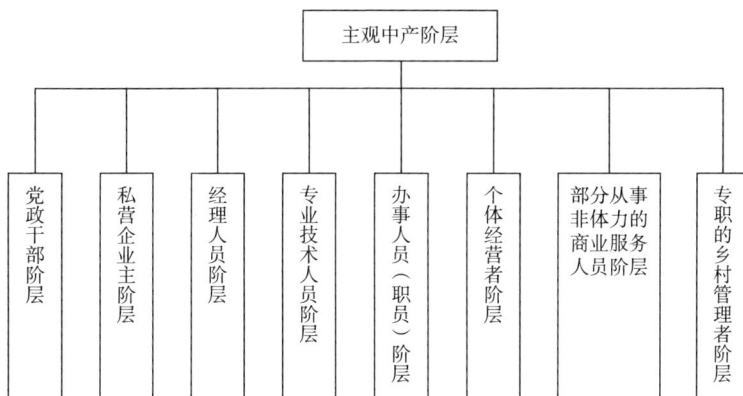

图 3-2　东南沿海县域主观中产阶层分析框架

第二节　研究方法、资料来源及特征

一　研究方法

基于已有的关于中等收入阶层或中产阶层的实证研究多从宏观的视角

和城市的层面进行研究，本课题将从县域的层面切入，采取以定量研究为主的方法；利用问卷调查法，选择东南沿海县域的福建省福清市和龙海市（近几年来，县域经济基本竞争力均列全国"百强县市"），采用随机抽样的方法抽取样本街道和乡镇，再从样本街道和乡镇中采用等距离抽样方法抽取 16~70 岁的样本对象进行入户问卷调查；对经验调查数据的分析则采用社会分层研究领域中流行的统计分析技术，例如，交叉列联表分析、多元回归分析和多因素方差分析等。

二　资料来源及特征

社会学研究的一个主要手段就是运用科学的方法来收集和分析社会事实。本课题主要采用实地问卷调查法收集第一手资料。问卷调查的实施过程极为复杂，要求研究者事先做大量的准备工作，如确定研究课题、研究设计以及具体实施安排等步骤，并在此基础上进行资料收集和资料分析工作。为了测量问卷调查的信度和效度，本课题将此次问卷调查中的样本县域的选择依据，资料来源、收集过程和研究方法，以及样本居民的基本特征进行逐一介绍。

（一）样本县域的选择及其对沿海县域的代表性

福清市地处福建省中部沿海，是著名的侨乡。根据《2004 年福清市侨情普查资料》显示：旅外乡亲达 781402 人，遍布 115 个国家和地区，例如，印度尼西亚有 30 多万人、新加坡约有 8 万人、日本有 10 多万人、英国约有 4 万人、南非有 2 万多人、阿根廷约有 1.2 万人。其中，改革开放后通过公派、留学、劳务、婚配、投资等渠道移居海外的新移民逾 20 万人[1]。2007 年末，全市总人口 123.13 万人；农业人口 103.19 万人，非农业人口 19.93 万人。全市地区生产总值由 1978 年的 1.33 亿元增加到 2007 年的 352.40 亿元，其中，三大产业增加值之比由 1978 年的 46.8∶28.2∶25.0 变为 2007 年的 13.7∶54.7∶31.6（见表 3－1）[2]。2006 年，全市财政总

---

[1]　根据福清市侨办主编《2004 年福清市侨情普查资料》整理得出。
[2]　根据《福清市统计年鉴（2008）》整理得出。

收入为 26.42 亿元，县域经济基本竞争力列全国"百强县市"第 16 位，综合经济实力位居全省 10 强县（市）第 2 位①。

龙海市地处福建省东南沿海，紧邻厦门市特区，是福建三大平原之一——漳州平原的主要腹地。境内山海河田齐备，气候适宜，土地肥沃，曾被誉为福建的"乌克兰"，素有"鱼米花果之乡"的美称，是名列"中国十大名花"、福建省花——水仙花的原产地，是国家持续高效农业示范区、海峡两岸对台农业合作试验区和福建省重要的农产品出口创汇基地之一②。2007 年末，全市总人口 79.63 万人；农业人口 63.70 万人，非农业人口 15.93 万人。2007 年，全市地区生产总值为 209.84 亿元，其中，三大产业增加值之比为 14.1∶61.6∶24.2（见表 3-1）。2006 年，全市财政总收入为 18.75 亿元，县域经济基本竞争力列全国"百强县市"第 68 位③。2007 年，全市财政总收入 28.88 亿元，县域经济基本竞争力连续 7 年位居全国"百强"，连续两届被评为全国最具投资潜力中小城市"百强"之一，综合经济实力连续 13 年保持福建省"十强"。④

综合各项指标看，福建省福清市和龙海市对于东南沿海县域而言具有一定的代表性，通过对福清市和龙海市中等收入阶层的实证分析，可以大致把握东南沿海县域中等收入阶层的基本特征与现实状况。

表 3-1　样本县域福清市、龙海市 2007 年经济社会发展主要指标

指　标	龙海市	福清市
年末户籍人口（万人）	79.63	123.13
其中：农业	63.70	103.19
非农业	15.93	19.93
年末常住人口（万人）	84.16	119
其中：城镇人口	33.66	37.90
乡村人口	50.50	81.10

① 资料来源：福清市政府网，http：//www.fuqing.gov.cn。
② 资料来源：中共龙海市委、龙海市人民政府编《龙海市撤县建市十五周年纪念画册》。
③ 根据《龙海市统计年鉴（2007）》《龙海市统计年鉴（2006）》整理得出。
④ 资料来源：中共龙海市委、龙海市人民政府编《龙海市撤县建市十五周年纪念画册》。

续表

指　标	龙海市	福清市
城市化率（％）	40.0	31.9
地区生产总值（亿元）	209.84	352.40
其中：第一产业	29.65	48.21
第二产业	129.32	192.69
第三产业	50.86	111.51
人均 GDP（元）	25013	28620
在岗职工平均工资（元）	21667	20811
农民人均纯收入（元）	5699	7611
地方财政收入（万元）	106363	136092
规模以上工业总产值（亿元）	387.56	726.53

资料来源：根据《福建统计年鉴（2008）》《福清市统计年鉴（2008）》《龙海市统计年鉴（2007）》整理得出。

（二）资料来源及收集过程

本课题使用的数据来源于课题组 2008 年 7～8 月在福建省福清市和龙海市展开的调查。抽样调查的实施遵循以下步骤。第一，确定样本县域为福清市和龙海市。选取原则是县域经济基本竞争力列全国"百强县（市）"的县域。2006 年福建省 87 个县（市）共有 8 个县（市）进入全国"百强县（市）"，其中，福清市居第 16 位，龙海市居第 68 位；2007 年福清市居第 21 位，龙海市居第 83 位。第二，按福清市与龙海市人口比例（1.55∶1）大致确定两个县的抽样问卷总数分别为 780 份、500 份。第三，按城市化率①确定福清市和龙海市的农村样本和城镇样本比例。福清市城市化率为 31.9%，龙海市城市化率为 40%（见表 3 - 1）。因此，大致确定福清市城镇居民的样本数为 240 份，农村居民的样本数为 540 份；龙海市城镇居民的样本数为 200 份，农村居民的样本数为 300 份。第四，采用分层抽样法，按乡镇产值表（按现行价格计算）抽取福清市高中低水平的 3 个样本镇、1 个街道办事处。每个镇的 3 个样本村及 1 个街道的 4 个样本居委会也以

---

① 城市化率（单一指标法）采用"城镇人口/年末常住人口"的计算公式，再根据《福清市统计年鉴（2008）》《龙海市统计年鉴（2007）》的数据计算得出。

经济发展水平高中低情况抽取,共抽取 9 个样本村和 4 个样本居委会;在龙海市则抽取 2 个样本镇、1 个样本街道办事处,共抽取 6 个样本村和 4 个样本居委会。第五,以户为单位,按等距离抽样法抽取福清市每个样本村或样本居委会 60 户作为样本户;在龙海市则抽取每个样本村或样本居委会 50 户作为样本户。第六,从被调查户家中选取调查对象。选取原则是年龄为 16~70 岁,通常为户主或家中管事的且语言表达清晰的家庭成员。第七,调查采用调查员入户访问记录的方式,调查员事先进行培训。第八,本次调查将外来人口排除在抽样框之外,只研究户籍内常住人口的分层情况、中等收入阶层的基本构成及其特征、中等收入阶层的生成机制与内在逻辑、中等收入阶层的阶层意识和社会认同,以及中等收入阶层的社会功能和发展趋势等。

(三) 样本居民的基本特征

本次调查在福清市共发放 780 份问卷,回收问卷 779 份;在龙海市共发放 503 份问卷,回收问卷 503 份。从表 3 – 2 可见,两个县域样本男女性别比例约为 2:1;年龄集中在 30~60 岁之间,30 岁以下样本较少,这是因为两个县域的年轻人大多流动到境外、省外和市外务工、经商、办厂等;从婚姻状况看,两个县域绝大多数样本已婚;从户口类别看,两个县域农业户口和非农业户口的样本比例也与表 3 – 1 显示的城市化率相当。从政治面貌看,普通群众的比例在福清市样本中为 71.5%、在龙海市样本中为 58.7%,其次是共产党员,在福清市样本中占 23.8%、在龙海市样本中占 38.1%;从文化程度看,两个县域样本多集中为小学和初中学历,约占样本总数的一半,高中及以上的比例在福清市样本中占 38.7%、在龙海市样本中约占 43.9%。

表 3 – 2 东南沿海县域样本居民的基本特征统计

单位:份,%

变 量	类 别	福清市		龙海市	
		样本数	占比	样本数	占比
性 别	男	503	64.6	339	67.4
	女	276	35.4	164	32.6

续表

变　　量	类　　别	福清市		龙海市	
		样本数	占比	样本数	占比
年　龄	18 岁以下	2	0.3	3	0.6
	18～30 岁	69	8.9	46	9.1
	31～40 岁	176	22.6	116	23.1
	41～50 岁	191	24.5	140	27.8
	51～60 岁	198	25.4	121	24.1
	60 岁以上	142	18.3	77	15.3
婚姻状况	未婚	29	3.7	15	3.0
	已婚	743	95.8	478	96.4
	其他	4	0.5	3	0.6
户口类别	非农户口	275	35.4	201	40.3
	农业户口	499	64.3	295	59.1
	其他	2	0.3	3	0.6
政治面貌	群众	556	71.5	294	58.7
	共青团员	26	3.3	10	2.0
	共产党员	185	23.8	191	38.1
	民主党派	5	0.6	4	0.8
	其他	6	0.8	2	0.4
文化程度	小学以下	48	6.4	13	2.6
	小学	169	22.7	119	24.2
	初中	238	31.9	142	28.9
	高中	124	16.6	90	18.3
	中专	57	7.7	36	7.3
	大专	50	6.7	55	11.2
	本科及以上	57	7.7	35	7.1
	其他	2	0.3	2	0.4

注：数据统计选择有效样本进行。

第四章

县域中等收入阶层的
规模及基本特征

如前所述，东南沿海县域美丽、富饶且充满生机和活力。相对于全国其他县域而言，东南沿海县域经济较为发达、社会转型速度较快、社会阶层结构分化较为急剧，因此，该区域中等收入阶层发育也较为成熟。但是，东南沿海县域中产阶层和中等收入阶层的规模到底有多大？其基本特征又如何？本章主要考察东南沿海县域收入中产（中等收入阶层）、职业中产及教育中产的规模，并计算东南沿海县域边缘中产、半核心中产以及核心中产的规模，分析东南沿海县域中等收入阶层的人口特征、职业分布等基本特征。

第一节　县域中等收入阶层的规模

一　东南沿海县域中等收入阶层的规模

通常收入水平是判断人们经济地位状况的最重要的指标。本课题以2007年家庭年收入6万～50万元为标准，运用SPSS 13.0对所收集的资料进行汇总、统计得出，福清市的中等收入阶层占全部样本总数的35.7%，龙海市则占35.2%（见表4-1）。如果考虑家庭平均人口数量（福清市样本家庭人口均值4.1人，龙海市3.9人）的因素，以2007年家庭人均年收入20000～166666.67元为标准，那么，福清市的中等收入阶层规模并不庞大，其比例仅占全部样本总数的 28.4%，龙海市的比例为 24.5%（见表 4－1)①。统计得出的这两组数据基本上与两个县域的经济社会发展状况相符合，也与李春玲 2005 年关于收入中产的研究成果大致相同，但其划分标准低于本课题的标准②。本课题将 2007 年家庭人均年收入 20000～166667元划分为中等收入阶层，家庭人均年收入低于 20000 元划分为低收入阶层，家庭人均年收入高于 166667 元划分为高收入阶层。从表 4－1 可见，福清市低收入阶层的比例为 68.3%，龙海市为 74.6%；福清市高收入阶层的比例为 1.7%，龙海市为 0.8%。由于两个县域高收入阶层的比例很低，因此，本课题后面章节的比较分析仅在县域中等收入阶层之间以及县域内中等收入阶层与低收入阶层之间进行。

表 4－1　2007 年东南沿海县域中等收入阶层比例

单位:%

划分类别	福清市				龙海市			
	高收入阶层	中等收入阶层	低收入阶层	不清楚或不回答	高收入阶层	中等收入阶层	低收入阶层	不清楚或不回答
按家庭年收入 6 万～50 万元划分	2.4	35.7	60.1	1.7	0.8	35.2	63.8	0.2
按家庭人均年收入 20000～166667 元划分	1.7	28.4	68.3	1.7	0.8	24.5	74.6	0.2

注：福清市总样本数为 779 份，龙海市总样本数为 503 份。

---

① 尽管调查员在入户调查现场作出种种努力，但是在问及"个人年总收入及家庭年总收入"时，一些调查对象提供的信息依然存在低报或少报现象，与调查员的实际观察不完全相符。这种现象福清市比龙海市严重。

② 李春玲认为，迄今为止，还没有一个公认的数字标准，能确定在多少收入以上算是中产阶级。其课题组在实地调查中发现，人们对自己和他人的收入高低的判断，往往是以他们所熟悉的当地人的普遍收入状况为依据，生活在乡村的人不太可能把自己的收入与北京和上海的人相比较，他们通常是与本村、邻村或县城的人相比较。因此，她认为以各地方的人均收入水平来确定中等收入的标准线较为合理。她列出六类不同发达程度的城镇和乡村的个人平均月收入，以每一类地区的个人月收入平均值为标准，确定一个人是否属于收入中产。在平均值以上的人归类为收入中产，平均值及以下的人为非中产。根据上述标准她统计得出收入中产比例为 24.6%，也就是说，在适龄社会人口中大约 1/4 的人是收入中产。其中，她认为发达地区包括北京、上海、浙江、江苏。她计算得出，发达城镇地区人均月收入均值为 1250.02 元（人均年收入为 15000.24 元），发达农村地区人均月收入均值为 638.28 元（人均年收入为 7659.36 元）等等。参见李春玲《断裂与碎片：当代中国社会阶层分化实证分析》，社会科学文献出版社，2005，第 492～493 页。

二 东南沿海县域职业中产的规模

本课题将职业类别为国家机关、党群组织、企业、事业单位负责人，专业技术人员，办事人员和有关人员，警察及军人以及部分从事非体力劳动的商业工作人员和服务性工作人员界定为"职业中产"。本课题运用 SPSS 13.0 对所收集的资料进行汇总、统计得出，福清市的职业中产占全部样本总数的 33%，龙海市的比例为 44.1%（见表 4-2）。即便是参照李春玲的职业中产的划分标准①统计，福清市的职业中产仍然占全部样本总数的 25.8%，龙海市的比例为 33%，大大高于李春玲的统计数据（15.9%）②。

表 4-2 2008 年东南沿海县域职业中产比例

单位：份，%

变量 职业类别	您今年投入时间最多的工作或经营活动 （问卷编码：b1）			
	福清市		龙海市	
	样本数	占比	样本数	占比
国家机关、党群组织、企业、事业单位负责人	84	10.8	53	10.5
专业技术人员	58	7.4	46	9.1
办事人员和有关人员	53	6.8	64	12.7

① 李春玲列出十类职业在适龄社会人口中的分布比例（排除在校生样本），认为其中五个职业属于白领职业，他们是党政领导干部、企业经理人员、私营企业主、专业技术人员和办事人员，从事这五类职业的人所占比例是 15.9%，单从职业标准来说，他们够条件成为中产阶级，可以把他们称为职业中产。在另外的五个分类中，商业服务业员工和产业工人通常被归为工人阶级，农业劳动者则是农民阶级，他们属于蓝领职业从业者（体力劳动者），无业失业半失业者的大多数也是体力劳动者，他们是底层社会成员。按职业标准归类，这些人都被排斥在中产阶级之外。个体工商户从业者则不能完全依据白领与蓝领的职业分类来进行中产或非中产的划分，因为他们中的一部分人从事的是白领职业，而另一部分人则从事蓝领职业。如果把个体工商户也归入中产阶级的话，那么，职业中产的比例就达到了 24%。按照李春玲的职业中产的划分标准，本课题中的"国家机关、党群组织、企业、事业单位负责人，专业技术人员，办事人员和有关人员，警察及军人"这四大职业类别毫无疑问是白领职业类别，因此属于中产阶层。参见李春玲《断裂与碎片：当代中国社会阶层分化实证分析》，社会科学文献出版社，2005，第 490~491 页。

② 此数据为中国社会科学院社会学研究所"当代中国社会结构变迁"课题组于 2001 年 11~12 月收集的全国抽样调查数据的统计结果。

续表

变　量　　　职业类别	您今年投入时间最多的工作或经营活动（问卷编码：b1）			
	福清市		龙海市	
	样本数	占比	样本数	占比
商业工作人员	70	9.0	77	15.3
服务性工作人员	22	2.8	20	4.0
农、林、牧、渔、水利业生产人员	207	26.6	112	22.3
生产工人、运输工人和有关人员	64	8.2	33	6.6
警察及军人	6	0.8	3	0.6
不便分类人员	208	26.7	88	17.5
不适用、不清楚或不回答	7	0.9	8	1.6
其中：职业中产（扣除从事体力劳动的商业工作人员及服务性工作人员）	257	33.0	222	44.1

注：福清市总样本数为 779 份，龙海市总样本数为 503 份。

三　东南沿海县域教育中产的规模

本课题将中专、大专和大学本科阶段及以上教育文凭的人员界定为"教育中产"。本课题运用 SPSS 13.0 对所收集的资料进行汇总、统计得出，福清市的教育中产占全部样本总数的 21.1%，其中，中专与大专学历占 13.7%，大学本科及以上学历占 7.4%；龙海市教育中产则占 25%，其中，中专与大专学历占 18.1%，大学本科及以上学历占 6.9%（见表 4-3）。

表 4-3　2008 年东南沿海县域教育中产比例

单位:%

变　量　　　学历类别	您现在或最后工作的最高学历（问卷编码：c32d）	
	福清市	龙海市
中专至博士（学历中产）	21.1	25.0
其中：中专与大专	13.7	18.1
大学本科及以上	7.4	6.9
高中、职高（学历中低层）	26.2	18.1
没有学历至初中（学历低层）	48.1	54.3

变　量　　　学历类别	您现在或最后工作的最高学历（问卷编码：c32d）	
	福清市	龙海市
其他	0.3	0.0
不清楚或不回答	4.4	2.6

注：福清市总样本数为 779 份，龙海市总样本数为 503 份。

四　东南沿海县域核心中产、半核心中产阶层及边缘中产的规模

借鉴李培林、张翼和周晓虹等人的方法，本课题从收入水平、职业类别和教育资本三个指标来衡量东南沿海县域的中产阶层。我们将三个指标都符合的人群定义为"核心中产阶层"，符合其中两个指标的人群定义为"半核心中产阶层"，只有一个指标符合的人群定义为"边缘中产阶层"。统计得出，福清市核心中产阶层的比例为 6.7%，龙海市为 5.6%。而福清市在半核心中产阶层中符合收入中产和职业中产两项标准的占 12.7%，龙海市占 11.9%；福清市符合收入中产和学历中产两项标准的占 8.5%，龙海市占 6.7%；福清市符合职业中产和学历中产两项标准的占 15.9%，龙海市占 20.5%。福清市在边缘中产阶层中符合收入中产一项标准的占 28.4%，龙海市占 24.5%；福清市在边缘中产阶层中符合职业中产一项标准的占 33%，龙海市占 44.1%；福清市在边缘中产阶层中符合学历中产一项标准的占 21.1%，龙海市占 25%（见表 4 - 4）。

可见，无论福清市还是龙海市边缘中产的比例总是大于半核心中产和核心中产的比例，这与李培林和张翼的全国样本的研究成果是一致的。但是，福清市和龙海市边缘中产的比例则大大高于李培林和张翼的全国样本统计比例①。

---

① 李培林、张翼的研究成果显示：2005 年全国边缘中产阶级占 13.7%，半核心中产占 8.9%，核心中产占 3.2%。而在边缘中产中，收入中产占 17.8%，职业中产占 22.4%，学历中产占 12.7%。李培林、张翼的收入中产的标准是：2005 年中国家庭年人均收入的调查数据乘以 1.5 的系数后，在 14001~35000 元为中等收入家庭。而本课题的收入中产的标准则为 2007 年福清市和龙海市居民家庭年人均收入在 20000~166667 元为中等收入阶层。关于职业中产的划分标准与李培林、张翼的大致相同，而学历中产的划分标准则完全参照李培林、张翼的标准。可见，本课题收入中产的标准大大高于前者。参见李培林、张翼《中国中产阶级的规模、认同和社会态度》，《社会》2008 年第 2 期，第 5~7 页。

综上所述，东南沿海县域核心中产阶层的规模比例远远小于中等收入阶层的规模比例。这说明，东南沿海县域居民要从中等收入阶层行列步入核心中产阶层行列还有一段较为漫长的过程。

表 4 - 4　东南沿海县域边缘中产、半核心中产与核心中产比例

单位:%

中产类别	福清市	龙海市
边缘中产:		
收入中产	28.4	24.5
职业中产	33.0	44.1
学历中产	21.1	25.0
半核心中产:		
收入中产 + 职业中产	12.7	11.9
收入中产 + 学历中产	8.5	6.7
职业中产 + 学历中产	15.9	20.5
核心中产:		
收入中产 + 职业中产 + 学历中产	6.7	5.6

注：福清市总样本数为 779 份，龙海市总样本数为 503 份。

第二节　县域中等收入阶层的基本特征

一　东南沿海县域中等收入阶层的人口特征

不同阶层或群体的人口特征一般可从其性别与年龄特征、婚姻状况与家庭规模、户口类别与政治面貌以及文化程度等指标来体现。因此，本课题将运用上述指标对两个县域中等收入阶层及县域内中等收入阶层与低收入阶层的人口特征差异进行比较分析。

我们运用 SPSS 13.0 对调查数据进行简单的频次处理后得出表 4 - 5。从性别特征看，两个县域无论中等收入阶层还是低收入阶层样本男女性别比例大致接近 2:1。从年龄特征看，两个县域中等收入阶层和低收入阶层样本普遍集中在 31 ~ 40 岁、41 ~ 50 岁及 51 ~ 60 岁这三个年龄段，其中，

两个县域中等收入阶层样本最集中的是 41~50 岁这一年龄段，福清市占30%，龙海市占35%。有趣的是，两个县域低收入阶层人群分布在 60 岁以上的比例大大高于中等收入阶层人群分布在这一年龄段的比例。这也从另一个侧面反映沿海县域贫困人口多集中在老年人口（见表 4-5）。通过均值计算得出：2008 年福清市中等收入阶层的平均年龄为 45.5 岁，低收入阶层的平均年龄为 48.3 岁；龙海市中等收入阶层的平均年龄为 45.7 岁，低收入阶层的平均年龄为 46.6 岁。而 2006 年城市新中产阶级的平均年龄为 36 岁，老中产阶级的平均年龄为 38.3 岁①。

从婚姻状况看，两个县域无论中等收入阶层还是低收入阶层样本普遍已婚。从家庭规模看，福清市中等收入阶层的家庭规模普遍小于低收入阶层的家庭规模，其中等收入阶层家庭规模在 4 人以内的占 79.2%，低收入阶层则为 59.1%；而龙海市二者则大致相同，其中等收入阶层家庭规模在4 人以内的占 77.2%，低收入阶层为 67.4%。通过均值计算得出：2008 年福清市中等收入阶层的平均家庭人口数为 3.6 人，低收入阶层的平均家庭人口数为 4.3 人；龙海市中等收入阶层的平均家庭人口数为 3.6 人，低收入阶层的平均家庭人口数为 4.0 人。从户口类别看，龙海市中等收入阶层样本的非农户口与农业户口比较接近，分别为 45.1% 和 54.1%，而福清市的农业人口比例较高，占 62%。两个县域的低收入阶层样本则普遍集中在农业人口中。

从政治面貌看，两个县域中等收入阶层共产党员的比例高于低收入阶层党员的比例。从文化程度看，福清市中等收入阶层中专及以上学历占31.8%，低收入阶层仅为 17.6%；龙海市二者比例则很接近，其中，中等收入阶层中专及以上学历占 27.5%，低收入阶层仅为 25.2%（见表 4-5）。从家人出国情况看，福清市中等收入阶层中家里有人出国的比例高达54.8%，低收入阶层中家里有人出国的比例也达 34.7%，这也说明了福清市的确是著名的侨乡；而龙海市无论中等收入阶层还是低收入阶层家里有人出国的比例都很低，前者为 2.5%，后者为 5.1%。

可见，东南沿海县域中等收入阶层的平均年龄普遍低于低收入阶层，

① 李春玲：《中国中产阶级的增长及其现状》，载李春玲主编《比较视野下的中产阶级形成》，社会科学文献出版社，2009，第 127 页。

其家庭平均人口数也普遍低于低收入阶层，但是，其共产党员的比例和高学历的比例普遍高于低收入阶层。

表 4 - 5　东南沿海县域中等收入阶层的人口特征统计

单位：份,%

变　量	类　别	福清市				龙海市			
		中等收入阶层		低收入阶层		中等收入阶层		低收入阶层	
		样本数	占比	样本数	占比	样本数	占比	样本数	占比
性别	男	155	70.1	340	62.4	79	64.2	257	68.4
	女	66	29.9	205	37.6	44	35.8	119	31.6
年龄	18 岁以下	0	0.0	1	0.2	2	1.6	1	0.3
	18~30 岁	27	12.3	54	9.9	13	10.6	43	11.4
	31~40 岁	56	25.5	130	23.9	25	20.3	95	25.3
	41~50 岁	66	30.0	114	21.0	43	35.0	95	25.3
	51~60 岁	46	20.9	140	25.7	30	24.4	82	21.8
	60 岁以上	25	11.4	105	19.3	10	8.1	60	16.0
婚姻状况	未婚	11	5.0	17	3.1	4	3.3	10	2.7
	已婚	208	94.1	523	96.5	117	95.9	358	96.8
	其他	2	0.9	2	0.4	1	0.8	2	0.5
家庭规模	1 人	5	2.3	11	2.0	1	0.8	2	0.5
	2 人	52	23.5	64	11.8	24	19.5	47	12.6
	3 人	63	28.5	111	20.4	47	38.2	114	30.5
	4 人	55	24.9	135	24.9	23	18.7	89	23.8
	5~7 人	40	18.1	189	34.8	27	22.0	111	29.7
	8 人及以上	6	2.7	33	6.1	1	0.8	11	2.9
户口类别	非农户口	84	38.0	185	34.1	55	45.1	144	38.6
	农业户口	137	62.0	355	65.4	66	54.1	227	60.9
	其他	0	0.0	3	0.6	1	0.8	2	0.6
政治面貌	群众	137	62.0	413	75.9	65	52.8	228	61.0
	共青团员	4	1.8	18	3.3	2	1.6	8	2.1
	共产党员	72	32.6	110	20.2	53	43.1	135	36.1
	民主党派	4	1.8	1	0.2	2	1.6	2	0.5
	其他	4	1.8	2	0.4	1	0.8	1	0.3

续表

变　量	类　别	福清市				龙海市			
		中等收入阶层		低收入阶层		中等收入阶层		低收入阶层	
		样本数	占比	样本数	占比	样本数	占比	样本数	占比
文化程度	小学以下	17	8.2	78	14.9	13	10.8	24	6.6
	小学	29	13.9	92	17.6	20	16.7	75	20.5
	初中	61	29.3	174	33.2	30	25.0	111	30.3
	高中	35	16.8	88	16.8	24	20.0	64	17.5
	中专	23	11.1	33	6.3	4	3.3	31	8.5
	大专	17	8.2	29	5.5	18	15.0	37	10.1
	本科及以上	26	12.5	30	5.8	11	9.2	24	6.6
家人出国	没有	99	45.2	335	65.3	119	97.5	350	94.9
	有	120	54.8	178	34.7	3	2.5	19	5.1

注：福清市总样本数为 779 份，龙海市总样本数为 503 份；福清市中等收入阶层样本数为 221 份，龙海市为 123 份。数据统计选择有效样本进行。

二　东南沿海县域中等收入阶层的职业特征

不同阶层或群体的职业特征一般可从其职业分布、单位或机构类别、单位或机构性质、职业身份、职位、单位或机构的员工规模、单位或机构是否有工会及样本对象是否参加、样本对象是否有第二职业等指标来体现。因此，本课题将运用上述指标对两个县域中等收入阶层及县域内中等收入阶层与低收入阶层的职业特征差异进行比较分析。我们运用 SPSS 13.0 对福清市、龙海市两个县域中等收入阶层和低收入阶层样本 2008 年投入时间最多的工作或经营活动情况进行统计得出表 4-6①、表 4-7、表 4-8、表 4-9、表 4-10、表 4-11、表 4-12、表 4-13 及表 4-14。其

---

① 问卷设计为"请告诉我您今年投入时间最多的工作或经营活动是什么？（如果是从事纯农业生产的，跳答至 c1）"。表 4-6 显示，福清市中等收入阶层样本数为 221 份，低收入阶层样本数为 523 份；龙海市中等收入阶层样本数为 122 份，低收入阶层样本数为 373 份。而福清市总样本数为 779 份，龙海市为 503 份。计算得出：福清市样本对象 2008 年从事纯农业生产的样本为 35 份，占总样本数的 4.5%；龙海市从事纯农业生产的样本为 8 份，占总样本数的 1.6%。可见，两个县域居民从事纯农业生产的比例是极低的。

中，表4-7至表4-14将2008年纯农业生产者排除在外。

（一）东南沿海县域中等收入阶层的职业分布

为简便起见，本课题如第三章所述，按照九大职业类别进行职业分布划分，即国家机关、党群组织、企业、事业单位负责人，专业技术人员，办事人员和有关人员，商业工作人员，服务性工作人员，农、林、牧、渔、水利业生产人员，生产工人、运输工人和有关人员，警察及军人，不便分类人员。表4-6显示，两个县域中等收入阶层中属于"国家机关、党群组织、企业、事业单位负责人"职业类别的比例远远高于其低收入阶层属于此类别的比例，福清市中等收入阶层中属于此类别的比例为17.2%、龙海市为18%，分别比属于"国家机关、党群组织、企业、事业单位负责人"职业类别的低收入阶层高9.6个百分点和10.2个百分点。两个县域无论中等收入阶层还是低收入阶层属于"农、林、牧、渔、水利业生产人员"职业类别的比例都很高，福清市中等收入阶层中属于此类别的比例为20.8%、龙海市为23.8%，福清市低收入阶层中属于此类别的比例为29.6%、龙海市为22.3%。值得一提的是，两个县域无论中等收入阶层还是低收入阶层属于"不便分类人员"职业类别的比例均较高，其中，福清市的比例比龙海市更高。在福清市和龙海市的实地调查中发现，两个县域除了一部分退休人员比例较高外，福清市的自由职业者以及家庭妇女的比例比龙海市高，尤其是福清市的一些城镇和乡村，不少家庭妇女或赋闲在家或打打麻将或炒炒股票，她们要么家里有人出国靠侨汇生活，要么丈夫或子女在外投资经商办厂，要么靠放贷收取高额利息生存，其生活很是悠闲。

表4-6还显示，在两个县域中等收入阶层中，属于较为纯粹的职业中产类别的"国家机关、党群组织、企业、事业单位负责人，专业技术人员，办事人员和有关人员，警察及军人"的比例，福清市为36.2%，龙海市为39.3%；而两个县域低收入阶层的这一比例，福清市为21.2%，龙海市为30.9%。

简言之，两个县域中等收入阶层与其低收入阶层相比较，中等收入阶层的职业较多分布在农、林、牧、渔、水利业生产人员类别。国家机关、党群组织、企业、事业单位负责人类别，商业工作人员类别以及不便分类人员类别。而低收入阶层则更多地分布在农、林、牧、渔、水利业生产人员类别和不便分类人员类别。

（二）东南沿海县域中等收入阶层就业单位或机构的类别分布

表4-7显示，福清市中等收入阶层就业单位或机构类别排序分别为"个体、家庭经营、单独做事"（29.8%）、"党政机关"（24.4%）、"企业"（22%）、"事业单位"（12.5%）、"不适用、不清楚或不回答"（8.3%）、"社会团体"（3%）；龙海市中等收入阶层就业单位或机构类别排序分别为"个体、家庭经营、单独做事"（37.2%）、"企业"（21.3%）、"党政机关"（18.1%）、"事业单位"（9.6%）、"不适用、不清楚或不回答"（7.4%）、"社会团体"（6.4%）。而福清市低收入阶层就业单位或机构类别排序分别为"个体、家庭经营、单独做事"（32.5%）、"企业"（18.9%）、"事业单位"（14.8%）、"不适用、不清楚或不回答"（14.2%）、"党政机关"（13.6%）、"社会团体"（6%）；龙海市低收入阶层就业单位或机构类别排序分别为"个体、家庭经营、单独做事"（39.4%）、"事业单位"（16.3%）、"企业"（12.1%）、"不适用、不清楚或不回答"（11.7%）、"党政机关"（11.3%）、"社会团体"（9.2%）。

从表4-7可见，首先，两个县域中等收入阶层与低收入阶层分布在"个体、家庭经营、单独做事"类别的比例均为最高。其次，两个县域中等收入阶层分布在"党政机关""企业"类别的比例均高于低收入阶层；而两个县域中等收入阶层分布在"个体、家庭经营、单独做事""事业单位"及"社会团体"类别的比例均低于其低收入阶层。

（三）东南沿海县域中等收入阶层就业单位或机构的性质分布

表4-8显示，福清市、龙海市中等收入阶层与低收入阶层就业单位或机构的性质分布大致相同，属于"全民"和"个体"类别的排序均为前列。福清市中等收入阶层就业单位或机构的性质排序分别为"全民"（34.1%）、"个体"（19.8%）、"不适用、不清楚或不回答"（18%）、"集体"和"私营"（并列，13.8%）、"外资"（0.6%）；福清市低收入阶层就业单位或机构的性质排序分别为"全民"（25.5%）、"不适用、不清楚或不回答"（25.2%）、"个体"（20.7%）、"集体"（15.6%）、"私营"

（11.8%）、"外资"（1.3%）。

表4-8还显示，龙海市中等收入阶层就业单位或机构的性质排序分别为"全民"（34.4%）、"个体"（23.7%）、"不适用、不清楚或不回答"（21.5%）、"集体"（14%）、"私营"（5.4%）、"外资"（1.1%）；龙海市低收入阶层就业单位或机构的性质排序分别为"全民"（35.4%）、"个体"（29.9%）、"不适用、不清楚或不回答"（20.8%）、"集体"（8.8%）、"私营"（4.7%）、"外资"（0.4%）。可见，龙海市中等收入阶层与低收入阶层单位或机构的性质排序完全一致。也就是说，两个县域中等收入阶层与低收入阶层在单位或机构的性质分布上差异不大。

（四）东南沿海县域中等收入阶层的职业身份特征

表4-9显示，福清市中等收入阶层的职业身份排序分别为"老板"（33.9%）、"不适用、不清楚或不回答"（23.6%）、"其他"（22.4%）、"雇员"（20%）；龙海市中等收入阶层的职业身份排序分别为"不适用、不清楚或不回答"（31.5%）、"老板"（25%）、"雇员"（23.9%）、"其他"（19.6%）。可见，两个县域中等收入阶层的职业身份特征差异较大。但是，其"老板"身份比例还是比较高的，前者占1/3，后者占1/4。

表4-9还显示，福清市低收入阶层的职业身份排序分别为"不适用、不清楚或不回答"（34.8%）、"雇员"（31.6%）、"老板"（19%）、"其他"（14.6%）；龙海市低收入阶层的职业身份排序分别为"不适用、不清楚或不回答"（35.3%）、"雇员"（28.4%）、"老板"（23.4%）、"其他"（12.9%）。可见，两个县域低收入阶层的职业身份排序完全一致，"雇员"的比例均大于"老板"的比例。

（五）东南沿海县域中等收入阶层的职位分布

表4-10显示，福清市中等收入阶层的职位排序分别为"最高层管理人员"（37.7%）、"非管理人员/普通员工"和"不适用、不清楚或不回答"（并列，19.8%）、"中层管理人员"（13.8%）、"基层管理人员"（9%）；福清市低收入阶层的职位排序分别为"非管理人员/普通员工"（31.2%）、"不适用、不清楚或不回答"（28.4%）、"最高层管理人员"（19.2%）、"基层管理人员"（12%）、"中层管理人员"（9.1%）。可见，

福清市中等收入阶层与低收入阶层的职位分布差异很大，其中，中等收入阶层中"最高层管理人员"和"中层管理人员"的比例大大高于低收入阶层，而中等收入阶层中"基层管理人员"和"非管理人员/普通员工"的比例则低于低收入阶层。这说明，福清市中等收入阶层有51.5%分布在"最高层管理人员"和"中层管理人员"职位；福清市低收入阶层有43.2%分布在"基层管理人员"和"非管理人员/普通员工"职位。

表4－10还显示，龙海市中等收入阶层的职位排序分别为"最高层管理人员"（28%）、"不适用、不清楚或不回答"（24.7%）、"基层管理人员"和"非管理人员/普通员工"（并列，17.2%）、"中层管理人员"（12.9%）；龙海市低收入阶层的职位排序分别为"不适用、不清楚或不回答"（43.9%）、"非管理人员/普通员工"（22.3%）、"基层管理人员"（14.7%）、"最高层管理人员"（12.9%）、"中层管理人员"（6.1%）。同福清市一样，龙海市中等收入阶层中"最高层管理人员"和"中层管理人员"的比例（40.9%）大大高于低收入阶层（19%）。但是，与福清市不同的是，龙海市中等收入阶层中只有"非管理人员/普通员工"的比例低于低收入阶层，而其"基层管理人员"的比例则高于低收入阶层。

（六）东南沿海县域中等收入阶层就业单位或机构的员工规模

表4－11显示，福清市中等收入阶层与低收入阶层就业单位或机构的员工规模主要分布在1~49人之间，前者的比例为41.5%，后者的比例为42.6%。其中，分布在1~9人之间，前者的比例为22.6%，后者的比例为19.7%；分布在10~49人之间，前者的比例为18.9%，后者的比例为22.9%。福清市中等收入阶层就业单位或机构的员工规模在50~199人之间的比例为17.1%，而低收入阶层则为10.2%；福清市中等收入阶层就业单位或机构的员工规模≥200人比例为7.9%，而低收入阶层则为6.3%。

表4－11还显示，龙海市中等收入阶层与低收入阶层就业单位或机构的员工规模主要分布在1~9人之间，前者的比例为40.9%，后者的比例为30.5%。龙海市中等收入阶层就业单位或机构的员工规模在10~49人之间的比例为14%，而低收入阶层则为14.3%；中等收入阶层就业单位或机构的员工规模在50~199人之间的比例为15.1%，而低收入阶层则为

11.8%；中等收入阶层就业单位或机构的员工规模≥200人比例为4.3%，而低收入阶层则为5.4%。

总体而言，福清市中等收入阶层与低收入阶层其就业单位或机构的员工规模普遍大于龙海市。

（七）东南沿海县域中等收入阶层就职单位或机构的工会情况

表4-12显示，福清市中等收入阶层就职单位或机构"有"成立工会的占31.7%，"没有"的占39.5%，"不适用、不清楚或不回答"的占28.7%；福清市低收入阶层就职单位或机构"有"成立工会的占27.2%，"没有"的占42.2%，"不适用、不清楚或不回答"的占30.7%。可见，福清市中等收入阶层与低收入阶层相比较，前者就职单位或机构成立工会的比例略高于后者。

表4-12还显示，龙海市中等收入阶层就职单位或机构"有"成立工会的占31.9%，"没有"的占36.2%，"不适用、不清楚或不回答"的占31.9%；龙海市低收入阶层就职单位或机构"有"成立工会的占31.9%，"没有"的占28%，"不适用、不清楚或不回答"的占40.1%。可见，龙海市中等收入阶层与低收入阶层就职单位或机构成立工会的比例相等。

表4-13显示，福清市中等收入阶层中有31.2%的样本加入就职单位或机构的工会组织，35%的样本没有加入就职单位或机构的工会组织，33.8%的样本选择"不适用、不清楚或不回答"；福清市低收入阶层中有24.4%的样本加入就职单位或机构的工会组织，40.2%的样本没有加入就职单位或机构的工会组织，35.4%的样本选择"不适用、不清楚或不回答"。

表4-13还显示，龙海市中等收入阶层中有32.2%的样本加入就职单位或机构的工会组织，28.9%的样本没有加入就职单位或机构的工会组织，38.9%的样本选择"不适用、不清楚或不回答"；龙海市低收入阶层中有30.3%的样本加入就职单位或机构的工会组织，22.1%的样本没有加入就职单位或机构的工会组织，47.6%的样本选择"不适用、不清楚或不回答"。

可见，两个县域中等收入阶层加入就职单位或机构工会组织的比例高于其低收入阶层。

（八）东南沿海县域中等收入阶层的第二职业情况

表4－14显示，当问及"您目前是否还有第二职业或在正式工作之外兼职、挣外快、搞副业？"时，福清市中等收入阶层选择"有"的占33.5%，选择"没有"的占65.9%，选择"不适用、不清楚或不回答"的占0.6%；福清市低收入阶层选择"有"的占19.7%，选择"没有"的占80%，选择"不适用、不清楚或不回答"的占0.3%。龙海市中等收入阶层选择"有"的占38.9%，选择"没有"的占58.9%，选择"不适用、不清楚或不回答"的占2.1%；龙海市低收入阶层选择"有"的占19%，选择"没有"的占79.2%，选择"不适用、不清楚或不回答"的占1.8%。可见，两个县域中等收入阶层"有第二职业或在正式工作之外兼职、挣外快、搞副业"的比例大大高于其低收入阶层，其中，福清市中等收入阶层比低收入阶层高出13.8个百分点，龙海市中等收入阶层比低收入阶层高出19.9个百分点。这说明，兼职、挣外快或搞副业是个两县域中等收入阶层收入高于低收入阶层的主要原因之一。因此，鼓励低收入阶层从事第二职业或在正式工作之外兼职、挣外快、搞副业，是合理提高其收入的重要渠道之一。

表4－6　2008年东南沿海县域中等收入阶层职业分布状况

单位：份，%

变　量 职业类别	您今年投入时间最多的工作或经营活动？（问卷编码：b1）							
	福清市				龙海市			
	中等收入阶层		低收入阶层		中等收入阶层		低收入阶层	
	样本数	占比	样本数	占比	样本数	占比	样本数	占比
国家机关、党群组织、企业、事业单位负责人	38	17.2	40	7.6	22	18.0	29	7.8
专业技术人员	26	11.8	31	5.9	10	8.2	36	9.7
办事人员和有关人员	12	5.4	38	7.3	16	13.1	48	12.9
商业工作人员	21	9.5	47	9.0	17	13.9	60	16.1
服务性工作人员	3	1.4	19	3.6	2	1.6	17	4.6
农、林、牧、渔、水利业生产人员	46	20.8	155	29.6	29	23.8	83	22.3

续表

变量 职业类别	您今年投入时间最多的工作或经营活动？（问卷编码：b1）							
	福清市				龙海市			
	中等收入阶层		低收入阶层		中等收入阶层		低收入阶层	
	样本数	占比	样本数	占比	样本数	占比	样本数	占比
生产工人、运输工人和有关人员	19	8.6	44	8.4	7	5.7	25	6.7
警察及军人	4	1.8	2	0.4	0	0.0	2	0.5
不便分类人员	50	22.6	143	27.3	15	12.3	69	18.5
不适用、不清楚或不回答	2	0.9	4	0.8	4	3.3	4	1.1
合　计	221	100.0	523	100.0	122	100.0	373	100.0

注：福清市总样本数为779份，龙海市总样本数为503份；福清市中等收入阶层样本数为221份，龙海市为123份。数据统计选择有效样本进行。

表4-7　2008年东南沿海县域中等收入阶层就业单位或机构类别分布

单位：份，%

变量 单位类别	您今年投入时间最多的工作或经营活动的企业、单位或机构属于哪一类？（问卷编码：b3）							
	福清市				龙海市			
	中等收入阶层		低收入阶层		中等收入阶层		低收入阶层	
	样本数	占比	样本数	占比	样本数	占比	样本数	占比
党政机关（包括军队）	41	24.4	43	13.6	17	18.1	32	11.3
企业（包括国营、集体、私营、外资）	37	22.0	60	18.9	20	21.3	34	12.1
事业单位（如医院、文艺团体等）	21	12.5	47	14.8	9	9.6	46	16.3
社会团体	5	3.0	19	6.0	6	6.4	26	9.2
个体、家庭经营、单独做事	50	29.8	103	32.5	35	37.2	111	39.4
不适用、不清楚或不回答	14	8.3	45	14.2	7	7.4	33	11.7
合　计	168	100.0	317	100.0	94	100.0	282	100.0

注：表中样本数将2008年纯农业生产者排除在外。福清市总样本数为779份，龙海市总样本数为503份；福清市中等收入阶层样本数为221份，龙海市为123份。数据统计选择有效样本进行。

表4-8　2008年东南沿海县域中等收入阶层就业单位或机构性质分布

单位：份,%

变量 单位性质	您今年投入时间最多的工作或经营活动的企业、单位或机构属于哪一类？（问卷编码：b5）							
	福清市				龙海市			
	中等收入阶层		低收入阶层		中等收入阶层		低收入阶层	
	样本数	占比	样本数	占比	样本数	占比	样本数	占比
全民（含控股）	57	34.1	80	25.5	32	34.4	97	35.4
集体（含控股）	23	13.8	49	15.6	13	14.0	24	8.8
私营	23	13.8	37	11.8	5	5.4	13	4.7
个体	33	19.8	65	20.7	22	23.7	82	29.9
外资	1	0.6	4	1.3	1	1.1	1	0.4
不适用、不清楚或不回答	30	18.0	79	25.2	20	21.5	57	20.8
合计	167	100.0	314	100.0	93	100.0	274	100.0

注：表中样本数将2008年纯农业生产者排除在外。福清市总样本数为779份，龙海市总样本数为503份；福清市中等收入阶层样本数为221份，龙海市为123份。数据统计选择有效样本进行。

表4-9　2008年东南沿海县域中等收入阶层的职业身份分布

单位：份,%

变量 身份类别	您在企业、单位或机构中的身份？（问卷编码：b6）							
	福清市				龙海市			
	中等收入阶层		低收入阶层		中等收入阶层		低收入阶层	
	样本数	占比	样本数	占比	样本数	占比	样本数	占比
老板（所有者、出资人、合伙人、大股东）	56	33.9	60	19.0	23	25.0	65	23.4
雇员	33	20.0	100	31.6	22	23.9	79	28.4
其他	37	22.4	46	14.6	18	19.6	36	12.9
不适用、不清楚或不回答	39	23.6	110	34.8	29	31.5	98	35.3
合计	165	100.0	316	100.0	92	100.0	278	100.0

注：表中样本数将2008年纯农业生产者排除在外。福清市总样本数为779份，龙海市总样本数为503份；福清市中等收入阶层样本数为221份，龙海市为123份。数据统计选择有效样本进行。

表 4-10 2008 年东南沿海县域中等收入阶层的职位分布

单位：份，%

变量 职位类别	在您工作的企业、单位或机构里，您的职位？（问卷编码：b7）							
	福清市				龙海市			
	中等收入阶层		低收入阶层		中等收入阶层		低收入阶层	
	样本数	占比	样本数	占比	样本数	占比	样本数	占比
最高层管理人员	63	37.7	61	19.2	26	28.0	36	12.9
中层管理人员	23	13.8	29	9.1	12	12.9	17	6.1
基层管理人员	15	9.0	38	12.0	16	17.2	41	14.7
非管理人员/普通员工	33	19.8	99	31.2	16	17.2	62	22.3
不适用、不清楚或不回答	33	19.8	90	28.4	23	24.7	122	43.9
合　计	167	100.0	317	100.0	93	100.0	278	100.0

注：表中样本数将 2008 年纯农业生产者排除在外。福清市总样本数为 779 份，龙海市总样本数为 503 份；福清市中等收入阶层样本数为 221 份，龙海市为 123 份。数据统计选择有效样本进行。

表 4-11 东南沿海县域中等收入阶层就职的企业、单位或机构员工数

单位：份，%

变量 员工规模	您工作的企业、单位或机构里有多少员工？（问卷编码：b8）							
	福清市				龙海市			
	中等收入阶层		低收入阶层		中等收入阶层		低收入阶层	
	样本数	占比	样本数	占比	样本数	占比	样本数	占比
0 人	6	3.7	15	4.8	2	2.2	1	0.4
1~9 人	37	22.6	62	19.7	38	40.9	85	30.5
10~49 人	31	18.9	72	22.9	13	14.0	40	14.3
50~199 人	28	17.1	32	10.2	14	15.1	33	11.8
≥200 人	13	7.9	20	6.3	4	4.3	15	5.4
不适用、不清楚或不回答	49	29.9	114	36.2	22	23.7	105	37.6
合　计	164	100.0	315	100.0	93	100.0	279	100.0

注：表中样本数将 2008 年纯农业生产者排除在外。福清市总样本数为 779 份，龙海市总样本数为 503 份；福清市中等收入阶层样本数为 221 份，龙海市为 123 份。数据统计选择有效样本进行。

表 4 - 12 东南沿海县域中等收入阶层就职的企业、单位或机构工会情况

单位：份，%

变量 工会情况	您所在的企业、单位或机构有工会吗？（问卷编码：b9）							
	福清市				龙海市			
	中等收入阶层		低收入阶层		中等收入阶层		低收入阶层	
	样本数	占比	样本数	占比	样本数	占比	样本数	占比
有	53	31.7	85	27.2	30	31.9	89	31.9
没有	66	39.5	132	42.2	34	36.2	78	28.0
不适用、不清楚或不回答	48	28.7	96	30.7	30	31.9	112	40.1
合 计	167	100.0	313	100.0	94	100.0	279	100.0

注：表中样本数将 2008 年纯农业生产者排除在外。福清市总样本数为 779 份，龙海市总样本数为 503 份；福清市中等收入阶层样本数为 221 份，龙海市为 123 份。数据统计选择有效样本进行。

表 4 - 13 东南沿海县域中等收入阶层加入企业、单位或机构工会情况

单位：份，%

变量 加入工会情况	您加入企业、单位或机构工会了吗？（问卷编码：b10）							
	福清市				龙海市			
	中等收入阶层		低收入阶层		中等收入阶层		低收入阶层	
	样本数	占比	样本数	占比	样本数	占比	样本数	占比
加入	49	31.2	71	24.4	29	32.2	82	30.3
没有加入	55	35.0	117	40.2	26	28.9	60	22.1
不适用、不清楚或不回答	53	33.8	103	35.4	35	38.9	129	47.6
合 计	157	100.0	291	100.0	90	100.0	271	100.0

注：表中样本数将 2008 年纯农业生产者排除在外。福清市总样本数为 779 份，龙海市总样本数 503 份；福清市中等收入阶层样本数为 221 份，龙海市为 123 份。数据统计选择有效样本进行。

表 4 - 14 东南沿海县域中等收入阶层从事第二职业或挣外快情况

单位：份，%

变量 兼职等情况	您目前是否还有第二职业或在正式工作之外兼职、挣外快、搞副业？ （问卷编码：b11）							
	福清市				龙海市			
	中等收入阶层		低收入阶层		中等收入阶层		低收入阶层	
	样本数	占比	样本数	占比	样本数	占比	样本数	占比
有	56	33.5	62	19.7	37	38.9	52	19.0
没有	110	65.9	251	80.0	56	58.9	217	79.2

变　量 兼职等情况	您目前是否还有第二职业或在正式工作之外兼职、挣外快、搞副业？ （问卷编码：b11）							
	福清市				龙海市			
	中等收入阶层		低收入阶层		中等收入阶层		低收入阶层	
	样本数	占比	样本数	占比	样本数	占比	样本数	占比
不适用、不清楚或不回答	1	0.6	1	0.3	2	2.1	5	1.8
合　计	167	100.0	314	100.0	95	100.0	274	100.0

注：表中样本数将 2008 年纯农业生产者排除在外。福清市总样本数为 779 份，龙海市总样本数为 503 份；福清市中等收入阶层样本数为 221 份。龙海市 123 份；数据统计选择有效样本进行。

三　东南沿海县域中等收入阶层的社会交往情况

张文宏认为，直接运用阶级阶层结构模型分析社会网络特征的研究，或以考察阶级阶层结构对网络结构的影响作为焦点的研究十分罕见。可以查到的产生较大影响的研究主要有两类。一类是英国新韦伯主义社会学家高德索普及其同事"以社会流动为主题的亲属交往和社会交往模式"的研究。另一类是美国新马克思主义社会学家赖特及其同事的"朋友网络的阶级界限渗透性研究"[1]。高德索普对 1972 年牛津大学社会流动调查资料的分析得出了如下的主要发现：亲属在工人阶级的交往模式中发挥着比在高级专业行政管理人员中更大的作用；但是，共度闲暇时光的朋友网络的规模则没有阶级之间的差异；各阶级之休闲伙伴的阶级内选择倾向尤其明显[2]。赖特首先按照所有权、权威和专业技能三个维度将被访者及其 3 个最好的朋友分为 8 个阶级：雇主、小资产阶级、专家经理、经理、主管、专业人士、非专业人士和工人。其研究的主要发现是，工人和雇主之间的界限最不容易渗透，而工人与主管之间的界限最容易渗透。结论是，所有权的界限最不容易渗透，专业技能界限居中，权威界限最容易渗透[3]。张文宏的研究主要涉及不同阶层的成

---

① 张文宏：《中国城市的阶层结构与社会网络》，上海世纪出版集团、上海人民出版社，2006，第 66 页。

② 张文宏：《中国城市的阶层结构与社会网络》，上海世纪出版集团、上海人民出版社，2006，第 66 页。

③ 张文宏：《中国城市的阶层结构与社会网络》，上海世纪出版集团、上海人民出版社，2006，第 70 ~ 71 页。

员在社会网络的规模、关系次数、密度、趋同性、异质性等网络基本特征方面的对比分析，不同阶层成员之角色关系构成模式的差别分析，讨论网络成员选择的阶层地位模式，不同阶层的成员在重要问题的讨论内容方面是否存在着差别和共性等[①]。

由于在进行问卷设计时，涉及东南沿海县域居民的社会交往情况较为简单，因此，本课题仅运用上述小部分指标对两个县域中等收入阶层及县域内中等收入阶层与低收入阶层的社会交往差异进行比较分析。我们运用 SPSS 13.0 对福清市、龙海市两个县域中等收入阶层和低收入阶层样本社会交往情况进行统计，得出表 4 - 15、表 4 - 16、表 4 - 17、表 4 - 18 及表 4 - 19。

表 4 - 15 显示，当问及"您交往最多的一个人与您的关系是？"（父母、配偶及本人子女除外）时，福清市中等收入阶层答案排序前五位的分别是兄弟姐妹、朋友、同事/同行、同学、其他；低收入阶层对此问题答案排序前五位的分别是兄弟姐妹、朋友、老乡、同事/同行、其他。龙海市中等收入阶层对此问题答案排序前五位的分别是兄弟姐妹、朋友、同事/同行、其他、同学；低收入阶层对此问题答案排序前五位的分别是兄弟姐妹、朋友、同事/同行、同学、其他。

从福清市中等收入阶层与低收入阶层对此问题的答案排序比较看，选择"兄弟姐妹"的比例最高，前者为 30.3%，后者为 41%；选择"朋友"的比例居第二，前者为 25.5%，后者为 15.2%，这是二者共性的方面。但是，二者之间的选择也存在显著差异，即福清市中等收入阶层中有 13.7% 的样本对象选择"同事/同行"为交往最多的人，而福清市低收入阶层则有 14% 的样本对象选择"老乡"为交往最多的一个人。这说明，以血缘关系和朋友关系构成的初级社会群体网络在福清市中等收入阶层与低收入阶层的社会交往中占据重要的地位。除此之外，以业缘关系构成的次级社会群体网络在福清市中等收入阶层的社会交往中也占据比较重要的地位，而以地缘关系构成的同乡网络则在福清市低收入阶层社会交往中占据相对重要的位置，这是一个有趣的现象。

从龙海市中等收入阶层与低收入阶层对此问题的答案排序比较看，二

---

① 张文宏：《中国城市的阶层结构与社会网络》，上海世纪出版集团、上海人民出版社，2006，第 3 页。

者的选择较为相似。选择"兄弟姐妹"的比例也最高,前者为33.6%,后者为31%;选择"朋友"的比例居第二,前者为20.5%,后者为26.4%,这也是两个县域中等收入阶层与低收入阶层共性的方面;选择"同事/同行"的比例居第三,前者为13.9%,后者为12.7%。不同的是,龙海市中等收入阶层选择"其他"的比例(12.3%)居第四,选择"同学"的比例(7.4%)居第五;而低收入阶层则选择"同学"的比例(8.9%)居第四,选择"其他"的比例(8.1%)居第五。可见,龙海市中等收入阶层与低收入阶层社会交往中最主要的对象差异不大。

表4-16显示,当问及"您交往最多的一个人的年龄?"(父母、配偶及本人子女除外)时,两个县域中等收入阶层与低收入阶层选择的答案均集中在"30~40岁""40~50岁"及"50岁以上"这三个年龄段。其中,福清市中等收入阶层选择"30~40岁"的比例(25%)最高,但是选择"40~50岁"的比例为24.5%,选择"50岁以上"的比例为24%,排序前三的比例非常接近;而福清市低收入阶层则有32.8%的样本对象选择"50岁以上",24.5%的样本对象选择"30~40岁",22.1%的样本对象选择"40~50岁"。龙海市的中等收入阶层选择"40~50岁"的比例(32%)最高,低收入阶层与福清市的低收入阶层相同,选择"50岁以上"的比例(29.2%)最高。可见,无论福清市还是龙海市其低收入阶层与中等收入阶层相比较而言,在社会交往中年龄偏大的比例相对较高。

表4-17显示,当问及"您交往最多的一个人的职业类别?"(父母、配偶及本人子女除外)时,两个县域中等收入阶层与低收入阶层选择的答案比例最高的均集中在"农、林、牧、渔、水利业生产人员",其中,福清市中等收入阶层选择的比例为31.3%,低收入阶层选择的比例为33.3%;龙海市中等收入阶层选择的比例为28.7%,低收入阶层选择的比例为31.6%。若将选择答案为"不适用、不清楚或不回答"的排除在外,那么,福清市答案居第二位的差异较大,而龙海市则一致。福清市中等收入阶层选择"国家机关、党群组织、企业、事业单位负责人"的比例为19.2%,低收入阶层选择"商业工作人员/服务性工作人员"的比例为12.2%;龙海市中等收入阶层选择"商业工作人员/服务性工作人员"的比例为15.8%,低收入阶层选择"商业工作人员/服务性工作人员"的比例为12.3%。总体而言,两个县域居民交往最多的人其职业类别基本上还

是与涉农相关或与商业/服务业相关。

表4－18显示，当问及"您最经常交往的方式是什么？"（父母、配偶及本人子女除外）时，两个县域中等收入阶层与低收入阶层选择的答案排序居第一的均为"面对面交往"，其中，福清市中等收入阶层选择的比例为53％，低收入阶层选择的比例为61.9％；龙海市中等收入阶层选择的比例为78.5％，低收入阶层选择的比例为77.5％。两个县域中等收入阶层与低收入阶层选择的答案排序居第二的均为"手机或电话"，其中，福清市中等收入阶层选择的比例为40.2％，低收入阶层选择的比例为36.5％；龙海市中等收入阶层选择的比例为18.2％，低收入阶层选择的比例为18.2％。可见，传统的面对面交往方式在两个县域中等收入阶层与低收入阶层中占据主导地位，这可能也是县域与城市在社会交往方面的最大差异。其次，通过手机或电话的非面对面交往方式也占据了两个县域中等收入阶层与低收入阶层交往方式的重要地位。

表4－18还显示，尽管现代的非面对面交往方式如短信、网络QQ或MSN占据的比例很低，但是，两个县域中等收入阶层与低收入阶层之间还是存在差异的。例如，福清市中等收入阶层有4.1％的样本对象选择"网络QQ或MSN"为最经常交往的方式，当然，他们大多是年龄25岁以下的年轻人，占66.7％。而福清市低收入阶层中有0.8％的样本对象选择"网络QQ或MSN"为最经常交往的方式。龙海市中等收入阶层中分别有0.8％的样本对象选择"短信"和"网络QQ或MSN"为最经常交往的方式；龙海市低收入阶层中则有1.1％的样本对象选择"短信"为最经常交往的方式，0.5％的样本对象选择"网络QQ或MSN"为最经常交往的方式。

表4－19显示，当问及"您家如果办喜事，大概会有多少人参加？"时，福清市中等收入阶层选择答案排序前三位的分别是"300～499人"（29.4％）、"100～199人"（28％）及"200～299人"（27.5％）；低收入阶层选择答案排序前三位的分别是"100～199人"（37.7％）、"200～299人"（28.6％）及"300～499人"（14.6％）。同时，福清市中等收入阶层选择答案"≥500人"的比例为6.4％，低收入阶层为1.6％；福清市中等收入阶层选择答案"≤49人"的比例为1.4％，低收入阶层为3％。这说明，福清市中等收入阶层的社会交往规模总体大于低收入阶层。中等收入阶层的社会交往规模≥300人的比例为35.8％，而低收入阶层规模≥300人的比例仅为16.2％。

龙海市中等收入阶层与低收入阶层的社会交往规模大致相同。他们选择的答案排序前三位的分别是"100~199人""200~299人"及"300~499人",其中,中等收入阶层的选择比例分别为33.9%、28.9%和21.5%,低收入阶层的选择比例分别为38.6%、24.7%和15.2%。龙海市中等收入阶层的社会交往规模≥300人的比例为23.2%,而低收入阶层规模≥300人的比例仅为16.8%,前者高出后者6.4%。这说明,龙海市中等收入阶层的社会交往规模略大于低收入阶层。

表4-19还显示,当问及"您家如果办喜事,大概会有多少人参加?"时,福清市中等收入阶层的答案均值是239.9人,低收入阶层的答案均值为180.5人,二者的方差检验的F值为38.9,相伴概率(0.000)小于0.05,表明二者存在显著差异;龙海市中等收入阶层的答案均值是191.6人,低收入阶层的答案均值为171.5人,方差检验的F值为3.8,相伴概率(0.022)小于0.05,表明二者也存在显著差异,但差异程度不如福清市。

表4-15 东南沿海县域中等收入阶层对"您交往最多的一个人与您的关系是?"
(父母、配偶及本人子女除外)的选择

单位:份,%

选　项	福清市				龙海市			
	中等收入阶层		低收入阶层		中等收入阶层		低收入阶层	
	样本数	占比	样本数	占比	样本数	占比	样本数	占比
兄弟姐妹	64	30.3	205	41.0	41	33.6	115	31.0
堂兄弟姐妹	5	2.4	5	1.0	3	2.5	7	1.9
表兄弟姐妹	1	0.5	1	0.2	2	1.6	2	0.5
同学	13	6.2	13	2.6	9	7.4	33	8.9
同事/同行	29	13.7	58	11.6	17	13.9	47	12.7
战友	7	3.3	5	1.0	1	0.8	6	1.6
老乡	19	9.0	70	14.0	7	5.7	25	6.7
朋友	54	25.5	76	15.2	25	20.5	98	26.4
其他	10	4.7	36	7.2	15	12.3	30	8.1
不适用、不清楚或不回答	9	4.3	31	6.2	2	1.6	8	2.2
合　计	211	100.0	500	100.0	122	100.0	371	100.0

表 4 - 16　东南沿海县域中等收入阶层对"您交往最多的一个人的年龄?"
（父母、配偶及本人子女除外）的选择

单位：份,%

选　项	福清市				龙海市			
	中等收入阶层		低收入阶层		中等收入阶层		低收入阶层	
	样本数	占比	样本数	占比	样本数	占比	样本数	占比
30 岁以下	19	9.3	35	7.6	8	8.0	37	11.4
30 ~ 40 岁	51	25.0	113	24.5	22	22.0	76	23.4
40 ~ 50 岁	50	24.5	102	22.1	32	32.0	85	26.2
50 岁以上	49	24.0	151	32.8	20	20.0	95	29.2
不 适 用、不 清楚或不回答	35	17.2	60	13.0	18	18.0	32	9.8
合　计	204	100.0	461	100.0	100	100.0	325	100.0

表 4 - 17　东南沿海县域中等收入阶层对"您交往最多的一个人的职业类别?"
（父母、配偶及本人子女除外）的选择

单位：份,%

选　项	福清市				龙海市			
	中等收入阶层		低收入阶层		中等收入阶层		低收入阶层	
	样本数	占比	样本数	占比	样本数	占比	样本数	占比
国家机关、党群组织、企业、事业单位负责人	38	19.2	43	9.6	7	6.9	27	8.3
专业技术人员	16	8.1	42	9.3	5	5.0	29	8.9
办事人员和有关人员	7	3.5	17	3.8	8	7.9	17	5.2
商业工作人员/服务性工作人员	25	12.6	55	12.2	16	15.8	40	12.3
生产工人、运输工人和有关人员	5	2.5	37	8.2	5	5.0	27	8.3
农、林、牧、渔、水利业生产人员	62	31.3	150	33.3	29	28.7	103	31.6
不 适 用、不 清楚或不回答	45	22.7	106	23.6	31	30.7	83	25.5
合　计	198	100.0	450	100.0	101	100.0	326	100.0

表 4 - 18　东南沿海县域中等收入阶层对"您最经常交往的方式是什么?"
（父母、配偶及本人子女除外）的选择

单位：份,%

选　项	福清市				龙海市			
	中等收入阶层		低收入阶层		中等收入阶层		低收入阶层	
	样本数	占比	样本数	占比	样本数	占比	样本数	占比
面对面交往	116	53.0	319	61.9	95	78.5	289	77.5
手机或电话	88	40.2	188	36.5	22	18.2	68	18.2
短信	1	0.5	1	0.2	1	0.8	4	1.1
网络 QQ 或 MSN	9	4.1	4	0.8	1	0.8	2	0.5
其他	2	0.9	2	0.4	0	0.0	1	0.3
不适用、不清楚或不回答	3	1.4	1	0.2	2	1.7	9	2.4
合　计	219	100.0	515	100.0	121	100.0	373	100.0

表 4 - 19　东南沿海县域中等收入阶层对"您家如果办喜事,
大概会有多少人参加?"的选择

单位：份,%

人数分布	福清市				龙海市			
	中等收入阶层		低收入阶层		中等收入阶层		低收入阶层	
	样本数	占比	样本数	占比	样本数	占比	样本数	占比
≤49 人	3	1.4	15	3.0	10	8.3	28	7.6
50~99 人	7	3.2	63	12.4	4	3.3	41	11.1
100~199 人	61	28.0	191	37.7	41	33.9	142	38.6
200~299 人	60	27.5	145	28.6	35	28.9	91	24.7
300~499 人	64	29.4	74	14.6	26	21.5	56	15.2
≥500 人	14	6.4	8	1.6	2	1.7	6	1.6
不适用、不清楚或不回答	9	4.1	11	2.2	3	2.5	4	1.1
合　计	218	100.0	507	100.0	121	100.0	368	100.0
均值	239.9		180.5		191.6		171.5	
标准差	127.6		98.0		102.3		106.2	
方差检验的 F 值	38.9				3.8			
相伴概率 Sig.	0.000				0.022			

四 东南沿海县域中等收入阶层的闲暇生活状况

对于西方中产阶层来说，休闲生活是体现自身阶层地位的一个醒目的标签。以美国白领工人阶级为研究对象的《沉默的大多数——美国工人阶级家庭生活》的作者也明确指出："我结识的职业中产阶层家庭各方面都有更活跃的休闲生活。他们做得更多，走得更多，读得更多，有更多朋友，看更多人。"① 正因为中产阶层生活风格的显著标志性，福塞尔发现，绝大部分美国人宁愿成为中上层阶级，也不愿成为上层阶级或"看不见的顶层"。"对于中上层阶级而言，一切都是游戏（实为'生活的游戏'），难怪他们天生就对高尔夫球、网球和游艇等无聊的活动兴致勃勃。"② 中国中产阶层的休闲生活是否也存在类似的地位标签？中国的大众传媒一方面在大肆渲染中国中产阶层的"优雅""时髦""高贵"的小资生活方式，另一方面又在极力描绘中国中产阶层的"房奴""孩奴""焦虑""地位恐慌""危机四伏"的艰难处境。这是两种截然不同的形象。是中国的中产阶层根本不存在标签，还是表达的方式不同？那些在收入、职业、教育等方面属于中间阶层的人是否有着空闲生活的资源和能力，实际上却过着与低消费阶层等非中产阶层一样的闲暇生活？中国中产阶层的闲暇生活状况究竟如何？③ 对此，周晓虹和他的课题组通过北京、上海、广州、南京和武汉的抽样和电话访问系统完成了3038份问卷调查，并在上述5大城市及苏州和深圳等地先后完成了100多位中产人士及相关成员的个案访谈。在此基础上，他们从生活时间安排及闲暇时间占有量、闲暇生活方式的选择与活动概况、对待闲暇生活的态度和主观满意度等若干方面进行了探究。他们的研究发现：中国中产阶层的工作时间偏长，工作繁忙度较高；中国

---

① 〔美〕莉莲·B. 露宾：《沉默的大多数——美国工人阶级家庭生活》，国际文化出版公司，2001，第206页。转引自周晓虹主编《中国中产阶层调查》，社会科学文献出版社，2005，第111页。

② 〔美〕保罗·福塞尔：《格调：社会等级与生活品味》，中国社会科学出版社，1998，第33~36页。转引自周晓虹主编《中国中产阶层调查》，社会科学文献出版社，2005，第111页。

③ 周晓虹主编《中国中产阶层调查》，社会科学文献出版社，2005，第112~113页。

中产阶层的睡眠时间相对较短；中国中产阶层的闲暇时间实际上与平均水平的差距并不明显，且在部分数值上超过了非中产阶层①。他们还进一步发现：中国中产阶层的闲暇生活呈现出向户外、旅游地、健身地、网络等区域集中的趋势②。由此，他们的结论是：在当前中国，身为"双重生产者"的辛勤的中产阶层正以一种新的形式创造出工作与闲暇得以融合的契机，从他们身上，并透过他们，我们可以捕捉到未来中国中产阶层——而不仅仅是一部分中等收入者——的身影③。

由于在进行问卷设计时，涉及东南沿海县域居民的闲暇生活状况也较为简单，因此，本课题只能从个别指标对两个县域中等收入阶层及县域内中等收入阶层与低收入阶层的闲暇生活状况差异进行简单的比较分析。我们运用 SPSS 13.0 对福清市、龙海市两个县域中等收入阶层和低收入阶层样本闲暇生活状况进行统计，得出表 4 – 20、表 4 – 21、表 4 – 22、表 4 – 23、表 4 – 24 及表 4 – 25。

表 4 – 20 显示，当问及"您最经常看的电视节目有哪三类？"（最多选三项）时，两个县域中等收入阶层与低收入阶层选择的答案排序高度一致，它们依次为："时事新闻"居第一位、"电影、电视剧"居第二位、"歌舞、戏剧、综艺娱乐节目"居第三位。但是，两个县域中等收入阶层选择"电影、电视剧"的比例均低于各自低收入阶层的选择比例，其中，福清市低了 9.6%，龙海市低了 2.9%。两个县域中等收入阶层与低收入阶层选择"体育节目"的比例居第四位，但是，两个县域中等收入阶层选择的比例均略高于各自低收入阶层的选择比例，其中，福清市高出 3.8%，龙海市高出 0.1%。表 4 – 20 还显示，两个县域中等收入阶层选择"经济、财经节目"的比例大大高于各自低收入阶层的选择比例，其中，福清市高出 9.3%，龙海市高出 4.1%。同时，两个县域中等收入阶层选择"科技节目"的比例也略高于各自低收入阶层的选择比例，其中，福清市高出 1.1%，龙海市高出 0.8%。但是，两个县域中等收入阶层选择"生活节目"的比例略低于各自低收入阶层的选择比例，其中，福清市低了 1.4%，龙海市低了 1.6%。

---

① 周晓虹主编《中国中产阶层调查》，社会科学文献出版社，2005，第 126 页。
② 周晓虹主编《中国中产阶层调查》，社会科学文献出版社，2005，第 132 页。
③ 周晓虹主编《中国中产阶层调查》，社会科学文献出版社，2005，第 151 页。

综上说明，电视节目中"时事新闻""电影、电视剧"及"歌舞、戏剧、综艺娱乐节目"是两个县域中等收入阶层与低收入阶层的普遍选择。除此之外，两个县域中等收入阶层比低收入阶层更喜爱"体育节目""经济、财经节目"和"科技节目"；而两个县域低收入阶层比中等收入阶层更喜爱"电影、电视剧"和"生活节目"。

表4-21显示，当问及"您获得信息的最主要渠道是？"时，两个县域中等收入阶层与低收入阶层选择的答案比例最高的是"电视和广播"。其中，福清市中等收入阶层选择的比例为53.6%，而低收入阶层的比例为72.3%；龙海市中等收入阶层选择的比例为68%，而低收入阶层的比例为76.3%。福清市中等收入阶层与低收入阶层相比低了18.7%，龙海市中等收入阶层与低收入阶层相比低了8.3%。表4-21还显示，两个县域中等收入阶层与低收入阶层选择"您获得信息的最主要渠道是？"的答案排序居第二位和第三位的差异较大。福清市中等收入阶层选择的答案排序居第二位的是"互联网"（20.9%），居第三位的是"报纸和期刊"（14.1%）；低收入阶层选择的答案排序居第二位的是"报纸和期刊"（10.5%），居第三位的是"互联网"（9.4%）。而龙海市中等收入阶层与低收入阶层的答案排序一致，居第二位的是"互联网"，分别为13.1%和10.5%；居第三位的是"报纸和期刊"，分别为11.5%和7.8%。同时，两个县域中等收入阶层与低收入阶层通过"手机和电话"及"其他"渠道获取信息也占一定比例。

综上说明，"电视和广播"是两个县域中等收入阶层与低收入阶层获取信息的最主要渠道，但是，两个县域中等收入阶层与低收入阶层通过"电脑网络"和"报纸和期刊"渠道获取信息的比例也较高。

表4-22显示，当问及"最近两年您是否外出旅游？"时，两个县域中等收入阶层选择"是"的比例大大高于其低收入阶层。其中，福清市中等收入阶层的比例为41.1%，福清市低收入阶层的比例为19.5%，中等收入阶层高出了低收入阶层21.6%；龙海市中等收入阶层的比例为33.1%，龙海市低收入阶层的比例为16.6%，中等收入阶层高出了低收入阶层16.5%。可见，这与周晓虹课题组的研究成果相一致，即"中国中产阶层的闲暇生活呈现出向户外、旅游地、健身地、网络等区域集中的趋势"。

表4-23显示，当问及"您去过的旅游点主要集中在哪个区域？"时，

福清市中等收入阶层与低收入阶层的答案排序一致，依次是"国内外省"（53.8%和29.7%）[①]、"本省内"（17.2%和17%）、"亚洲国家"（14%和8.5%）、"国内港澳台"（9.7%和7.9%）、"欧洲和美洲"（3.2%和1.8%）。龙海市中等收入阶层与低收入阶层的答案排序也一致，前两位依次是"国内外省"（44.3%和35%）、"本省内"（21.3%和24%），其中，龙海市中等收入阶层回答"国内港澳台"和回答"亚洲国家"的并列第三（1.6%）；而龙海市低收入阶层回答"国内港澳台"的列第三位（9%），回答"亚洲国家"的列第四位（3%）。综上可见，在有效样本中，两个县域中等收入阶层与低收入阶层之间的排序差异不大，旅游点首选均为"国内外省"和"本省内"。从表4-23还可看出，福清市中等收入阶层与低收入阶层同龙海市中等收入阶层与低收入阶层相比，前者到"亚洲国家""国内港澳台""欧洲和美洲"的比例大大高于后者，其中，龙海市中等收入阶层与低收入阶层中居然没有样本对象到过欧洲和美洲。

表4-24显示，当问及"您外出旅游经常乘坐的交通工具？"时，福清市中等收入阶层与低收入阶层选择比例最高的是"飞机"，分别为41%和32.1%；居第二位的是"汽车大巴"，分别为20.5%和18.5%；居第三位的是"火车"，分别为11.1%和9.9%；居第四位的是"私家轿车"，分别为3.4%和3.1%。可见，福清市中等收入阶层与低收入阶层选择比例的排序是一致的。而龙海市中等收入阶层与低收入阶层选择比例的排序则不完全一致。龙海市中等收入阶层选择比例的排序依次为"飞机""汽车大巴""火车""其他"和"私家轿车"，龙海市低收入阶层选择比例的排序依次为"汽车大巴""飞机""火车""其他"和"私家轿车"。综上可见，"飞机""汽车大巴"和"火车"是东南沿海县域中等收入阶层与低收入阶层的主要出行工具。

表4-25显示，当问及"您去过以下场所消费吗？"时，福清市中等收入阶层回答"经常去"的排序前五位的场所分别是：卡拉OK厅（8.7%）、书店（8.3%）、茶馆（6.5%）、高档酒店（5.5%）、酒吧（4.6%）；而福清市低收入阶层回答"经常去"的排序前五位的场所分别是：书店（5.4%）、茶馆（2.6%）、卡拉OK厅（2.2%）、咖啡厅和西餐

---

① 括号内数据前者为中等收入阶层选择的比例，后者为低收入阶层选择的比例。

厅（并列第四，1.5%）。福清市中等收入阶层回答"偶尔去"的排序前五位的场所分别是：高档酒店（39%）、书店（35.9%）、茶馆（34.1%）、卡拉 OK 厅（33.5%）、咖啡厅（31.2%）；而福清市低收入阶层回答"偶尔去"的排序前五位的场所分别是：书店（20.1%）、高档酒店（19.9%）、卡拉 OK 厅（19.1%）、茶馆（14.1%）、咖啡厅（12%）。

龙海市中等收入阶层回答"经常去"的排序前五位的场所分别是：书店（16.4%）、高档酒店和卡拉 OK 厅（并列第二，6.7%）、西餐厅（5.7%）、足浴（5%）；而龙海市低收入阶层回答"经常去"的排序前五位的场所分别是：书店（10.6%）、西餐厅（2.4%）、卡拉 OK 厅和美容院（并列第三，1.6%）、影剧院、茶馆和游泳馆（并列第四，0.8%）。龙海市中等收入阶层回答"偶尔去"的排序前五位的场所分别是：高档酒店（32.5%）、卡拉 OK 厅（26.1%）、书店（25.4%）、西餐厅（23.8%）、茶馆（19.8%）；而龙海市低收入阶层回答"偶尔去"的排序前五位的场所分别是：书店（23%）、高档酒店（19.9%）、卡拉 OK 厅（19.2%）、西餐厅（18.5%）、茶馆（15.1%）。

综上可见，两个县域中等收入阶层经常出入公共娱乐场所、公共健身场所的比例较低，至于两县域低收入阶层踏入公共娱乐场所、公共健身场所的比例就更低。福清市中等收入阶层偶尔去高档酒店、书店、茶馆、卡拉 OK 厅、咖啡厅的比例为有效样本数的 30% ~40%，而低收入阶层到这些场所的比例为有效样本数的 12% ~20%；龙海市中等收入阶层偶尔去高档酒店、卡拉 OK 厅、书店、西餐厅、茶馆的比例为有效样本数的 20% ~30%，而低收入阶层到这些场所的比例为有效样本数的 15% ~23%；福清市中等收入阶层与低收入阶层的差异大于龙海市。

表 4-25 还显示，龙海市无论中等收入阶层还是低收入阶层经常去书店的比例均高于福清市，这也间接说明，龙海市中等收入阶层和低收入阶层比福清市中等收入阶层和低收入阶层更重视知识、更喜爱书籍。同时，由于县域居民家庭电视和电脑的普及，因此，两个县域无论中等收入阶层还是低收入阶层涉足影剧院和网吧的比例均不高，福清市中等收入阶层有 22% 的样本对象"偶尔去"影剧院，选择"根本不去"的比例高达 76.6%。至于高尔夫球场这样奢侈的消费场所，两个县域中等收入阶层和低收入阶层只有寥寥无几的样本对象选择"偶尔去"。

表 4 - 20　东南沿海县域中等收入阶层对"您最经常看的电视节目有哪三类?"

(最多选三项) 的选择

单位:%

选　项	福清市				龙海市			
	中等收入阶层		低收入阶层		中等收入阶层		低收入阶层	
	频数	占比	频数	占比	频数	占比	频数	占比
电影、电视剧	113	52.1	332	61.7	73	59.3	230	62.2
歌舞、戏剧、综艺娱乐节目	56	25.8	145	27.0	27	22.0	128	34.6
体育节目	53	24.4	111	20.6	22	17.9	66	17.8
时事新闻	162	74.7	400	74.3	100	81.3	294	79.5
经济、财经节目	38	17.5	44	8.2	16	13.0	33	8.9
科技节目	10	4.6	19	3.5	6	4.9	15	4.1
军事节目	11	5.1	23	4.3	5	4.1	18	4.9
文化、教育节目	12	5.5	25	4.6	7	5.7	29	7.8
风土民情	4	1.8	6	1.1	2	1.6	17	4.6
生活节目	26	12.0	72	13.4	9	7.3	33	8.9
其他	18	8.3	25	4.6	7	5.7	6	1.6

注: 福清市中等收入阶层有效样本数为 217 份, 低收入阶层有效样本数为 538 份; 龙海市中等收入阶层有效样本数为 123 份, 低收入阶层样本数为 370 份。

表 4 - 21　东南沿海县域中等收入阶层对"您获得信息的最主要渠道是?"的选择

单位: 份,%

选　项	福清市				龙海市			
	中等收入阶层		低收入阶层		中等收入阶层		低收入阶层	
	样本数	占比	样本数	占比	样本数	占比	样本数	占比
报纸和期刊	31	14.1	55	10.5	14	11.5	29	7.8
电视和广播	118	53.6	378	72.3	83	68.0	284	76.3
互联网	46	20.9	49	9.4	16	13.1	39	10.5
手机和电话	13	5.9	17	3.3	4	3.3	13	3.5
其他	12	5.5	24	4.6	5	4.1	7	1.9
合　计	220	100.0	523	100.0	122	100.0	372	100.0

表 4-22 东南沿海县域中等收入阶层对"最近两年您是否外出旅游?"的选择

单位:份,%

选 项	福清市				龙海市			
	中等收入阶层		低收入阶层		中等收入阶层		低收入阶层	
	样本数	占比	样本数	占比	样本数	占比	样本数	占比
是	90	41.1	99	19.5	39	33.1	59	16.6
否	129	58.9	409	80.5	79	66.9	296	83.4
合 计	219	100.0	508	100.0	118	100.0	355	100.0

表 4-23 东南沿海县域中等收入阶层对"您去过的旅游点主要
集中在哪个区域?"的选择

单位:份,%

选 项	福清市				龙海市			
	中等收入阶层		低收入阶层		中等收入阶层		低收入阶层	
	样本数	占比	样本数	占比	样本数	占比	样本数	占比
本省内	16	17.2	28	17.0	13	21.3	24	24.0
国内外省	50	53.8	49	29.7	27	44.3	35	35.0
国内港澳台	9	9.7	13	7.9	1	1.6	9	9.0
亚洲国家	13	14.0	14	8.5	1	1.6	3	3.0
欧洲和美洲	3	3.2	3	1.8	0	0.0	0	0.0
其他	0	0.0	0	0.0	1	1.6	0	0.0
不适用	2	2.2	58	35.2	18	29.5	29	29.0
合 计	93	100.0	165	100.0	61	100.0	100	100.0

表 4-24 东南沿海县域中等收入阶层对"您外出旅游经常乘坐的交通工具?"的选择

单位:份,%

选 项	福清市				龙海市			
	中等收入阶层		低收入阶层		中等收入阶层		低收入阶层	
	样本数	占比	样本数	占比	样本数	占比	样本数	占比
汽车大巴	24	20.5	30	18.5	9	13.7	23	24.5
私家轿车	4	3.4	5	3.1	3	4.5	3	3.2
火车	13	11.1	16	9.9	7	10.6	15	16.0
飞机	48	41.0	52	32.1	23	34.5	20	21.3

续表

选　项	福清市				龙海市			
	中等收入阶层		低收入阶层		中等收入阶层		低收入阶层	
	样本数	占比	样本数	占比	样本数	占比	样本数	占比
其他	0	0.0	2	1.2	6	9.1	6	6.4
不适用	28	23.9	57	35.2	18	27.3	27	28.7
合　计	117	100.0	162	100.0	66	100.0	94	100.0

表 4 – 25　东南沿海县域中等收入阶层对"您去过以下场所消费吗?"的选择

单位:%

选　项	福清市						龙海市					
	中等收入阶层			低收入阶层			中等收入阶层			低收入阶层		
	经常去	偶尔去	根本不去	经常去	偶尔去	根本不去	经常去	偶尔去	根本不去	经常去	偶尔去	根本不去
高档酒店	5.5	39.0	55.5	0.9	19.9	79.2	6.7	32.5	60.8	0.5	19.9	79.5
高尔夫球场	0.0	2.3	97.7	0.0	0.2	99.8	0.0	3.3	96.7	0.0	1.4	98.6
影剧院	1.4	22.0	76.6	0.9	8.7	90.4	0.8	11.6	87.6	0.8	12.6	86.6
网吧	1.4	6.4	92.2	0.9	5.9	93.2	0.8	3.3	95.9	0.3	6.3	93.4
酒吧	4.6	23.9	71.5	0.9	10.0	89.1	0.8	13.2	86.0	0.5	9.6	89.9
咖啡厅	2.3	31.2	66.5	1.5	12.0	86.5	1.6	13.3	85.0	0.0	10.1	89.9
茶馆	6.5	34.1	59.4	2.6	14.1	83.3	3.3	19.8	76.9	0.8	15.5	83.7
桑拿	1.8	27.5	70.6	0.6	10.4	89.0	4.2	9.1	86.7	0.0	5.8	94.2
足浴	3.7	28.4	67.9	0.7	10.7	88.5	5.0	15.8	79.2	0.5	6.8	92.6
健身馆	1.4	13.8	84.8	0.7	4.5	94.8	0.8	2.5	96.7	0.5	4.4	95.1
游泳馆	3.7	18.8	77.5	1.1	7.4	91.5	0.8	4.1	95.0	0.8	4.6	94.6
卡拉OK厅	8.7	33.5	57.8	2.2	19.1	78.7	6.7	26.1	67.2	1.6	19.2	79.1
美容院	0.5	8.2	91.3	1.1	4.3	94.6	2.5	8.3	89.2	1.6	5.4	92.9
书店	8.3	35.9	55.8	5.4	20.1	74.5	16.4	25.4	58.2	10.6	23.0	66.4
西餐厅	4.1	30.4	65.5	1.5	13.0	85.5	5.7	23.8	70.5	2.4	18.5	79.1

　　注:福清市总样本数为779份,龙海市总样本数为503份;福清市中等收入阶层样本数为221份,龙海市为123份。数据统计选择有效样本进行。

第五章

县域中等收入阶层的
经济地位差异

随着中国经济的不断发展和市场化的不断深入,中国社会各阶层、各群体之间的收入差距也在不断拉大。根据赵人伟和李实等人在过去20多年间进行的4次关于基尼系数的大型调查和测算,结果分别为1988年0.382,1995年0.455,2002年0.454,2007年0.48。李实指出:"2010年,基尼系数估计已经达到0.50的水平。我一直强调的一点是,基尼系数在扩大,但中国没有出现两极分化,即富者愈富贫者愈贫,因为高速经济增长,哪怕是最低收入人群也能改善生活,因此社会稳定能够保持。"[1] 在李实看来,基尼系数只是观察收入差距的一个指标,但收入差距扩大并不一定直接演变为社会不稳定。"为什么中央领导一直强调经济增长,要'保八',遏制失业增加?失业对社会稳定的影响要比收入差距更大,另外,不同的政府对社会稳定的重视程度不一样,有时候一些短期的维稳手段也能起到暂时的效果。……未来五年内,收入差距缩小的趋势是很难看到的。如果经济上陷入衰退,或者经济增长突然降下来了,首先面临的就是失业问题。失业一旦出现,再加上这么大的收入差距,一旦经济发生问题,受到冲击最厉害的往往都是低收入人群。社会分配不公带来的老百姓心理不平衡,一旦被打破,会产生严重的社会危机。"[2] 随着国内经济学界研究的不断深入,国内社会学界也对此表示了极大的关注。例如,转型时期中

---

[1] 崔烜:《中国国际基尼系数突破国际警戒线?》,《时代周刊》2012年第1期。
[2] 崔烜:《中国国际基尼系数突破国际警戒线?》,《时代周刊》2012年第1期。

国的收入分配格局是否发生了重大变化？如果是，怎样理解这些变化？
这些变化对中国的社会经济结构的意义是什么？李强认为，我国贫富
分化造成"社会结构紧张"的局面比较严峻①。孙立平认为，权利失
衡造就了贫富悬殊这种高度不合理的利益分配格局，而体制性权利不
平等则是构造巨大社会不平等的一个重要机制②。孙瑞灼认为，合理范
围内的收入差距能促进效率的提高，但如果收入差距过大，势必加重
人们的不公平感，从而挫伤个体的积极性，导致社会公众的普遍不满，
进而影响社会稳定③。那么，对于工业化和市场化程度相对都较高的东
南沿海县域，居民收入状况如何？区域内部收入不平等的程度有多大？
阶层之间的收入差距又怎样？这些差距是否超过合理范围？它们与现
有的研究结果是否具有一致性？通常，不同阶层或群体以及阶层或群
体内部的经济地位差异一般可从其收入分布与收入结构、财产状况与
财产结构、福利待遇与就业保障以及消费支出与消费结构等指标来体
现。本章主要探讨东南沿海两个县域之间以及县域内中等收入阶层与
低收入阶层之间的收入差异、财产分布差异、福利待遇与社会保障差
异及消费支出差异。

第一节　县域中等收入阶层的收入差异

通常，收入水平是判断人们经济地位状况的最重要的指标。我们
运用 SPSS 13.0 对福清市、龙海市两个县域中等收入阶层和低收入阶
层样本 2007 年个人总收入及家庭总收入的分布情况进行统计，得出表
5-1 和表 5-2；同时对其 2007 年个人总收入的构成及家庭总收入的
构成进行均值和标准差统计，得出表 5-3 和表 5-4，并在表 5-3 和
表 5-4 数据的基础上计算得出表 5-5 和表 5-6。

---

① 李强：《转型时期中国社会分层》，辽宁教育出版社，2004，第 45～50 页。
② 孙立平：《失衡：断裂社会的运作逻辑》，社会科学文献出版社，2004，第 27～29、
33 页。
③ 孙瑞灼：《改革收入分配体制正当其时》，《新华文摘》2009 年第 15 期，第 117 页。

一　东南沿海县域中等收入阶层个人年总收入分布比较

在居民收入数据分析过程中，一般通过收入分组方法从中观层面来反映收入分布情况。从表 5-1 可见，两个县域的中等收入阶层中福清市 2007 年个人总收入≤3000 元的样本数为 41 份，占有效样本的 18.7%，通过 SPSS 频次分析后发现，其中收入为 0 的样本居然高达 33 份；而龙海市 2007 年个人总收入≤3000 元的仅为 6 个样本，仅占有效样本数的 5%，福清市的比例高出了龙海市 13.7 个百分点。福清市个人总收入在 3001～20000 元的样本占 17.4%，而龙海市则占 27.2%，比福清市高了 9.8 个百分点；福清市个人总收入在 20001～120000 元的样本占 47.5%，龙海市占 59.5%，比福清市高了 12 个百分点。在高于国家自主申报纳税标准（12万元）的样本比例中，福清市为 16.4%，而龙海市仅为 8.3%，福清市高出了 8.1 个百分点。从上述比较可见，2007 年福清市中等收入阶层的个人年收入分布跨度大，离散系数大（见表 5-3，福清市离散系数为 1.62，龙海市为 1.14），个体收入差异性大，个人年收入≤3000 元以及大于 12 万元的占有效样本的 35.1%；而龙海市中等收入阶层的比例仅为 13.3%。这也与课题组对两县域的前期研究成果相一致。2007 年，福清市居民的基尼系数为 0.66，龙海市居民为 0.477，二者均超过世界银行的 0.40 的高度警戒线，但是，福清市则高出许多①。

二　东南沿海县域中等收入阶层家庭年总收入分布比较

家庭年总收入也是衡量居民收入状况的重要指标，它甚至在一定程度上决定了全家所处的经济社会地位和社会阶层归属。可见，家庭年总收入也是区域社会居民收入状况研究的重要视角，下面通过家庭收入分组法加以探讨。从表 5-2 可见，在中等收入阶层中福清市 2007 年家庭年总收入在 0～60000 元的比例仅占有效样本的 11.3%，而在 60001～500000 元的比

---

① 程丽香：《东南沿海县域居民收入差异及内在关联：福建例证》，《改革》2009 年第 8 期，第 93～94 页。

例则高达有效样本的 84.7%，高于 500000 元的比例占有效样本的 4%；龙海市则分别为 21.9%、78.2% 和 0。可见，2007 年福清市中等收入阶层的家庭年总收入水平普遍高于龙海市（见表 5-5，福清市家庭年总收入均值为 171015 元，龙海市为 126355.7 元），且分布的离散系数也略高于龙海市（福清市离散系数为 0.86，龙海市为 0.76）。但是，与个人年收入分布相比较，两个县域中等收入阶层的家庭年总收入分布还是比较集中的，这也从另一个侧面证实了本课题选择以"家庭人均年收入 = 家庭年总收入/家庭人口数"这一指标作为划分东南沿海县域中等收入阶层标准的合理性，这是一个相对客观的指标，它能较为真实地反映中等收入阶层家庭成员的经济社会地位。

三 东南沿海县域中等收入阶层的个人年收入构成和收入差距比较

个人年收入结构和收入差距也是能较好地体现不同阶层和群体经济地位差异的主要指标。表 5-3 和表 5-4 显示：

首先，两个县域中等收入阶层个人年收入的均值和离散系数均大于其低收入阶层，这说明，两县域中等收入阶层个人年收入分布跨度大，个体收入差异性大，或者说在两个县域中等收入阶层内部个人收入不均等的程度高于低收入阶层。同时，福清市中等收入阶层个人年收入的均值和离散系数均高于龙海市，说明福清市中等收入阶层的个人年收入水平不仅高于龙海市，而且其中等收入阶层内部个人年收入的不均等程度也大于龙海市。

其次，两个县域之间中等收入阶层的个人年收入构成既有共性又有差异。2007 年，福清市中等收入阶层的个人年收入构成比例排序分别为经商办厂纯收入（37.8%）、工资奖金收入（21.7%）、存款利息股票分红收入（18.2%）、其他非农收入（12.6%）、纯农业收入（8.5%）；龙海市的排序为经商办厂收入（41.4%）、工资奖金收入（23.4%）、纯农业收入（19.7%）、存款利息股票分红收入（10.1%）、其他非农收入（6.6%）。这说明，两个县域中等收入阶层的个人年收入构成以经商办厂纯收入和工资奖金收入为主，福清市中等收入阶层的这两项个人收入占总收入的比例

为 59.5%，龙海市为 64.8%。但是，两个县域也有差异。福清市中等收入
阶层个人年收入中存款利息股票分红收入和其他非农收入的比例占总收入
的 30.8%，而纯农业收入仅占 8.5%；龙海市则存款利息股票分红收入和
其他非农收入的比例仅占总收入的 16.7%，不及纯农业收入一项的比例
（19.7%）。这与两个县域的县情和课题组成员在两个县域实地调研时的主
观感受是一致的。福清市体制外居民大多或外出或在家从事非农产业，而
龙海市体制外居民则更多地从事与农业相关的产业，这是由于其境内山海
河田齐备、气候适宜、土地肥沃，适宜农业生产的缘故。至于两个县域低
收入阶层的个人年收入主要构成也是既有共性又有差异。共性是：工资奖
金收入分别是两个县域低收入阶层个人年收入的最主要构成部分，福清市
为 49.5%，龙海市为 49.4%；排序居第二位的是经商办厂纯收入，福清市
为 16.9%，龙海市为 26.6%。差异在于：福清市低收入阶层排序第三位和
第四位的分别是其他非农收入（15.3%）、纯农业收入（11.7%），而龙海
市则为纯农业收入（22.2%）、其他非农收入（4.2%）。

再次，两个县域内部中等收入阶层与低收入阶层之间个人收入构成差
异显著。2007 年，福清市中等收入阶层与低收入阶层之间个人年收入的相
对差距为 4.2 倍，龙海市为 2.9 倍。在各项收入构成中，福清市中等收入
阶层与低收入阶层之间的相对差距排序为存款利息股票分红收入（14.9
倍）、经商办厂纯收入（9.3 倍）、其他非农收入（3.4 倍）、农业纯收入
（3 倍）、工资奖金收入（1.8 倍）；龙海市为存款利息股票分红收入（38.9
倍）、经商办厂纯收入和其他非农收入（分别为 4.5 倍）、农业纯收入
（2.6 倍）、工资奖金收入（1.4 倍）。可见，两个县域内部中等收入阶层与
低收入阶层之间的个人年收入中除了工资奖金收入差距不是很大外，其余
的各项收入差距均较大，尤以存款利息股票分红收入的差距最大。这也间
接说明了两个县域内部中等收入阶层与低收入阶层之间在金融资产收益方
面存在着严重不平等现象。

四 东南沿海县域中等收入阶层的家庭年收入构成和收入差距比较

毋庸置疑，家庭年收入构成和收入差距是考察阶层和群体经济地位差

异的重要指标。表5－5和表5－6显示：

首先，2007年福清市中等收入阶层的家庭年总收入均值高于龙海市中等收入阶层，前者为171015元，后者为126355.7元，高了44659.3元。但是，福清市低收入阶层的家庭年总收入均值则低于龙海市低收入阶层，前者为34727.9元，后者为41151元，低了6423.1元。同时，福清市无论中等收入阶层还是低收入阶层其家庭总收入的离散系数均高于龙海市。可见，福清市无论中等收入阶层还是低收入阶层其家庭总收入的不均衡程度均大于龙海市。换句话说，龙海市无论中等收入阶层还是低收入阶层其家庭收入水平相对于福清市而言差距较小。

其次，两个县域之间中等收入阶层家庭年总收入构成差异性较大。2007年，福清市中等收入阶层的家庭年总收入构成比例排序分别为工资奖金收入（35.6%）、经商办厂纯收入（30%）、其他非农收入（15.8%）、存款利息股票分红收入（11.3%）、纯农业收入（6.3%）；龙海市的排序为经商办厂收入（33.4%）、工资奖金收入（28.2%）、其他非农收入（21.4%）、纯农业收入（12.9%）、存款利息股票分红收入（4.3%）。但是，两个县域中等收入阶层的家庭年总收入的主要构成依然是工资奖金收入和经商办厂纯收入两项，福清市为65.6%，龙海市为61.6%。而两个县域的低收入阶层家庭年总收入构成则大致相似，其中，工资奖金收入均是两个县域低收入阶层的最主要家庭收入来源，福清市为64.1%，龙海市为60.6%；经商办厂纯收入则占家庭年总收入的第二位，福清市为13.2%，龙海市为22.2%。二者差异在于：其他非农收入和存款利息股票分红收入，福清市为18.2%，龙海市为8.1%；而福清市纯农业收入为7.2%，龙海市为13.5%。

再次，两个县域内部中等收入阶层与低收入阶层之间家庭年总收入构成差异也比较显著。2007年，福清市中等收入阶层与低收入阶层之间的家庭年总收入的相对差距为4.9倍，龙海市为3.1倍。在各项收入构成中，福清市中等收入阶层与低收入阶层之间的相对差距排序为经商办厂纯收入（11.2倍）、存款利息股票分红收入（8.7倍）、其他非农收入（6.5倍）、纯农业收入（4.3倍）、工资奖金收入（2.7倍）；龙海市则为其他非农收入（11.2倍）、存款利息股票分红收入（5.8倍）、经商办厂纯收入（4.6倍）、纯农业收入（2.9倍）、工资奖金收入（1.4倍）。

表 5 - 1　东南沿海县域中等收入阶层 2007 年个人年总收入分布统计

单位：份,%

收入分布	福清市				龙海市			
	中等收入阶层		低收入阶层		中等收入阶层		低收入阶层	
	样本数	占比	样本数	占比	样本数	占比	样本数	占比
≤3000 元	41	18.7	138	26.5	6	5.0	40	10.6
3001 ~ 10000 元	12	5.5	94	18.0	9	7.4	77	20.7
10001 ~ 20000 元	26	11.9	130	25.0	24	19.8	132	35.5
20001 ~ 30000 元	28	12.8	77	14.8	26	21.5	86	23.1
30001 ~ 50000 元	27	12.3	60	11.5	19	15.7	29	7.8
50001 ~ 80000 元	25	11.4	19	3.6	15	12.4	7	1.9
80001 ~ 120000 元	24	11.0	1	0.2	12	9.9	1	0.3
120001 ~ 200000 元	20	9.1	0	0.0	6	5.0	0	0.0
200001 ~ 500000 元	14	6.4	2	0.4	4	3.3	0	0.0
≥500001 元	2	0.9	0	0.0	0	0.0	0	0.0
合　计	219	100.0	521	100.0	121	100.0	372	100.0

表 5 - 2　东南沿海县域中等收入阶层 2007 年家庭年总收入分布统计

单位：份,%

收入分布	福清市				龙海市			
	中等收入阶层		低收入阶层		中等收入阶层		低收入阶层	
	样本数	占比	样本数	占比	样本数	占比	样本数	占比
≤10000 元	0	0.0	69	13.2	0	0.0	23	6.2
10001 ~ 30000 元	3	1.3	206	39.4	1	0.8	111	29.8
30001 ~ 60000 元	22	10.0	184	35.2	26	21.1	181	48.5
60001 ~ 100000 元	68	30.8	57	10.9	44	35.8	55	14.7
100001 ~ 200000 元	76	34.4	7	1.3	35	28.5	3	0.8
200001 ~ 500000 元	43	19.5	0	0.0	17	13.8	0	0.0
500001 ~ 1000000 元	8	3.6	0	0.0	0	0.0	0	0.0
≥1000001 元	1	0.4	0	0.0	0	0.0	0	0.0
合　计	221	100.0	523	100.0	123	100.0	373	100.0

表 5 - 3　中等收入阶层 2007 年个人收入构成均值、标准差及离散系数统计

单位：元,%

收入分布	福清市				龙海市			
	中等收入阶层		低收入阶层		中等收入阶层		低收入阶层	
	均值	标准差	均值	标准差	均值	标准差	均值	标准差
总收入	72662.3 (98.8)	117570.4 (1.62)	17475.1 (98.5)	25379.6 (1.45)	51437.6 (101.2)	58394.0 (1.14)	17832.6 (103.2)	12921.7 (0.72)
纯农业收入	6211.6 (8.5)	21926.7 (3.53)	2048.3 (11.7)	7573.5 (3.70)	10132.6 (19.7)	21265.7 (2.10)	3958.9 (22.2)	8229.9 (2.08)
工资奖金收入	15786.1 (21.7)	43730.0 (2.77)	8641.9 (49.5)	12223.4 (1.41)	12048.3 (23.4)	18401.8 (1.53)	8816.0 (49.4)	10561.2 (1.20)
经商办厂纯收入	27491.7 (37.8)	69996.5 (2.55)	2957.4 (16.9)	11049.8 (3.74)	21287.4 (41.4)	48489.8 (2.28)	4749.2 (26.6)	11976.3 (2.52)
存款利息股票分红收入	13232.8 (18.2)	57609.9 (4.35)	886.9 (5.1)	5501.9 (6.20)	5218.5 (10.1)	25763.0 (4.94)	134.1 (0.8)	2137.4 (15.94)
其他非农收入（如房租）	9121.6 (12.6)	41030.4 (4.50)	2673.4 (15.3)	18144.8 (6.79)	3375.2 (6.6)	14118.0 (4.18)	748.6 (4.2)	3010.5 (4.02)

注：表中均值列中括号内的数据为各项收入占总收入的比例，由于被调查对象无法精确说出各项收入的数额，只能说个大概数，因此，各项收入构成的比例总和并不完全等于 100%，但却可以大致分析其收入结构状况；表中标准差列中括号内的数据为离散系数（标准差/均值）。样本数据统计计算时均排除特异值。

表 5 - 4　中等收入阶层 2007 年个人收入构成差距比统计

单位：元，倍

变量	福清市		龙海市	
	绝对差距	相对差距	绝对差距	相对差距
总收入	55187.2	4.2	33605.0	2.9
纯农业收入	4163.3	3.0	6173.7	2.6
工资奖金收入	7144.2	1.8	3232.3	1.4
经商办厂纯收入	24534.3	9.3	16538.2	4.5
存款利息、股票、分红收入	12345.9	14.9	5084.4	38.9
其他非农收入（如房租收入）	6448.2	3.4	2626.6	4.5

注：表中的绝对差距 = 中等收入阶层个人收入 - 低收入阶层个人收入；相对差距 = 中等收入阶层个人收入/低收入阶层个人收入。

表 5-5 中等收入阶层 2007 年家庭总收入构成均值、标准差及离散系数统计

单位：元,%

变量	福清市				龙海市			
	中等收入阶层		低收入阶层		中等收入阶层		低收入阶层	
	均值	标准差	均值	标准差	均值	标准差	均值	标准差
总收入	171015.0 (99.0)	146226.2 (0.86)	34727.9 (102.7)	23538.1 (0.67)	126355.7 (100.2)	96141.8 (0.76)	41151.0 (104.4)	21288.3 (0.52)
纯农业收入	10816.4 (6.3)	37173.0 (3.44)	2489.5 (7.2)	7715.3 (3.10)	16289.6 (12.9)	37717.0 (2.32)	5568.6 (13.5)	10151.6 (1.82)
工资奖金收入	60830.4 (35.6)	85553.4 (1.41)	22254.4 (64.1)	21802.1 (0.98)	35626.4 (28.2)	35850.6 (1.01)	24926.1 (60.6)	21437.0 (0.86)
经商办厂纯收入	51290.0 (30.0)	105020.1 (2.05)	4593.2 (13.2)	15129.5 (3.29)	42241.3 (33.4)	85918.8 (2.03)	9138.4 (22.2)	17421.2 (1.91)
存款利息股票分红收入	19321.1 (11.3)	60604.7 (3.14)	2180.6 (6.3)	18218.2 (8.35)	5432.2 (4.3)	25899.0 (4.77)	932.9 (2.3)	15872.6 (17.01)
其他非农收入（如房租收入）	27054.1 (15.8)	63225.2 (2.34)	4135.6 (11.9)	9688.9 (2.34)	27042.9 (21.4)	67282.0 (2.49)	2406.5 (5.8)	9214.8 (3.83)

注：表中均值列中括号内的数据为各项收入占总收入的比例，由于被调查对象无法精确说出各项收入的数额，只能说个大概数，因此，各项收入构成的比例总和并不完全等于 100%，但却可以大致分析其收入结构状况；表中标准差列中括号内的数据为离散系数（标准差/均值）。样本数据统计计算时均已排除特异值。

表 5-6 中等收入阶层 2007 年家庭总收入构成差距比统计

单位：元,倍

变量	福清市		龙海市	
	绝对差距	相对差距	绝对差距	相对差距
总收入	136287.1	4.9	85204.7	3.1
纯农业收入	8326.9	4.3	10721.0	2.9
工资奖金收入	38576.0	2.7	10730.3	1.4
经商办厂纯收入	46696.8	11.2	33102.9	4.6
存款利息股票分红收入	17140.5	8.7	4499.3	5.8
其他非农收入（如房租收入）	22918.5	6.5	24636.4	11.2

注：表中的绝对差距 = 中等收入阶层家庭收入 - 低收入阶层家庭收入；相对差距 = 中等收入阶层家庭收入/低收入阶层家庭收入。

第二节 县域中等收入阶层的财产分布差异

通常,"收入"和"财产"是测量人们经济地位的最好指标。本课题运用 SPSS 13.0 对所收集的两个县域居民有关家庭财产和家庭房产的资料进行汇总、统计,然后再进行描述、比较和推断,试图准确地得出东南沿海县域中等收入阶层财产分布状况的研究结论。本课题所分析的财产主要指家庭总资产(包括存款、证券、生意投资、工厂商店、家庭耐用品、金银首饰等,但不包括房产)及家庭所有房产。

一 东南沿海县域中等收入阶层财产分布状况的总体描述

我们对东南沿海县域样本进行多维频数列表统计,得出两个县域中等收入阶层和低收入阶层 2008 年家庭总资产及房产分布情况(见表 5 - 7)、家庭现有住房产权情况及住房拥有数量(见表 5 - 8)及家庭现住房使用面积、所有住房现价及除房产外家庭总资产(见表 5 - 9)。

表 5 - 7 显示,2008 年两个县域中等收入阶层家庭总资产主要集中在 0 ~ 50 万元之间,其中福清市的比例为 52.7%,龙海市为 63.4%;家庭总资产在 51 万元以上的福清市的比例为 28.5%,龙海市为 22%。但是,家庭零资产及负债的中等收入阶层的比例福清市远远高于龙海市,前者为 9.6%、后者仅为 0.8%;而选择"不清楚、不回答"的中等收入阶层的比例福清市也高于龙海市,前者为 9.2%、后者为 5.7%。而从两个县域的低收入阶层看其家庭总资产,则主要集中在 0 ~ 10 万元之间,其中福清市的比例为 50.1%,龙海市为 59%;家庭总资产在 11 万 ~ 50 万元之间的福清市的比例为 16.8%,龙海市为 21.2%;家庭总资产在 51 万元以上的福清市的比例为 4.1%,龙海市仅为 0.8%。同时,家庭零资产及负债的低收入阶层比例福清市也高于龙海市,前者为 11.4%,后者仅为 7.3%;而选择"不清楚、不回答"的中等收入阶层的比例福清市一样高于龙海市,前者为 17.6%、后者为 11.7%。

上述比较说明,福清市无论中等收入阶层还是低收入阶层在"家庭总资产"这一变量中两极分化的趋势比龙海市严重。这也与课题组对两个县域的前期研究成果相一致。2008 年，福清市居民家庭总资产的基尼系数为 0.84，龙海市居民家庭总资产的基尼系数为 0.78。同时，通过入户问卷调查课题组发现，福清市不少被访者家中至少有一人近一两年刚到国外、省外务工或经商，这可能也是福清市样本居民家庭零资产及负债比例较高的原因所在。至于两个县域无论中等收入阶层还是低收入阶层选择"不清楚、不回答"的也占了一定比例，说明在涉及家庭资产、财产时，被调查对象总是保守和不愿回答的。

表 5 - 7 还显示，2008 年两个县域中等收入阶层家庭所有房产现值主要集中在 21 万 ~ 100 万元之间，福清市的比例为 59.5%，龙海市为 63.9%；而房产现值在 0 ~ 20 万元之间的中等收入阶层，福清市的比例为 16.3%、龙海市为 25.4%；房产现值在 101 万元以上的中等收入阶层，福清市的比例为 10.9%，龙海市为 4.9%；选择"不清楚、不回答"的中等收入阶层，福清市的比例为 13.2%，龙海市为 5.7%，前者是后者的两倍多。而从低收入阶层的家庭所有房产现值看，福清市 27.4% 集中在 21 万 ~ 50 万元之间，16.7% 集中在 51 万 ~ 100 万元之间，31% 集中在 0 ~ 20 万元之间，超过 100 万元的仅为 3.3%，选择"不清楚、不回答"的高达 21.6%；而龙海市则主要集中 11 万 ~ 50 万元之间，占 64%，0 ~ 10 万元之间的占 17.3%，51 万 ~ 100 万元的占 7.6%，100 万元以上的仅为 0.8%，选择"不清楚、不回答"的占 10.3%。

上述比较说明，福清市无论中等收入阶层还是低收入阶层同龙海市相比都更为保守，都更不愿透露自己的家底，这与课题组成员在实地调查中的主观感受相一致。同时，福清市无论中等收入阶层还是低收入阶层，其家庭房产现值均略高于龙海市。课题组对两个县域的前期研究成果显示：2008 年，福清居民家庭房产的基尼系数为 0.47，龙海居民家庭总房产的基尼系数为 0.43[①]。按照斯梅丁（Smeeding）的研究，21 个发达国家在 20 世纪后半叶财产分布的基尼系数为 0.52 ~ 0.93，如果不包括在外居住的瑞典人，则为 0.52 ~ 0.83[②]。根据沃尔夫（E. Wolff）的研究成果，1993 年，美国的人均财产基

① 程丽香：《东南沿海县域居民财产分布差距比较分析——基于福建省福清市和龙海市的调查》，《中国农村经济》，2009 年第 12 期，第 63 页。

② 转引自赵人伟、丁赛《中国居民财产分布研究》，载李实等编《中国居民收入分配研究 Ⅲ》，北京师范大学出版社，2008，第 275 页。

尼系数高达 0.79；1986 年，法国的人均财产基尼系数为 0.71；1984 年，日本的人均财产基尼系数为 0.52[①]。李实、赵人伟等人的研究成果显示，2002 年，全国总财产分布的基尼系数为 0.55，其中，净房产的基尼系数为 0.67。按照国际标准，现阶段中国东南沿海县域居民家庭资产分布的基尼系数是很高的，属于较为严重的资产分布不均等，而居民家庭房产分布的基尼系数则处于中等程度[②]。

表 5-8 显示，两个县域无论中等收入阶层还是低收入阶层绝大多数家庭拥有自家的房屋，回答"租住或借住的房屋"的样本比例极低，且大多数样本居民家庭只拥有 1 套（幢）住房。但是，福清市中等收入阶层有 26% 的家庭拥有 2 套（幢）住房，龙海市有 27.7% 的家庭拥有 2 套（幢）住房，二者大致相当。值得一提的是，龙海市的低收入阶层有 24% 的家庭拥有 2 套（幢）住房，大大高于福清市的 12.1%。

表 5-9 显示，福清市样本居民家庭住房使用面积均值、所有住房现价均值及家庭总资产均值分别是龙海市的 1.6 倍、1.4 倍及 1.7 倍。其中，福清市中等收入阶层家庭住房使用面积均值、所有住房现价均值及家庭总资产均值分别是龙海市的 1.7 倍、1.4 倍及 1.2 倍；而福清市低收入阶层家庭住房使用面积均值、所有住房现价均值及家庭总资产均值分别是龙海市的 1.6 倍、1.4 倍及 2 倍。可见，福清市样本居民家庭总体比龙海市富裕，这也与两个县域的综合经济实力相一致。

表 5-7　东南沿海县域中等收入阶层 2008 年家庭总资产及房产分布统计

单位：份,%

变量	财产分布	福清市				龙海市			
		中等收入阶层		低收入阶层		中等收入阶层		低收入阶层	
		样本数	占比	样本数	占比	样本数	占比	样本数	占比
家庭总资产	≤0 万元	21	9.6	59	11.4	1	0.8	27	7.3
	0~10 万元	45	20.6	259	50.1	33	26.8	217	59.0
	11 万~20 万元	28	12.8	47	9.1	27	22.0	46	12.5

① 转引自李实等《中国城镇居民的财产分配》，《经济研究》2000 年第 3 期，第 18~19 页。
② 程丽香：《东南沿海县域居民财产分布差距比较分析——基于福建省福清市和龙海市的调查》，《中国农村经济》，2009 年第 12 期，第 64 页。

续表

变量	财产分布	福清市				龙海市			
		中等收入阶层		低收入阶层		中等收入阶层		低收入阶层	
		样本数	占比	样本数	占比	样本数	占比	样本数	占比
家庭总资产	21万~50万元	42	19.3	40	7.7	18	14.6	32	8.7
	51万~100万元	37	17.0	12	2.3	13	10.6	2	0.5
	101万~200万元	15	6.9	6	1.2	9	7.3	1	0.3
	201万~1000万元	10	4.6	3	0.6	5	4.1	0	0.0
	不清楚、不回答	20	9.2	91	17.6	7	5.7	43	11.7
	合计	218	100.0	517	100.0	123	100.0	368	100.0
家庭所有房产	0~10万元	10	4.5	81	15.7	10	8.2	64	17.3
	11万~20万元	26	11.8	79	15.3	21	17.2	97	26.3
	21万~50万元	74	33.6	141	27.4	53	43.4	139	37.7
	51万~100万元	57	25.9	86	16.7	25	20.5	28	7.6
	101万~200万元	18	8.2	15	2.9	4	3.3	2	0.5
	≥201万元	6	2.7	2	0.4	2	1.6	1	0.3
	不清楚、不回答	29	13.2	111	21.6	7	5.7	38	10.3
	合计	220	100.0	515	100.0	122	100.0	369	100.0

表5-8　东南沿海县域中等收入阶层2008年家庭现有住房产权情况及住房拥有数量统计

单位：份,%

变量	福清市				龙海市			
	中等收入阶层		低收入阶层		中等收入阶层		低收入阶层	
	样本数	占比	样本数	占比	样本数	占比	样本数	占比
自家的房屋	211	95.9	497	95.4	122	99.2	357	96.5
租住或借住的房屋	6	2.7	17	3.3	0	0.0	9	2.4
其他	3	1.4	7	1.3	1	0.8	4	1.1
合计	220	100.0	521	100.0	123	100.0	370	100.0
现居住房之外没有住房	115	68.1	372	85.3	78	65.5	263	73.2

续表

变 量	福清市				龙海市			
	中等收入阶层		低收入阶层		中等收入阶层		低收入阶层	
	样本数	占比	样本数	占比	样本数	占比	样本数	占比
现居住房之外还有1套住房	44	26.0	53	12.1	33	27.7	86	24.0
现居住房之外还有2套住房	7	4.1	1	0.2	5	4.2	8	2.2
现居住房之外还有3套以上	3	1.8	2	0.5	2	1.7	1	0.3
不适用、不清楚	0	0.0	8	1.8	1	0.8	1	0.3
合　计	169	100.0	436	100.0	119	100.0	359	100.0

注：样本数据统计计算时均排除特异值。

表5-9　东南沿海县域中等收入阶层2008年家庭现住房使用面积、
所有住房现价及除房产外家庭总资产统计

类　别	福清市			龙海市		
	住房使用面积均值(平方米)	标准差(平方米)	样本数(份)	使用面积均值(平方米)	标准差(平方米)	样本数(份)
有效样本居民	294.3	217.2	736	178.5	109.4	494
其中：中等收入阶层	338.6	236.9	215	204.0	126.1	122
低收入阶层	271.2	198.1	508	168.5	100.5	368
类　别	所有房产现价均值(万元)	标准差(万元)	样本数(份)	所有房产均值(万元)	标准差(万元)	样本数(份)
有效样本居民	49.7	52.4	608	35.2	38.1	450
其中：中等收入阶层	64.8	59.4	191	48.0	44.8	115
低收入阶层	40.4	42.0	404	29.4	30.2	331
类　别	家庭总资产均值（万元）	标准差（万元）	样本数(份)	家庭总资产均值（万元）	标准差（万元）	样本数(份)
有效样本居民	46.1	140.2	556	27.7	79.3	442
其中：中等收入阶层	73.8	133.1	177	62.1	125.9	116
低收入阶层	20.7	78.4	367	10.3	13.7	322

注：样本数据统计计算时均排除特异值。

二　东南沿海县域内部中等收入阶层与低收入阶层之间家庭财产差异

　　根据问卷调查结果，课题组选择"中等收入阶层家庭人均资产均值除以低收入阶层家庭人均资产均值"来体现福清市和龙海市中等收入阶层与低收入阶层之间家庭资产的相对差距；选择"中等收入阶层家庭人均房产均值除以低收入阶层家庭人均房产均值"来体现福清市和龙海市中等收入阶层与低收入阶层之间家庭房产的相对差距。表 5－10 和表 5－11 显示：2008 年，福清市中等收入阶层与低收入阶层之间家庭人均资产均值的相对差距为 3.6∶1，龙海市为 5.5∶1；福清市中等收入阶层与低收入阶层之间家庭人均房产现值均值的相对差距为 1.9∶1，龙海市为 1.8∶1。

表 5－10　东南沿海县域中等收入阶层 2008 年家庭人均资产描述性统计

单位：万元，人

项　　目	福清市			龙海市		
	家庭总资产均值	家庭人口均值	家庭人均资产均值	家庭总资产均值	家庭人口均值	家庭人均资产均值
中等收入阶层	73.7	3.6	22.4	62.1	3.6	15.5
低收入阶层	20.7	4.3	6.3	10.3	4.0	2.8
二者家庭人均资产均值的相对差距	22.4/6.3 = 3.6∶1			15.5/2.8 = 5.5∶1		

注：样本数据统计计算时均排除特异值。

表 5－11　东南沿海县域中等收入阶层 2008 年家庭人均房产现值描述性统计

单位：万元，人

项　　目	福清市			龙海市		
	家庭房产现值均值	家庭人口均值	家庭人均房产现值均值	家庭房产现值均值	家庭人口均值	家庭人均房产现值均值
中等收入阶层	64.8	3.6	20.4	48.0	3.6	14.4
低收入阶层	40.4	4.3	11.0	29.4	4.0	8.1
二者家庭人均房产现值均值的相对差距	20.4/11.0 = 1.9∶1			14.4/8.1 = 1.8∶1		

注：样本数据统计计算时均排除特异值。

三 东南沿海县域中等收入阶层家庭耐用品拥有情况

如前所述，家庭耐用品也是家庭总资产的一个组成部分，因此，我们接着考察两个县域中等收入阶层和低收入阶层的家庭耐用品的拥有情况。根据问卷调查数据，我们运用 SPSS 对两个县域的中等收入阶层和低收入阶层样本作简单的频次统计，得出表 5 - 12 和表 5 - 13。

表 5 - 12 显示，彩电、冰箱和手机是两个县域居民普遍拥有的耐用消费品，无论中等收入阶层还是低收入阶层其拥有率均在 90% 以上。两个县域居民摩托车的拥有率也大致相当，在 71% ~74% 之间，除福清市低收入阶层为 65.3% 外。至于洗衣机、电脑、空调、钢琴、摄像机、小轿车、货车和其他耐用品，两个县域的中等收入阶层拥有率均高于其低收入阶层。但是，钢琴对于两个县域居民而言，拥有率均较低，还是属于奢侈品，其中，福清市中等收入阶层的拥有率为 6.4%，龙海市为 7.3%。两个县域中等收入阶层的电脑拥有率大约为 72%，而低收入阶层的拥有率则大约为 50%。空调对于两个县域居民而言，拥有率也不是太高，福清市中等收入阶层为 56.1%，龙海市为 63.4%，而两个县域低收入阶层空调的拥有率均未达到 50%。至于货车和其他耐用品，两个县域居民拥有率均较低。值得一提的是，福清市中等收入阶层小轿车的拥有率为 13.6%，龙海市更高，占 22%。这一比例同已有的研究成果相比还是比较高的①。

表 5 - 13 显示，两个县域中等收入阶层拥有彩电、洗衣机、冰箱和手机的离散系数不高，说明这四件耐用品在两个县域中等收入阶层中的分布较为均衡；而福清市中等收入阶层离散系数排序较高的依次为小轿车（2.0）、摄像机（1.6）、空调（1.3）、电脑（1.1），龙海市则分别为小轿车（2.0）、摄像机（1.5）、电脑（1.3）、空调（0.9），说明两个县域中等收入阶层中以上四件耐用品分布较为不均等。

---

① 周晓虹课题组 2004 年对北京、上海、广州、南京和武汉的抽样和电话访问调查结果显示：五大城市居民小轿车拥有率为 14.5%。参见王建平《中国城市中间阶层消费行为》，中国大百科全书出版社，2007，第 129 页。可见，2008 年福清市中等收入阶层的小轿车拥有率接近 2004 年的五大城市居民拥有率，龙海市则已大大超出这一比例，接近 2001 年全国私营企业主小轿车的拥有率（22.1%）。参见李春玲《断裂与碎片：当代中国社会阶层分化实证分析》，社会科学文献出版社，2005，第 235 页。

通过上述分析，我们从中获得了一些有意义的分析结果。

其一，两个县域中等收入阶层家庭总资产和房产分布不均等，但是，福清市中等收入阶层的家庭总资产和房产分布同龙海市中等收入阶层相比差异性更大。

其二，两个县域居民绝大多数家庭拥有自家的房屋，但是，从家庭住房使用面积均值、所有住房现价均值及家庭总资产均值看，福清市中等收入阶层和低收入阶层高于龙海市中等收入阶层和低收入阶层，说明福清市居民家庭总体比龙海市富裕，这与两个县域的综合经济实力相一致。

其三，两个县域居民普遍拥有彩电、冰箱和手机等耐用消费品，但是，洗衣机、电脑、空调、小轿车等耐用品，两个县域的中等收入阶层拥有率均高于其低收入阶层。

表 5 - 12　东南沿海县域中等收入阶层家庭耐用品拥有的比例

单位:%

变　量	福清市				龙海市			
	中等收入阶层		低收入阶层		中等收入阶层		低收入阶层	
	频数	占比	频数	占比	频数	占比	频数	占比
彩电	220	99.5	538	98.7	123	100.0	373	99.2
洗衣机	171	77.4	368	67.5	87	70.7	242	64.4
冰箱	213	96.4	501	91.9	121	98.4	351	93.4
电脑	158	71.8	267	49.0	72	58.5	173	46.1
空调	124	56.1	220	40.4	78	63.4	181	48.4
手机	215	97.3	494	90.6	117	95.1	353	93.9
钢琴	14	6.4	16	3.0	9	7.3	7	1.9
摄像机	100	45.5	145	26.6	45	36.6	65	17.3
摩托车	161	72.9	356	65.3	95	71.2	277	73.7
小轿车	30	13.6	27	5.0	27	22.0	12	3.2
货车	11	5.0	17	3.1	6	4.9	15	4.0
其他	9	4.2	21	3.9	6	5.2	12	3.4

注：福清市中等收入阶层有效样本数为 221 份，其中，变量是"电脑""钢琴""摄像机""小轿车"的有效问卷为 220 份，变量是"其他"的有效问卷为 216 份；低收入阶层有效样本数为 545 份，其中，变量是"其他"的有效问卷为 535 份。龙海市中等收入阶层有效样本数为 123 份，其中，变量是"其他"的有效问卷为 116 份；低收入阶层有效样本数为 376 份，其中，变量是"电脑""摄像机""货车"的有效问卷为 375 份，变量是"空调"的有效问卷为 374 份，变量是"其他"的有效问卷为 358 份。

表 5-13　东南沿海县域中等收入阶层家庭耐用品均值及标准差统计

变　　量	福清市				龙海市			
	中等收入阶层		低收入阶层		中等收入阶层		低收入阶层	
	均值	标准差	均值	标准差	均值	标准差	均值	标准差
彩　电（台）	2.3	1.4 (0.6)	2.0	1.1 (0.6)	1.8	1.0 (0.6)	1.5	0.7 (0.5)
洗衣机（台）	0.9	0.5 (0.6)	0.7	0.6 (0.9)	0.7	0.5 (0.7)	0.7	0.5 (0.7)
冰　箱（台）	1.1	0.5 (0.5)	1.0	0.5 (0.5)	1.2	0.5 (0.4)	1.1	0.5 (0.5)
电　脑（台）	1.1	1.2 (1.1)	0.6	0.7 (1.2)	0.9	1.2 (1.3)	0.6	0.7 (1.2)
空　调（台）	1.3	1.7 (1.3)	0.7	1.1 (1.6)	1.4	1.3 (0.9)	0.9	1.1 (1.2)
手　机（部）	3.2	1.9 (0.6)	2.4	1.5 (0.6)	2.7	1.3 (0.5)	2.4	1.3 (0.5)
摄像机（架）	0.7	1.1 (1.6)	0.3	0.6 (2.0)	0.4	0.6 (1.5)	0.2	0.5 (2.5)
摩托车（辆）	0.9	0.7 (0.8)	0.8	0.8 (1.0)	1.0	0.9 (0.9)	1.1	1.0 (0.9)
小轿车（辆）	0.2	0.4 (2.0)	5.354E-02	0.3 (0)	0.2	0.4 (2.0)	3.217E-02	0.2 (0)

注：表中括号内的数据为离散系数（标准差/均值）。样本数据统计计算时均排除特异值。

第三节　县域中等收入阶层的福利待遇及社会保障差异

为了把握东南沿海县域中等收入阶层的综合经济地位状况，本课题还将采用福利待遇和就业保障程度作为辅助指标，考察福清市和龙海市中等收入阶层和低收入阶层的经济地位的稳定状况。

一　东南沿海县域中等收入阶层的福利待遇差异

李春玲认为，由于传统的计划体制的延续，中国人的社会性福利的分配仍然是不平等的，福利待遇的差异仍然是当前经济不平等的一个重要方面。目前由于城乡分割体制和单位制的制度作用，不同户籍身份的人和不同单位身份的人，享有不同的福利待遇。现今单位制的福利分配差异较大。一方面，非公有制单位的人完全不能享有政府提供的福利；另一方面，公有制单位的福利分配差异越来越大。由于政府计划体制的改革，集体所有制、国有企业及部分事业单位被推出了政府福利分配体系，同时，由于单位制与市场经济的结合，导致单位之间和职工之间的福利待遇差异也越来越大。因此，由政府和单位提供的福利待遇实际上就是非货币化的经济收入，它是个人经济收入的重要组成部分，是衡量个人经济地位的一个重要方面[1]。本课题主要通过五个方面考察东南沿海县域中等收入阶层与低收入阶层的福利待遇差异。一是工作单位是否提供公费医疗或医疗保险；二是工作单位是否提供退休金或养老保险；三是工作单位是否提供福利住房、价格优惠住房、住房补贴、住房公积金；四是工作单位是否提供工伤保险；五是工作单位是否提供失业保险、生育保险。

我们运用 SPSS 对两个县域的中等收入阶层和低收入阶层样本（排除2008 年纯农业生产者样本）作简单的频次统计，得出表 5 - 14。表 5 - 14 显示，除龙海市中等收入阶层享受工伤保险的比例（11.7%）略低于其低收入阶层（11.8%）外，两个县域中等收入阶层享受上述五项福利待遇的比例均高于其各自的低收入阶层，但是，福清市中等收入阶层与低收入阶层之间享受福利待遇的差异性大于龙海市。表 5 - 14 还显示，两个县域中的中等收入阶层和低收入阶层享受的福利待遇主要集中在"公费医疗或医疗保险""退休金或养老保险"和"福利住房、价格优惠住房、住房补贴、住房公积金"这三项。我们再运用 SPSS 对两个县域中等收入阶层享受福利待遇与工作单位所有制性质进行交叉列联统计得知，

---

[1]　李春玲：《断裂与碎片——当代中国社会阶层分化实证研究》，社会科学文献出版社，2005，第 148～150 页。

两个县域中等收入阶层享受上述五项福利待遇的样本对象主要分布在全民所有制单位中，还有一小部分分布在集体所有制单位中；至于私营、个体和外资单位或机构则基本没有提供各项福利待遇。王春光认为，在现代社会，养老保险和医疗保险是每个公民享受的基本权利，但是在中国，这些权利一直没有得到普及，在阶层分化明显的当今，这些权利的缺位与阶层关系结合在一起，导致了阶层之间更加不均衡的关系①。本课题的研究显示，就职于体制内的公有制单位或机构的人员大多享受到了养老保险和医疗保险这两项基本公民权，而就职于体制外的非公有制单位和机构的人员则基本没享受到这两项基本公民权，这体现了公民权在不同所有制单位和机构的不均衡关系。可见，就职于公有制单位或机构的样本对象在计算收入时有必要适当加上"单位或机构提供的各项福利待遇"这一隐性收入。

表 5-14 东南沿海县域中等收入阶层享有福利待遇情况

单位：份,%

变量 福利待遇类别	您工作的企业、单位或机构是否向您提供下列福利待遇？ （问卷编码：b4）							
	福清市				龙海市			
	中等收入阶层		低收入阶层		中等收入阶层		低收入阶层	
	样本数	占比	样本数	占比	样本数	占比	样本数	占比
公费医疗或医疗保险	72	43.1	117	37.0	38	40.4	106	38.0
退休金或养老保险	64	38.3	108	20.3	39	41.5	106	38.0
福利住房、价格优惠住房、住房补贴、住房公积金	41	24.6	55	17.4	22	23.4	62	22.2
工伤保险	22	13.2	31	9.8	11	11.7	33	11.8
失业保险、生育保险	14	8.4	23	7.3	16	17.0	46	16.5

注：表中样本数将 2008 年纯农业生产者排除在外，其中，福清市中等收入阶层有效样本数为 167 份、低收入阶层有效样本数为 316 份；龙海市中等收入阶层有效样本数为 94 份、低收入阶层有效样本数为 279 份。

---

① 王春光：《当前中国社会阶层关系变迁中的非均衡问题》，《社会》2005 年第 5 期，第 64 页。

二　东南沿海县域中等收入阶层的社会保障差异

不同阶层或群体有无参加合作医疗保障及商业医疗保险和养老保险，也是间接衡量其经济地位差异的一个指标。本课题运用 SPSS 对两个县域中等收入阶层和低收入阶层样本（城镇居民排除在外）有无参与上述三项保障或保险作简单的频次统计，得出表 5－15，因此，表 5－15 仅显示两个县域农村居民参与上述三项保障或保险的情况。

表 5－15 显示，两个县域农村居民中等收入阶层和低收入阶层接近 80% 的样本对象参与了农村合作医疗保障。在参与商业医疗保险方面，两个县域农村居民中等收入阶层与低收入阶层的参与率较低，其中，福清市农村居民中等收入阶层同龙海市农村居民中等收入阶层相比，其参与率低了 12.8%；福清市农村居民低收入阶层同龙海市农村居民低收入阶层相比，其参与率低了 5.6%。在参与养老保险方面，两个县域农村居民中等收入阶层与低收入阶层的参与率也较低，其中，福清市农村居民中等收入阶层同龙海市农村居民中等收入阶层相比，其参与率低了 3.7%；福清市农村居民低收入阶层同龙海市农村居民低收入阶层相比，其参与率低了 2%。综上说明，国家自上而下推行农村合作医疗保障工作成效显著，这从两个县域农村居民无论中等收入阶层还是低收入阶层其参与农村合作医疗保障比例较高可以得到体现。但是，两个县域农村居民中等收入阶层和低收入阶层参与商业医疗保险和养老保险的意识普遍较弱，比较而言，龙海市农村居民中等收入阶层与低收入阶层参与商业医疗保险和养老保险的意识较强。

表 5－15　东南沿海县域中等收入阶层参加社会保障状况

单位：份，%

变量\\福利待遇类别	您是否有以下保障？（问卷编码：d11）							
	福清市				龙海市			
	中等收入阶层		低收入阶层		中等收入阶层		低收入阶层	
	样本数	占比	样本数	占比	样本数	占比	样本数	占比
农村合作医疗保障	137	77.8	349	81.2	68	76.4	226	79.6

续表

变 量 福利待遇类别	您是否有以下保障？ （问卷编码：d11）							
	福清市				龙海市			
	中等收入阶层		低收入阶层		中等收入阶层		低收入阶层	
	样本数	占比	样本数	占比	样本数	占比	样本数	占比
商业医疗保险	21	11.9	44	10.2	22	24.7	45	15.8
养老保险	33	18.8	61	14.2	20	22.5	46	16.2

注：表中样本数将城镇居民排除在外，其中，福清市中等收入阶层有效样本数为 176 份、低收入阶层有效样本数为 430 份；龙海市中等收入阶层有效样本数为 89 份、低收入阶层有效样本数为 284 份。

第四节　县域中等收入阶层的消费差异*

阶层消费行为和消费观念的差异不仅仅是个人喜好、家庭选择的差异，更重要的是它反映了存在于社会和阶层之间的不平等与异质性是如何在消费领域得以表现并不断扩大。已有的研究显示，阶层间的消费行为有很明显的区别，以至于不同阶层的人在消费什么、何处消费、与谁一起消费以及如何消费方面都形成了明显的社会区隔，而在同一阶层内部则形成了较为一致的群体习惯与认同[1]。

一　东南沿海县域中等收入阶层消费支出比较

我们运用 SPSS 13.0 对福清市、龙海市两个县域中等收入阶层和低收入阶层样本家庭消费总支出及分项支出进行均值和标准差统计，得出表 5 - 16，并在表 5 - 16 数据的基础上计算得出表 5 - 17。表 5 - 16 和表 5 - 17 显示出如下特征：

（1）两个县域中等收入阶层与低收入阶层之间家庭生活总支出存在差异。

---

* 本节内容已公开发表，参见程丽香《东南沿海县域中等收入阶层消费差异比较分析》，《中共福建省委党校学报》2009 年第 11 期，第 47～52 页。

[1] 王建平：《中国城市中间阶层消费行为》，中国大百科全书出版社，2007，第 119 页。

首先，福清市中等收入阶层与低收入阶层之间的家庭生活总支出差距大于龙海市。表 5-17 显示，2008 年福清市中等收入阶层与低收入阶层之间的家庭生活总支出的绝对差距为 28776.1 元，相对差距为 1.9 倍；龙海市中等收入阶层与低收入阶层之间的家庭生活总支出的绝对差距为 13893.5 元，相对差距为 1.1 倍。这与两个县域中等收入阶层与低收入阶层之间个人年收入差距（见表 5-4）及家庭年收入差距（见表 5-6）是一致的，同时也与两个县域居民内部收入差距是一致的。2007 年，福清市城乡合一的样本居民内部个人年总收入最高 20% 组的均值与最低 20% 组的均值的绝对差距为 146688.79 元，相对差距为 37.13 倍；龙海市的绝对差距为 65946.82 元，相对差距为 11.03 倍①。

其次，福清市中等收入阶层内部以及低收入阶层内部的家庭生活总支出的差异均比龙海市显著，同时，福清市和龙海市中等收入阶层家庭生活总支出的差异又都比低收入阶层显著。表 5-16 显示，福清市中等收入阶层家庭生活总支出的离散系数为 0.92，低收入阶层为 0.85；龙海市中等收入阶层家庭生活总支出的离散系数为 0.74，低收入阶层为 0.60。

（2）两个县域中等收入阶层与低收入阶层之间家庭生活分项支出也存在差异。

首先，福清市中等收入阶层与低收入阶层之间的家庭生活分项支出差距大于龙海市，除旅游支出和其他支出龙海市的差距大于福清市外（见表 5-17）。福清市中等收入阶层与低收入阶层之间的家庭生活分项支出绝对差距排序依次为食品支出，人情往来费支出，子女教育支出，服饰支出，旅游支出，其他支出，手机、电话费支出，水电、煤气、燃料费支出，房租、房贷支出，看病支出，买书订报费支出；相对差距排序依次为房租、房贷支出，旅游支出，人情往来费支出，买书订报费支出，服饰支出，子女教育支出，食品支出，手机、电话费支出，其他支出，水电、煤气、燃料费支出，看病支出。龙海市中等收入阶层与低收入阶层之间的家庭生活分项支出绝对差距则排序依次为其他支出，人情往来费支出，食品支出，子女教育支出，旅游支出，服饰支出，手机、电话费支出，水电、煤气、燃料费支出，房租、房贷支出，看病支出，买书订报费支出；相对差距排序依次为旅游支出，其他支出，房租、房贷支出，

① 程丽香：《东南沿海县域居民收入差异及内在关联：福建例证》，《改革》2009 年第 8 期，第 93 页。

人情往来费支出，服饰支出，子女教育支出，手机、电话费支出，买书订报支出，水电、煤气、燃料费支出，食品支出，看病支出（见表 5-17）。可见，两个县域中等收入阶层的食品支出、人情往来费支出的绝对差距大，房租、房贷支出，旅游支出的相对差距大。前者说明在两个县域中等收入阶层中，人情往来费的支出占据重要的位置，后者说明两个县域中等收入阶层的享受性消费的支出大于各自的低收入阶层。

值得一提的是，若将龙海市样本居民的其他支出①除外，福清市和龙海市中等收入阶层以及低收入阶层日常生活的主要消费支出惊人的一致。两个县域中等收入阶层的前三项支出依次为食品支出、人情往来费支出和子女教育支出；两个县域低收入阶层的前三项支出依次为食品支出、子女教育支出和人情往来费支出（见表 5-16）。可见，除食品支出外，东南沿海县域不同阶层、不同生活水平的家庭都很重视对人情往来和子女教育上的投入。而周晓虹课题组 2004 年对北京、上海、广州、南京和武汉的抽样和电话访问调查结果显示：五大城市中间阶层家庭消费按重要性排列分别为饮食 62%、服饰 34%、子女教育 31%，至于社交应酬则排第七位，仅为 4%②。这也从一个侧面说明，东南沿海县域还是一个熟人社会，无论中等收入阶层还是低收入阶层其人情往来的支出费用比例都很高。

其次，两个县域家庭消费各分项支出的差异显著。从离散系数看（见表 5-16），福清市中等收入阶层内部房租、房贷支出的差异最为显著，子女教育支出、买书订报支出、其他支出、旅游支出及看病支出的差异位居第二层次，其余的位居第三层次；福清市低收入阶层内部房租、房贷支出，其他支出及旅游支出的差异最为显著，买书订报费支出、子女教育支出及看病支出的差异位居第二层次，其余的位居第三层次。龙海市中等收入阶层内部房租、房贷支出的差异最为显著，买书订报支出、看病支出、旅游支出、子女教育支出及其他支出的差异位居第二层次，其余的位居第三层次；龙海市低收入阶层内部旅游支出，房租、房贷支出，看病支出及买书订报支出的差异最为显著，子女教育

① 龙海市样本居民 2007 年其他消费支出主要包括普度支出（即民间宗教信仰方面的支出，且费用不低）、当年安装电视机顶盒支出、赡养老人支出以及喝茶支出（喝茶习俗在闽南人中非常普及，且是一笔不少的支出）等，而福清市样本居民的其他消费支出则没有这么细化，大多数调查对象只是笼统估计得出。

② 王建平：《中国城市中间阶层消费行为》，中国大百科全书出版社，2007，第 121 页。

支出、其他支出、人情往来费支出及手机、电话费支出的差异位居第二层次，其余的位居第三层次。可见，无论是福清市还是龙海市，其中等收入阶层以及低收入阶层内部，房租、房贷支出的差异最为显著。

再次，从恩格尔系数（家庭食品支出/家庭生活总支出）的比较看，福清市中等收入阶层的恩格尔系数为 0.402，低收入阶层为 0.445；龙海市中等收入阶层的恩格尔系数为 0.388，低收入阶层为 0.412（见表 5 - 16）。按照国际标准，恩格尔系数越高就意味着越贫困，这个系数为 0.6 以上时，即为贫困，0.5 ~ 0.6 为温饱，0.4 ~ 0.5 为小康，0.3 ~ 0.4 为达到富裕标准。可见，福清市和龙海市的中等收入阶层分别接近富裕和达到富裕的标准，而两个县域低收入阶层也都达到小康的标准，这在一定程度上反映了两个县域居民总体的生活水平和生活质量较高。

表 5 - 16　东南沿海县域中等收入阶层 2007 年家庭消费支出均值、标准差及离散系数统计

单位：元

变　　量	福清市				龙海市			
	中等收入阶层		低收入阶层		中等收入阶层		低收入阶层	
	均值	标准差	均值	标准差	均值	标准差	均值	标准差
家庭生活总支出	59557.4	54826.0 (0.92)	30781.3	26074.2 (0.85)	44661.7	33149.9 (0.74)	30768.2	18463.4 (0.60)
食品支出	19057.9	12633.8 (0.66)	12164.4	9299.3 (0.76)	12909.4	7503.1 (0.58)	11376.4	5961.9 (0.52)
子女教育支出	7083.0	20120.0 (2.84)	3779.6	11968.9 (3.17)	4960.2	7743.4 (1.56)	3534.1	6633.5 (1.88)
房租、房贷支出	1099.5	4494.7 (4.09)	298.7	2125.7 (7.12)	1089.1	4696.0 (4.31)	616.2	2559.6 (4.15)
水电、煤气、燃料费支出	3551.7	2439.0 (0.69)	2568.1	1776.1 (0.69)	3183.9	3108.1 (0.98)	2452.3	1594.4 (0.65)
手机、电话费支出	3219.5	3007.2 (0.93)	2000.7	2345.9 (1.17)	2886.0	2246.9 (0.78)	2085.3	2129.7 (1.02)
人情往来费支出	7541.5	10597.1 (1.41)	3242.6	3882.4 (1.20)	4962.8	8229.9 (1.66)	3032.1	3642.3 (1.20)

变 量	福清市				龙海市			
	中等收入阶层		低收入阶层		中等收入阶层		低收入阶层	
	均值	标准差	均值	标准差	均值	标准差	均值	标准差
买书订报支出	223.4	558.4 (2.50)	98.0	314.6 (3.21)	217.6	596.1 (2.74)	151.0	452.4 (3.00)
旅游支出	2396.2	5760.2 (2.40)	816.4	4037.6 (4.95)	1473.4	3080.3 (2.09)	453.8	2073.6 (4.57)
看病支出	2945.0	5550.5 (1.88)	2341.4	4259.9 (1.82)	801.7	2109.2 (2.63)	1181.3	4022.1 (3.40)
服饰支出	3449.3	3287.8 (0.95)	1662.4	1822.5 (1.10)	2719.8	1877.4 (0.69)	1744.4	1305.8 (0.75)
其他支出	3846.1	9269.2 (2.41)	2588.0	13888.5 (5.37)	9138.9	14065.0 (1.54)	4158.4	6091.7 (1.46)
恩格尔系数	0.402	0.256	0.445	0.364	0.388	0.568	0.412	0.189

注：表中括号内的数据为离散系数（标准差/均值）；恩格尔系数是先计算各样本居民家庭食品支出占家庭生活总支出的比重，再计算中等收入阶层和低收入阶层的所有有效样本的恩格尔系数均值得出。样本数据统计计算时均为排除特异值。

表 5－17　东南沿海县域中等收入阶层 2007 年家庭消费支出差距比统计

单位：元，倍

变 量	福清市		龙海市	
	绝对差距	相对差距	绝对差距	相对差距
家庭生活总支出	28776.1	1.9	13893.5	1.1
食品支出	6893.5	1.6	1533	1.1
子女教育支出	3303.4	1.9	1426.1	1.4
房租、房贷支出	800.8	3.7	472.8	1.8
水电、煤气、燃料费支出	983.6	1.4	731.6	1.3
手机、电话费支出	1218.8	1.6	800.7	1.4
人情往来费支出	4298.9	2.3	1930.7	1.6
买书订报费支出	125.4	2.3	66.6	1.4
旅游支出	1579.8	2.9	1019.6	3.2
看病支出	603.6	1.3	－379.6	0.7
服饰支出	1786.9	2.1	975.4	1.6
其他支出	1258.1	1.5	4980.5	2.2

注：表中的绝对差距＝中等收入阶层消费支出－低收入阶层消费支出；相对差距＝中等收入阶层消费支出/低收入阶层消费支出。

二　东南沿海县域中等收入阶层日常消费选择趋向比较

我们运用 SPSS 13.0 就福清市、龙海市两个县域中等收入阶层和低收入阶层样本居民对"您最愿意在哪里购买常用生活用品？"以及"您购买耐用消费品最看重什么？"的回答进行频次统计，得出表 5-18 和表 5-19。

表 5-18 显示，无论是福清市还是龙海市，其中等收入阶层以及低收入阶层对于"您最愿意在哪里购买常用生活用品？"的答案大致相同。福清市中等收入阶层 71.6% 的样本选择在"超市"，21.1% 的样本选择在"一般商店"购买；低收入阶层有 2/3 的样本选择在"超市"，1/4 的样本选择在"一般商店"购买。龙海市中等收入阶层有近 2/3 的样本选择在"超市"，近 1/3 的样本选择在"一般商店"购买；低收入阶层约有 1/2 的样本选择在"超市"，近 1/2 的样本选择在"一般商店"购买。可见，超市已成为东南沿海县域居民购买日用品的首选地。这与周晓虹课题组对五大城市的调研结果大致相似①。在实地入户调研中我们发现，集镇所在地均有中型以上的超市入驻，许多村庄也都有小型超市和商店。这说明了东南沿海县域社会各阶层尤其是中等收入阶层在购买日常生活用品时越来越关注消费的场所、产品的品质以及产品的价格。

表 5-19 显示，在回答"您购买耐用消费品最看重什么？"时，福清市和龙海市的中等收入阶层以及低收入阶层的答案也基本一致。福清市中等收入阶层、龙海市中等收入阶层以及低收入阶层最多的选项依次是产品质量、品牌以及价格适中。福清市低收入阶层最多的选项则依次是产品质量、价格适中以及品牌，只是排序上稍微不同而已。这也与周晓虹课题组对五大城市的调研结果大致相似②。可见，在购买耐用消费品时，产品质量意识和品牌意识已深入两个县域居民人心，且产品的售后服务也日趋得到重视。这说明两个县域中等收入阶层与低收入阶层的消费选择日趋理性与成熟。

---

① 五大城市在超市购买日常用品的中间阶层达 80% 左右。参见王建平《中国城市中间阶层消费行为》，中国大百科全书出版社，2007，第 124 页。

② 五大城市中间阶层关于消费取向的排序分别为：产品质量 69%、价格适中 33%、品牌 23% 等。参见王建平《中国城市中间阶层消费行为》，中国大百科全书出版社，2007，第 125 页。

表 5-18 "您最愿意在哪里购买常用生活用品?"

单位:份,%

选 项	福清市				龙海市			
	中等收入阶层		低收入阶层		中等收入阶层		低收入阶层	
	样本数	占比	样本数	占比	样本数	占比	样本数	占比
超市	156	71.6	361	66.7	76	62.3	180	48.8
一般商店	46	21.1	138	25.5	39	32.0	155	42.0
大型百货	8	3.7	10	1.8	1	0.8	4	1.1
品牌专卖店	2	0.9	2	0.4	2	1.6	5	1.4
网络购物	2	0.9	2	0.4	0	0.0	0	0.0
其他	4	1.8	28	5.2	4	3.3	25	6.8
合 计	218	100.0	541	100.0	122	100.0	369	100.0

表 5-19 "您购买耐用消费品最看重什么?"（选三项）

单位:%

选 项	福清市				龙海市			
	中等收入阶层		低收入阶层		中等收入阶层		低收入阶层	
	频数	占比	频数	占比	频数	占比	频数	占比
价格适中	104	47.7	328	61.3	35	29.2	179	49.3
产品质量	187	85.8	428	80.0	98	81.7	258	71.1
售后服务	70	32.1	121	22.6	31	25.8	101	27.8
品牌	126	57.8	227	42.4	79	65.8	189	52.1
服务态度	24	11.0	86	16.1	5	4.2	31	8.5
其他	3	1.4	14	2.6	6	5.0	13	3.6

注: 福清市中等收入阶层有效样本数为 221 份, 低收入阶层为 535 份; 龙海市中等收入阶层有效样本数为 120 份, 低收入阶层为 363 份。

三 东南沿海县域中等收入阶层消费观念比较

我们运用 SPSS 13.0 对福清市、龙海市两个县域中等收入阶层和低收入阶层样本居民"您是否同意买东西一定要买品牌商品?""您是否同意高消费是成功人士的象征？"以及"您是否同意与其勤俭节约不如多挣会花？"的回答进行频次统计，得出表5-20、表5-21和表5-22。

表5-20显示，对于"您是否同意买东西一定要买品牌商品？"福清市和龙海市两个县域中等收入阶层分别有28.6%和31.7%的样本回答"非常同意"，分别有21.8%和22%的样本回答"比较同意"。也就是说，福清市中等收入阶层回答"非常同意"和"比较同意"的比重为50.4%，龙海市为53.7%。福清市中等收入阶层回答"不太同意"和"很不同意"的比重为34.6%，龙海市为35.8%。而福清市低收入阶层回答"非常同意"和"比较同意"的比重为35.4%，龙海市为42.7%；福清市低收入阶层回答"不太同意"和"很不同意"的比重为46.8%，龙海市为42.7%。可见，品牌意识已深入到两个县域相当一部分中等收入阶层和低收入阶层的内心，其中，龙海市居民的品牌意识比福清市居民更强一些。

表5-21显示，对于"您是否同意高消费是成功人士的象征？"福清市中等收入阶层回答"非常同意"和"比较同意"的比重为35.5%，低收入阶层为36.4%；福清市中等收入阶层回答"不太同意"和"很不同意"的比重为48.6%，低收入阶层为50.9%。而龙海市中等收入阶层回答"非常同意"和"比较同意"的比重为30.1%，低收入阶层为29.8%；龙海市中等收入阶层回答"不太同意"和"很不同意"的比重为59.4%，低收入阶层为56.8%。可见，两个县域中等收入阶层以及低收入阶层的大多数样本不赞同"高消费是成功人士的象征"这一说法，但是，福清市中等收入阶层以及低收入阶层中约有1/3的样本对此持肯定态度，龙海市则约有30%持肯定态度。这表明两个县域中等收入阶层与低收入阶层对高消费的态度都比较温和、理性。

表5-22显示，对于"您是否同意与其勤俭节约不如多挣会花？"福清市中等收入阶层回答"非常同意"和"比较同意"的比重为45%，低收入阶层为36.1%；福清市中等收入阶层回答"不太同意"和"很不同意"的比重为42.2%，低收入阶层为54.3%。而龙海市中等收入阶层回答"非常同意"和"比较同意"的比重为48.8%，低收入阶层为33.8%；龙海市中等收入阶层回答"不太同意"和"很不同意"的比重为43.1%，低收入阶层为54.6%。可见，两个县域中等收入阶层对此持肯定态度和否定态度的样本比例旗鼓相当，其中肯定态度略胜于否定态度；而两个县域

低收入阶层虽然对此持否定态度的样本比例大于持肯定态度的样本比例，但是，持肯定态度的样本比例均超过 1/3。这说明在东南沿海县域中等收入阶层中，传统的"勤俭节约"的消费观念正受到新的消费观念冲击，甚至已逐渐被新的消费观念所替代。

表 5 - 20 "您是否同意买东西一定要买品牌商品?"

单位：份,%

选 项	福清市				龙海市			
	中等收入阶层		低收入阶层		中等收入阶层		低收入阶层	
	样本数	占比	样本数	占比	样本数	占比	样本数	占比
非常同意	63	28.6	110	20.2	39	31.7	75	20.0
比较同意	48	21.8	83	15.2	27	22.0	85	22.7
一般	30	13.6	83	15.2	12	9.8	53	14.1
不太同意	58	26.4	201	36.9	37	30.1	144	38.4
很不同意	18	8.2	54	9.9	7	5.7	16	4.3
不清楚	3	1.4	9	1.7	1	0.8	2	0.5
不回答	0	0.0	5	1.0	0	0.0	0	0.0
合 计	220	100.0	545	100.0	123	100.0	375	100.0

表 5 - 21 "您是否同意高消费是成功人士的象征?"

单位：份,%

选 项	福清市				龙海市			
	中等收入阶层		低收入阶层		中等收入阶层		低收入阶层	
	样本数	占比	样本数	占比	样本数	占比	样本数	占比
非常同意	42	19.1	110	20.2	21	17.1	41	10.9
比较同意	36	16.4	88	16.2	16	13.0	71	18.9
一般	27	12.3	36	6.6	9	7.3	33	8.8
不太同意	72	32.7	204	37.5	59	48.0	170	45.3
很不同意	35	15.9	73	13.4	14	11.4	43	11.5
不清楚	7	3.2	27	5.0	3	2.4	15	4.0
不回答	1	0.5	6	1.1	1	0.8	2	0.5
合 计	220	100.0	544	100.0	123	100.0	375	100.0

表 5 – 22　　"您是否同意与其勤俭节约不如多挣会花?"

单位：份,%

| 选　项 | 福清市 | | | | 龙海市 | | | |
| | 中等收入阶层 | | 低收入阶层 | | 中等收入阶层 | | 低收入阶层 | |
	样本数	占比	样本数	占比	样本数	占比	样本数	占比
非常同意	53	24.1	88	16.1	21	17.1	41	10.9
比较同意	46	20.9	109	20.0	39	31.7	86	22.9
一般	25	11.4	40	7.3	10	8.1	36	9.6
不太同意	54	24.5	159	29.2	31	25.2	137	36.5
很不同意	39	17.7	137	25.1	22	17.9	68	18.1
不清楚	3	1.4	7	1.3	0	0.0	6	1.6
不回答	0	0.0	5	0.9	0	0.0	1	0.3
合　计	220	100.0	545	100.0	123	100.0	375	100.0

　　通过上述比较分析，我们从中获得了一些有意义的分析结果。

　　其一，两个县域内部中等收入阶层与低收入阶层之间的家庭生活总支出存在差异。福清市中等收入阶层与低收入阶层之间的家庭生活总支出差距大于龙海市。福清市中等收入阶层内部以及低收入阶层内部的家庭生活总支出的差异均比龙海市显著，同时，福清市和龙海市中等收入阶层家庭生活总支出的差异又都比低收入阶层显著。

　　其二，两个县域中等收入阶层与低收入阶层之间的家庭生活分项支出也存在差异。除旅游支出和其他支出外，福清市中等收入阶层与低收入阶层之间的家庭生活分项支出差距大于龙海市。其中，两个县域中等收入阶层的食品支出、人情往来费支出的绝对差距较大，说明了人情往来费支出在两个县域中等收入阶层中占据重要的位置。而两个县域中等收入阶层的房租、房贷支出，旅游支出的相对差距大，说明了两个县域中等收入阶层的享受性消费支出大于各自的低收入阶层。同时，福清市和龙海市不同阶层、不同生活水平的家庭都很重视对人情往来和子女教育的投入。而且，两个县域家庭生活各分项支出的差异也很显著，其中，房租、房贷支出的差异最为显著。从恩格尔系数的比较看，福清市和龙海市的中等收入阶层分别接近富裕和达到富裕的标准，而两个县域低收入阶层也都达到小康的标准，这在一定程度上反映了两个县域居民总体的生活水平和生活质量较高。

其三，超市已成为两个县域居民购买日用品的首选地。这说明了两个县域社会各阶层尤其是中等收入阶层在购买日常生活用品时越来越关注消费场所、产品品质与价格。在购买耐用消费品时，产品质量意识和品牌意识已深入人心，而且产品的售后服务也日趋得到重视。这说明两个县域中等收入阶层与低收入阶层的消费选择日趋理性与成熟。

其四，两个县域中等收入阶层与低收入阶层对高消费的态度都比较温和、理性。在两个县域中等收入阶层中，传统的"勤俭节约"消费观念正受到新的消费观念冲击，甚至已逐步被新的消费观念所取代。

第六章

县域中等收入阶层的
社会流动

社会流动指的是在一定的社会分层体系中，人们的社会地位或位置的变动。对社会流动进行操作化研究时，多选用职业这一指标，即把职业流动当做社会流动的操作化概念，用职业流动的结构和趋向说明社会流动的特征与方向。根据衡量流动的不同参照基点，通常将社会流动分为代内职业流动和代际职业流动。社会流动研究通常采用两种方式进行分析。一种是流动表分析，即通过职业或阶级阶层的等级划分，对父辈职业地位与子女职业地位进行交互分析，或者对本人最初职业地位与当前职业地位进行交互分析，考察代际的和代内的职业地位或阶级阶层位置的变化，在此基础上，采用一系列的对数线性模型对流动机会、流动规则和流动模式进行分析。另一种是布劳－邓肯的地位获得模型，它主要是考察和比较先赋性因素（如家庭背景）和后致性因素（如个人能力、进取心、教育水平等）对个人的职业地位获得所产生的影响。原来的地位获得模型大多采用路径分析，后来的学者对此加以修正，多采用多元回归、事件史分析和结构方程等方法。上述这两种分析方法已经成为社会流动研究的主流模式[1]。改革开放以来，我国社会结构发生了重大变化。社会流动作为社会结构的动态子系统，出现了超常态的变化，尤其是东南沿海县域，社会流动率明显提高。本章将采用流动表分析法[2]和多

---

[1] 陆学艺主编《当代中国社会流动》，社会科学文献出版社，2004，第6~7页。

[2] 本章流动表分析方法参见许欣欣《当代中国社会结构变迁与流动》，社会科学文献出版社，2000；〔日〕今田高俊：《社会阶层与政治》，赵华敏译，经济日报出版社，1991；程丽香：《沿海农村的社会流动——来自福建省福清市18个村庄的调查》，《福建省社会主义学院学报》，2003年第3期。

元回归分析法,对东南沿海县域的福清市和龙海市中等收入阶层的代内职业流动、代际职业流动以及职业地位获取的影响因素进行分析,旨在探讨东南沿海县域中等收入阶层社会流动的程度、特征、影响与趋势。

第一节　县域中等收入阶层的代内流动

代内职业流动主要是研究一个人职业生涯的动态,以此探讨一个人一生中社会位置是否变动及变动规律,它参照的基点一般是自己的最初职业(简称"初职")。代内职业流动不仅反映了一定时期内社会经济发展水平和结构变动状况,也反映了该时期的社会价值取向。因此,本课题在分析两个县域中等收入阶层代内职业流动情况时,主要从三个方面入手:①比较样本对象最初职业与现在职业的流动,看是上升,还是下降。②比较样本对象最初就业单位所有制与现在就业单位所有制的变化,看是否由体制内向体制外流动。③比较样本对象最初就业地点与现在就业地点的变化,看是否出现了从村落向城镇的流动。我们运用 SPSS 13.0 对两个县域的调查数据进行交叉列联统计,得出表 6 – 1、表 6 – 2、表 6 – 3、表 6 – 5、表 6 – 6、表 6 – 8、表6 – 9,并在此基础上得出表 6 – 4、表 6 – 7 和表 6 – 10。

一　东南沿海县域中等收入阶层代内职业的流动

从表6 – 1可看出两个县域样本对象职业变换的情况。两个县域无论中等收入阶层还是低收入阶层职业变换的比例都较高,如福清市中等收入阶层"换过 1 次或 1 次以上工作"的比例为 69.1%,低收入阶层为 62.2%;龙海市中等收入阶层"换过 1 次或 1 次以上工作"的比例为 75.4%,低收入阶层为 67.7%;龙海市中等收入阶层"换过工作"的比例高出福清市6.3%,龙海市低收入阶层"换过工作"的比例高出福清市 5.5%。若将两个县域中等收入阶层与低收入阶层进行比较可发现,两个县域中等收入阶层"换过工作"的比例均高于低收入阶层,福清市高出 6.9%,龙海市高出 7.7%;同时,两个县域中等收入阶层"换过 1 次以上工作"的比例也高于各自低收入阶层,福清市高出 8.7%,龙海市高出 7.7%。可见,两个县域中等收入阶层"换过工作"的比例均超过其有效样本的 2/3 且更换工作的频率也较高。表 6 - 2 至表 6 - 10 则显示了两个县域中等收入阶层与低收入阶层代内流动的详细情况。

表 6 - 1　2008 年东南沿海县域中等收入阶层职业变换情况

单位：份，%

变量 变动情况	请问您到现在一共换过几次工作？（问卷编码：c2）							
	福清市				龙海市			
	中等收入阶层		低收入阶层		中等收入阶层		低收入阶层	
	样本数	占比	样本数	占比	样本数	占比	样本数	占比
没换过工作	61	29.5	188	37.4	28	24.6	105	31.1
只换过 1 次工作	59	28.5	152	30.3	36	31.6	107	31.6
换过 1 次以上工作	84	40.6	160	31.9	50	43.8	122	36.1
不适用、不清楚或不回答	3	1.4	2	0.4	0	0.0	4	1.2
合　计	207	100.0	502	100.0	114	100.0	338	100.0

注：福清市总样本数为 779 份，龙海市总样本数为 503 份。

表 6 - 2　福清市中等收入阶层最初职业与现在职业的流动情况

单位：份

福清市	最初职业	现　在　职　业									
		①	②	③	④	⑤	⑥	⑦	⑧	⑨	合计
中等收入阶层	①	<u>9</u>	0	1	0	0	1	1	0	1	13
	②	6	<u>2</u>	1	0	0	0	1	0	8	18
	③	2	1	<u>2</u>	2	0	1	0	0	10	18
	④	3	0	0	<u>7</u>	1	1	1	0	3	16
	⑤	0	0	1	2	<u>0</u>	1	0	0	0	4
	⑥	2	1	1	3	0	<u>14</u>	6	1	0	35
	⑦	8	0	0	2	0	12	<u>4</u>	0	6	32
	⑧	2	1	2	0	1	4	0	<u>1</u>	2	13
	⑨	0	1	0	2	0	1	1	0	<u>1</u>	6
	合　计	32	6	8	18	2	35	14	2	38	155
低收入阶层	①	<u>3</u>	0	1	0	1	1	0	0	5	11
	②	5	<u>5</u>	3	1	1	2	0	0	12	29
	③	6	0	<u>7</u>	1	0	0	0	0	11	25
	④	3	0	1	<u>11</u>	0	3	1	0	7	26

福清市	最初职业	现在职业									合计
		①	②	③	④	⑤	⑥	⑦	⑧	⑨	
低收入阶层	⑤	0	0	1	2	<u>1</u>	2	2	0	12	20
	⑥	8	1	2	9	2	<u>28</u>	4	0	15	69
	⑦	2	4	6	13	4	46	<u>18</u>	0	40	133
	⑧	4	2	7	4	0	3	1	<u>0</u>	8	29
	⑨	1	0	0	4	3	4	0	0	<u>7</u>	19
	合　计	32	12	28	45	12	89	26	0	117	361

注：表格中的序号①～⑨分别代表九大职业类别。

表6-3　龙海市中等收入阶层最初职业与现在职业的流动情况

单位：份

龙海市	最初职业	现在职业									合计
		①	②	③	④	⑤	⑥	⑦	⑧	⑨	
中等收入阶层	①	<u>6</u>	0	0	0	0	0	0	0	1	7
	②	2	<u>1</u>	0	1	0	0	0	0	5	9
	③	2	0	<u>3</u>	2	0	0	0	0	2	9
	④	1	0	2	<u>1</u>	0	2	0	0	2	8
	⑤	0	0	1	1	<u>0</u>	0	0	0	0	2
	⑥	4	0	3	5	0	<u>18</u>	2	0	4	36
	⑦	1	2	0	3	2	4	<u>5</u>	0	1	18
	⑧	2	0	1	1	0	1	0	<u>0</u>	1	6
	⑨	0	0	1	1	0	0	0	0	<u>0</u>	2
	合　计	18	3	11	15	2	25	7	0	16	97
低收入阶层	①	<u>2</u>	0	0	2	0	1	0	0	3	8
	②	1	<u>7</u>	4	2	0	1	0	0	10	25
	③	3	2	<u>15</u>	5	1	0	2	0	9	37
	④	0	1	1	<u>3</u>	0	2	1	0	3	11
	⑤	0	1	0	2	<u>1</u>	2	2	0	2	10
	⑥	4	1	9	13	5	<u>35</u>	8	0	11	86
	⑦	5	1	4	16	2	15	<u>8</u>	0	15	66
	⑧	3	0	2	2	2	7	2	<u>1</u>	4	23
	⑨	1	0	1	5	0	1	0	0	<u>1</u>	9
	合　计	19	13	36	50	11	64	23	1	58	275

注：表格中的序号①～⑨分别代表九大职业类别。

　　表 6 - 2 和表 6 - 3 中的数据全部为绝对数，位于对角线上的数表示样本对象最初职业与现在职业之间没有发生流动，不在对角线上的数则表示发生了职业流动①。从表 6 - 2 中可看出，福清市中等收入阶层最初职业与现在职业没有发生流动的人数为 40 人，发生流动的人数等于 155 减去 40 为 115 人；低收入阶层最初职业与现在职业没有发生流动的人数为 80 人，发生流动的人数等于 361 减去 80 为 281 人。根据"流动率 = （n - $\sum$fii）/ n"② 计算得出：福清市中等收入阶层代内职业流动率为 74.2%，不流动率为 25.8%；低收入阶层代内职业流动率为 77.8%，不流动率为 22.2%（见表 6 - 4）。从表 6 - 3 可看出，龙海市中等收入阶层最初职业与现在职业没有发生流动的人数为 34 人，发生流动的人数等于 97 减去 34 为 63 人；低收入阶层最初职业与现在职业没有发生流动的人数为 73 人，发生流动的人数等于 275 减去 73 为 202 人。根据流动率公式计算得出：龙海市中等收入阶层代内职业流动率为 64.9%，不流动率为 35.1%；低收入阶层代内职业流动率为 73.5%，不流动率为 26.5%（见表 6 - 4）③。通常，职业流动表中的最初职业与最后职业是按照由高到低的顺序依次排列的，因此，向上和向下流动可用同样的方式测量：将流动表中对角线下面的所有数值相加，除以总样本数，就会产生一个向上流动的指数，即上向流动率；将对角线上面的所有数值相加，除以总样本数，就会产生一个向下流动的指数，即下向流动率④。

　　但在表 6 - 2 和表 6 - 3 的设计中，最初职业与最后职业类别并不完全是按照由高到低的顺序依次排列的，而是根据问卷表上的职业分类顺序进行的。前面①～⑤类的职业基本上是按照由高到低的顺序依次排列的，而⑥～⑨类的职业排列则没有遵循由高到低的排列顺序。如果将⑥～⑨类的职业由高到低依次排列为⑧、⑦、⑥、⑨即警察及军人类别，生产工人、

---

①　许欣欣：《当代中国社会结构变迁与流动》，社会科学文献出版社，2000，第 185 页。

②　许欣欣：《当代中国社会结构变迁与流动》，社会科学文献出版社，2000，第 214 页。

③　本课题所要分析的代内代际职业流动中的职业按照国家统计局规定的八大职业分类，另加"不便分类人员"，共为九大职业分类：①国家机关、党群组织、企业、事业单位负责人；②专业技术人员；③办事人员和有关人员；④商业工作人员；⑤服务性工作人员；⑥农、林、牧、渔、水利业生产人员；⑦生产工人、运输工人和有关人员；⑧警察及军人；⑨不便分类人员。

④　许欣欣：《当代中国社会结构变迁与流动》，社会科学文献出版社，2000，第 185～186 页。

运输工人和有关人员类别，农、林、牧、渔、水利业生产人员类别，不便分类人员类别。根据此种排序，我们对表6-2和表6-3稍作修改，将表中的⑥、⑦、⑧行及列的数据按⑧、⑦、⑥顺序分别对调，然后计算出：福清市中等收入阶层代内上向流动率为32.3%，代内下向流动率为41.9%；低收入阶层代内上向流动率为28.2%，代内下向流动率为49.6%（见表6-4）。龙海市中等收入阶层代内上向流动率为38.1%，代内下向流动率为26.8%；低收入阶层代内上向流动率为34.9%，代内下向流动率为38.6%（见表6-4）。

表6-4 东南沿海县域中等收入阶层代内职业流动率

单位:%

项　　目	福清市		龙海市	
	中等收入阶层	低收入阶层	中等收入阶层	低收入阶层
代内职业流动率	74.2	77.8	64.9	73.5
代内职业不流动率	25.8	22.2	35.1	26.5
代内职业上向流动率	32.3	28.2	38.1	34.9
代内职业下向流动率	41.9	49.6	26.8	38.6

二 东南沿海县域中等收入阶层代内单位所有制的流动

表6-5和表6-6中的数据全部为绝对数，位于对角线上的数表示样本对象最初就业单位所有制与现在就业单位所有制之间没有发生变动，不在对角线上的数则表示就业单位所有制发生了变动。从表6-5和表6-6中可看出，福清市中等收入阶层最初就业单位所有制与现在就业单位所有制没有发生变动的人数为41人，发生变动的人数等于108减去41为67人；低收入阶层最初就业单位所有制与现在就业单位所有制没有发生变动的人数为76人，发生变动的人数等于187减去76为111人。龙海市中等收入阶层最初就业单位所有制与现在就业单位所有制没有发生变动的人数为33人，发生变动的人数等于70减去33为37人；低收入阶层最初就业单位所有制与现在就业单位所有制没有发生变动的人数为87人，发生变动的人数等于186减去87为99人。根据公式计算得出表6-7：福清市中等收入阶层就业单位所有制流动率为62%，不流动率为38%；低收入阶层就业单位

表6－5　福清市中等收入阶层最初就业单位所有制与现在就业单位所有制的流动情况

单位：份

福清市	最初就业单位所有制	现在就业单位所有制						
		全民	集体	私营	家庭经营	个体	"三资"	合计
中等收入阶层	全　民	17	4	6	6	6	0	39
	集　体	2	4	5	6	4	0	21
	私　营	2	3	10	3	2	0	20
	家庭经营	0	0	2	4	3	0	9
	个　体	0	3	4	2	6	0	15
	"三资"	0	0	1	0	3	0	4
	合　计	21	14	28	21	24	0	108
低收入阶层	全　民	30	6	1	6	9	0	52
	集　体	2	11	5	11	13	0	42
	私　营	4	5	17	11	7	0	44
	家庭经营	0	6	2	4	5	0	17
	个　体	1	3	6	5	14	0	29
	"三资"	1	1	0	1	0	0	3
	合　计	38	32	31	38	48	0	187

表6－6　龙海市中等收入阶层最初就业单位所有制与现在就业单位所有制的流动情况

单位：份

龙海市	最初就业单位所有制	现在就业单位所有制						
		全民	集体	私营	家庭经营	个体	"三资"	合计
中等收入阶层	全　民	8	3	1	0	5	0	17
	集　体	2	4	2	4	4	0	16
	私　营	3	0	2	2	3	0	10
	家庭经营	1	2	1	10	0	0	14
	个　体	1	0	2	0	9	0	12
	"三资"	0	0	0	0	1	0	1
	合　计	15	9	8	16	22	0	70
低收入阶层	全　民	33	4	3	9	12	0	61
	集　体	5	6	2	6	15	0	34
	私　营	3	1	0	2	9	0	15
	家庭经营	0	2	0	10	2	1	15
	个　体	3	3	4	3	38	0	51
	"三资"	4	0	2	2	2	0	10
	合　计	48	16	11	32	78	1	186

所有制流动率为 59.4%，不流动率为 40.6%。龙海市中等收入阶层就业单位所有制流动率为 52.9%，不流动率为 47.1%；低收入阶层就业单位所有制流动率为 53.2%，不流动率为 47.8%。将变动表中对角线下面的所有数值相加，除以总样本数，计算出福清市中等收入阶层就业单位所有制的上向流动率为 20.4%，低收入阶层就业单位所有制的上向流动率为 19.8%；龙海市则分别为 18.6% 和 18.3%。将对角线上面的所有数值相加，除以总样本数，计算出福清市中等收入阶层就业单位所有制的下向流动率为 41.6%，低收入阶层就业单位所有制的下向流动率为 39.6%；龙海市则分别为 34.3% 和 34.9%（见表 6-7）。

表 6-7　东南沿海县域中等收入阶层代内就业单位所有制流动率

单位:%

项　　目	福清市		龙海市	
	中等收入阶层	低收入阶层	中等收入阶层	低收入阶层
代内就业单位所有制流动率	62	59.4	52.9	53.2
代内就业单位所有制不流动率	38	40.6	47.1	47.8
代内就业单位所有制上向流动率	20.4	19.8	18.6	18.3
代内就业单位所有制下向流动率	41.6	39.6	34.3	34.9

三　东南沿海县域中等收入阶层代内就业地点的流动

表 6-8 和表 6-9 中的数据全部为绝对数，位于对角线上的数表示样本对象最初就业地点与现在就业地点之间没有发生变动，不在对角线上的数则表示就业地点发生了变动。从表 6-8 和表 6-9 中可看出，福清市中等收入阶层最初就业地点与现在就业地点没有发生变动的人数为 72 人，发生变动的人数等于 148 减去 72 为 76 人；低收入阶层最初就业地点与现在就业地点没有发生变动的人数为 160 人，发生变动的人数等于 339 减去 160 为 179 人。龙海市中等收入阶层最初就业地点与现在就业地点没有发生变动的人数为 78 人，发生变动的人数等于 97 减去 78 为 19 人；低收入阶层最初就业地点与现在就业地点没有发生变动的人数为 191 人，发生变动的人数等于 266 减去 191 为 75 人。根据公式计算得出表 6-10：福清市中等收入阶层就业地点流动率为 51.4%，不流动率为 48.6%；低收入阶层就业

地点流动率为 52.8%，不流动率为 47.2%。龙海市中等收入阶层就业地点变动率为 19.6%，不流动率为 80.4%；低收入阶层就业地点变动率为 28.2%，不流动率为 71.8%。将变动表中对角线下面的所有数值相加，除以总样本数，计算出福清市中等收入阶层就业地点的上向流动率为 10.8%，低收入阶层就业地点的上向流动率为 5.9%；龙海市则分别为 3.1% 和 5.5%。将对角线上面的所有数值相加，除以总样本数，计算出福清市中等收入阶层就业地点的下向流动率为 40.6%，低收入阶层就业地点的下向流动率为 46.9%；龙海市则分别为 16.5% 和 22.6%（见表 6-10）。

表 6-8　福清市中等收入阶层最初就业地点与现在就业地点的流动情况

单位：份

福清市	最初就业地点	现　在　就　业　地　点					
		国外	省外	省内外地	本县城镇	本村	合计
中等收入阶层	国　外	0	0	0	1	1	2
	省　外	0	0	0	7	9	16
	省内外地	3	3	4	7	22	39
	本县城镇	0	1	1	40	13	55
	本　村	0	2	2	4	28	36
	合　计	3	6	7	59	73	148
低收入阶层	国　外	0	1	0	1	3	5
	省　外	0	6	2	10	25	43
	省内外地	3	4	6	20	50	83
	本县城镇	1	0	1	84	47	133
	本　村	0	0	1	10	64	75
	合　计	4	11	10	125	189	339

表 6-9　龙海市中等收入阶层最初就业地点与现在就业地点的流动情况

单位：份

龙海市	最初就业地点	现　在　就　业　地　点					
		国外	省外	省内外地	本县城镇	本村	合计
中等收入阶层	国　外	0	0	0	0	0	0
	省　外	0	0	0	2	1	3
	省内外地	0	0	1	2	7	10

续表

龙海市	最初就业地点	现 在 就 业 地 点					
		国外	省外	省内外地	本县城镇	本村	合计
中等收入阶层	本县城镇	0	0	0	<u>29</u>	4	33
	本　村	0	0	0	3	<u>48</u>	51
	合　计	0	0	1	36	60	97
低收入阶层	国　　外	<u>0</u>	0	0	0	0	0
	省　　外	0	<u>0</u>	0	4	10	14
	省内外地	0	0	<u>5</u>	11	15	31
	本县城镇	0	0	2	<u>89</u>	20	111
	本　　村	0	0	1	12	<u>97</u>	110
	合　计	0	0	8	116	142	266

表 6 – 10　东南沿海县域中等收入阶层代内就业地点流动率

单位：%

项　目	福清市		龙海市	
	中等收入阶层	低收入阶层	中等收入阶层	低收入阶层
代内就业地点流动率	51.4	52.8	19.6	28.2
代内就业地点不流动率	48.6	47.2	80.4	71.8
代内就业地点上向流动率	10.8	5.9	3.1	5.6
代内就业地点下向流动率	40.6	46.9	16.5	22.6

综合表 6-1 至表 6-10 可见，两个县域中等收入阶层代内流动状况如下：

首先，从职业变换的情况看，两个县域无论中等收入阶层还是低收入阶层职业变换的比例都较高，如福清市中等收入阶层"换过 1 次或 1 次以上工作"的比例为 69.1%，低收入阶层为 62.2%；龙海市中等收入阶层"换过 1 次或 1 次以上工作"的比例为 75.4%，低收入阶层为 67.7%。若将两个县域中等收入阶层与低收入阶层进行比较可发现，两个县域中等收入阶层"换过工作"的比例均高于低收入阶层，福清市高出 6.9%，龙海市高出 7.7%；同时，两个县域中等收入阶层"换过 1 次以上工作"的比例也高于各自低收入阶层，福清市高出 8.7%，龙海市高出 7.7%。可见，两个县域中等收入阶层"换过工作"的比例均超过其有效样本的 2/3 且更换工作的频率也较高。

其次，从代内职业流动率和流动方向看，两个县域无论中等收入阶层还是低收入阶层代内职业流动率均较高且流动方向多为向下流动（除龙海市中等收入阶层外）。福清市中等收入阶层代内职业流动率为74.2%，龙海市为64.9%；福清市低收入阶层代内职业流动率为77.8%，龙海市为73.5%。那么，为何福清市中等收入阶层和两个县域低收入阶层的向下流动率高于向上流动率？根据实地调查感受，不少样本对象的职业变换路径是农业、非农业，又再回到农业或是农业、非农业到"不便分类人员"。当然，不排除两个县域向下流动中的一部分人是因做生意亏损或因意外的天灾人祸等而不得不退回农业或家里。由于这些数据统计起来十分烦琐，所以我们不作详细分析。

此外，在福清市中等收入阶层中，最初职业为农、林、牧、渔、水利业生产人员类别的有35人，现在职业仍为农业的有14人，不流动率为40%，流动率为60%。其中，有20%的人流向不便分类人员类别，有17.1%的人流向生产工人、运输工人和有关人员类别，有8.6%的人流向商业工作人员类别，有5.7%的人流向国家机关、党群组织、企业、事业单位负责人类别，分别有2.9%的人流向警察及军人类别、专业技术人员类别及办事人员和有关人员类别。而在龙海市中等收入阶层中，最初职业为农、林、牧、渔、水利业生产人员类别的有36人，现在职业仍为农业的有18人，流动率和不流动率各为50%。其中，有13.9%的人流向商业工作人员类别，有11.1%的人分别流向国家机关、党群组织、企业、事业单位负责人类别和不便分类人员类别，有8.3%的人流向办事人员和有关人员类别，有5.6%的人流向生产工人、运输工人和有关人员类别。可见，两个县域中等收入阶层最初职业为农、林、牧、渔、水利业生产人员类别的人员除相当一部分依然在从事农业外，其余多流向相关的第二产业和第三产业。

再次，从就业单位所有制的变化情况看。两个县域无论中等收入阶层还是低收入阶层其流动率均较高且多从国有及集体流向私营、家庭经营和个体。福清市中等收入阶层就业单位所有制流动率为62%，龙海市为52.9%；福清市低收入阶层就业单位所有制流动率为59.4%，龙海市为53.2%。

此外，福清市中等收入阶层中最初就业单位为全民的有39人，现在就业单位仍然为全民的有17人，不流动率为43.6%，流动率为56.4%。其中，分别有 15.4% 的人流向私营、家庭经营和个体，有 10.3% 的人流向集体所有制；而最初就业单位为集体的有 21 人，现在就业单位仍然为集体的仅有 4 人，不流动率为 19%，流动率为 81%。其中，有 28.6% 的人流向家庭经营，有 23.8% 的人流向私营，有 19% 的人流向个体，有 9.5% 的人流向全民所有制。

龙海市中等收入阶层中最初就业单位为全民的有 17 人，现在就业单位仍然为全民的有 8 人，不流动率为 47.1%，流动率为 52.9%。其中，分别有 29.4% 的人流向个体，有 17.6% 的人流向集体所有制，有 5.9% 的人流向私营；而最初就业单位为集体的有 16 人，现在就业单位仍然为集体的仅有 4 人，不流动率为 25%，流动率为 75%。其中，分别有 25% 的人流向家庭经营和个体，分别有 12.5% 的人流向私营和全民所有制。可见，两个县域中等收入阶层有一半以上的人员就业单位从体制内流向了体制外。

最后，从就业地点的变化情况看，两个县域的差异性显著，但是，两个县域内部中等收入阶层与低收入阶层则差别不大。数据显示，福清市中等收入阶层最初工作与现在工作就业地点的流动率为 51.4%，低收入阶层为 52.8%。龙海市中等收入阶层最初工作与现在工作就业地点的流动率仅为 19.6%，低收入阶层为 28.2%。

值得一提的是，两个县域无论中等收入阶层还是低收入阶层其就业地点的下向流动率均远远高于上向流动率，尤其福清市的比例更高，福清市中等收入阶层就业地点下向流动率为 40.6%，低收入阶层为 46.9%；龙海市中等收入阶层就业地点下向流动率仅为 16.5%，低收入阶层为 22.6%。主要原因在于福清市能够接受访谈的样本对象都在家里的情况居多，也就是他们中的许多人可能曾经外出就业过，但在课题组入户调查时他们已回到当地就业，而大多外出的对象则无法访谈到。

至于为何龙海市无论中等收入阶层还是低收入阶层就业地点的流动率相对较低，主要原因有两个方面。一方面，龙海市境内气候适宜，土地肥沃，山海河田齐备，素有"鱼米花果之乡"的美称，是国家持续高效农业示范区、海峡两岸对台农业合作试验区和福建省重要的农产品出口创汇基地之一。因此，在龙海市当地从事涉农产业的人口比例相对较高，这从表 6－3 也能间接体现。另一方面，已发生了职业转移的龙海市样本对象当中的大多数人尚未完成地域的转移，他们的职业变更多数是属于"离土不离乡"类别。

总体而言，两个县域样本对象代内流动率越来越高，流动速度越来越快。这一状况正好反映了两个县域社会经济的发展状况。此外，随着两个县域社会经济实力的不断增强，社会产业的不断发展，可供两个县域居民选择的就业机会也将越来越多。

第二节　县域中等收入阶层的代际流动

代际职业流动是评价一个社会机会结构开放程度的重要指标[①]。许多社会学家通过各种相关数据的分析对各国父母职业与子女职业之间的关系进行了实证研究，探讨出劳动者职业选择的规律。本杰明（Benjamin）利用英格兰和威尔士的人口普查数据，发现在13类职业分布中，父亲从事较高层次的管理工作，其儿子将近2/3也从事管理工作；父亲是体力劳动者，其儿子多数也从事体力劳动[②]。布劳（Blau）和邓肯（Duncan）通过对美国人口调查局的相关数据进行分析后指出，美国存在明显的职业代际效应，并且子承父业的比例较高；父子之间，代际职业向上流动的可能性大于向下流动的可能性；短距离的代际流动比例大于长距离的代际流动[③]。过去几十年的研究结论可以基本总结为以下几点：第一，学者们发现在工业化社会，代际地位传递主要是通过教育获得间接传递，但在同样的教育水平下，家庭背景仍然对其子女的初职地位有着重要影响。第二，地位直

① Featherman, David L. F. Lancaster Jones, Robert M. Hauser, "Assumptions of Social Mobility Research in the United States: The Case of Occupational Status," *Social Science Research*, 1975, (4), p. 108; Ganzeboom, Harry B. G., Donald J. Treiman, "Internationally Comparable Measures of Occupational Status for the 1988 International Standard Classification of Occupations," *Social Science Research*, 1996, (25) pp. 208 – 209; Erikson, John H. Goldthorpe, *The Constant Flux: A Study of Class Mobility in Industrial Societies*, Oxford: Clarendon, 1992, pp. 35 – 37.

② B. Benjamin, "Intergeneration Differences in Occupation," *Population Studies*, 1958, (4), pp. 99 – 102.

③ Peter M, Blau, Otis Dudley Duncan, *The American Occupational Structure*, New York: The Free Press, 1967.

接继承的主要模式是生产资料（土地、产权）的继承。第三，对于无产权的阶层，父辈社会地位越高，子代获益越大，其职业地位越高。但对于起到强调作用的因素，不同的学者有不同的见解。第四，在不同的社会制度和体制下，家庭背景作用的大小和方式存在差别。具体而言，各国或各不同历史时期，优劣势阶层对子女职业地位获得过程的影响程度和模式存在明显差异①。

简言之，代际职业流动主要指父代与子代之间职业地位继承与背离的变动情况，它反映的是社会变迁过程和社会开放程度，它参照的基点是在某一年龄段父亲（母亲）的职业或其他地位。本课题以问卷调查中样本对象 18 岁时父亲的职业作为测量标准，比较父亲的职业与样本对象现在职业的变动情况②，从中了解父辈中有多少子女从事农业与非农业的工作，了解父辈的社会地位与子女社会地位的升降情况，以此反映父辈与子辈两代人之间的一切变化：它既包括不流动者，也包括流动者。"不流动者"指的是那些未经转换仍然处于与其父亲相同社会类别的人，"流动者"指的则是那些经过转换后处于与其父亲不同社会类别的人。

一 东南沿海县域中等收入阶层代际职业流动总体情况

在代际职业流动的研究中，国际上通用白领、蓝领、农民三分类法。本课题则根据问卷的设计情况，运用 SPSS 13.0 对调查数据按九大职业类别进行交叉列联统计，得出表 6－11 和表 6－12。

表 6－11 和表 6－12 中的数据全部为绝对数，位于对角线上的数表示子代与父代之间没有发生流动，不在对角线上的数则表示发生了职业流动。从表 6－11 中可看出，福清市中等收入阶层子代与父代没有发生流动的人数为 57 人，发生流动的人数等于 191 减去 57 为 134 人；福清市低收入阶层子代与父代没有发生流动的人数为 145 人，发生流动的人数等于 445 减去 145 为 300 人。从表 6－12 中可看出，龙海市中等收入阶层子代

---

① 吴莹等：《城镇居民代际之间的职业变化规律研究——以武汉市为例》，《中南财经政法大学研究生学报》2010 年第 1 期，第 90 页。

② 福清市有效样本中有 34.3% 的样本对象没有换过工作，龙海市有效样本中有 29.6% 的样本对象没有换过工作。在问卷录入时这部分样本对象的数据录入在现在职业、最后职业栏目，而非录入在最初职业栏目。在分析代际流动时，为了避免这部分数据丢失，本课题选择样本对象 18 岁时父亲的职业与样本对象现在的职业进行比较。

与父代没有发生流动的人数为 34 人，发生流动的人数等于 100 减去 34 为 66 人；龙海市低收入阶层子代与父代没有发生流动的人数为 98 人，发生流动的人数等于 321 减去 98 为 223 人。

在表 6 - 11 和表 6 - 12 的基础上，我们根据公式①推算出表 6 - 13、表 6 - 14、表 6 - 15、表 6 - 16、表 6 - 17 和表 6 - 18。

表 6 - 13 显示：2008 年福清市中等收入阶层代际职业总流动率为 70.2%，其中结构流动率为 42.4%，循环流动率为 27.8%；低收入阶层代际职业总流动率为 67.4%，其中结构流动率为 34.2%，循环流动率为 33.2%。2008 年龙海市中等收入阶层代际职业总流动率为 66%，其中结构流动率为 28%，循环流动率为 38%；低收入阶层代际职业总流动率为 69.5%，其中结构流动率为 36.4%，循环流动率为 33.1%。可见，两个县域无论中等收入阶层还是低收入阶层其代际职业流动率都是很高的。显然，两个县域居民的高代际职业流动率在很大程度上是由于县域所有制结构和产业结构的调整及县域工业化和城镇化建设所产生的结构性流动与自由流动相交叉的结果。

若将上述数据同 1993 年中国城市的总流动率（47.3%）②及 2000 年福清市农村的总流动率（45%）③相比，高出了约 20 个百分点。这说明，在两个县域中等收入阶层与低收入阶层中子代与其父代从事不同职业的现

---

① 代际职业流动的主要公式：总流动率 = （n - Σfii）/n。结构流动率 = （Σ | ni. - n.j | ）/2n。循环流动率 = 总流动率 - 结构流动率。同职率 = fjj/n.j。流入率 = （n.j - fjj）/n.j。世袭率 = fii/n。流出率 = （ni. - fii）/n。总流动率、结构流动率和循环流动率都属于总体统计测量指标。总流动率即实际观察到的全部代际职业流动，它是两种力量共同作用的结果：一是职业结构自身的变迁作用，二是社会系统的开放性作用，前者由结构流动率表示，后者由循环流动率表示。流入率和流出率是直接比较表格分布的两种测量。流入率反映现在从事某某职业其父亲的职业状况。流出率反映在给定职业位置上从父亲角度观察到的儿子的职业分布状况。世袭率是以父亲职业为基准看儿子从事同样职业的比率，它是流动表中位于对角线上各单元中的数据与所在行的边缘和之比（将所有对角线单元的数据相加后除以总样本数，即可得到总体的世袭率），也称未流动率。在社会流动研究中，世袭率是人们关注的一个重点。同职率是流动表中位于对角线上各单元中的数据与所在列的边缘和之比。这一指标可以反映社会群体在接受新成员时所具有的开放性。详细参见许欣欣《当代中国社会结构变迁与流动》，社会科学文献出版社，2000，第 184～188、214～218 页。

② 许欣欣：《当代中国社会结构变迁与流动》，社会科学文献出版社，2000，第 255 页。

③ 程丽香：《沿海农村的社会流动——来自福建省福清市 18 个村庄的调查》，《福建省社会主义学院学报》2003 年第 3 期，第 70 页。

象还是比较普遍的；同时也说明，时代在进步，社会为广大居民的子代提供的社会位置和流动机会还是比较多的。

值得一提的是，福清市中等收入阶层的结构流动率高于循环流动率；而龙海市则是循环流动率高于结构流动率。这说明，福清市中等收入阶层总流动率高，更主要的是职业结构自身变迁作用的结果；而龙海市则更主要的是社会系统开放性的作用。至于两个县域的低收入阶层流动率高，则主要是职业结构自身变迁和社会系统开放性共同作用的结果。

二 东南沿海县域中等收入阶层不同职业间的代际流动率

如前所述，世袭率是人们研究社会流动所关注的一个焦点。

（1）从表6-14可以看出，福清市中等收入阶层代际世袭率最高的是专业技术人员类别和国家机关、党群组织、企业、事业单位负责人类别，其次是商业工作人员类别，再次是农、林、牧、渔、水利业生产人员类别，其后是不便分类人员和办事人员和有关人员类别，生产工人、运输工人和有关人员类别的代际世袭率仅为7.7%，服务性工作人员类别和警察及军人类别为0。这说明在福清市中等收入阶层中作为白领的专业技术人员类别和国家机关、党群组织、企业、事业单位负责人类别"子承父业"的现象较为明显。换句话说，福清市中等收入阶层中的白领职业类别阶层复制现象相对明显；而在农、林、牧、渔、水利业生产人员类别中"子承父业"的约占1/3，其余职业类别的子代则多已背离其父代的职业。

福清市低收入阶层代际世袭率最高的是农、林、牧、渔、水利业生产人员类别，其次是商业工作人员类别、不便分类人员类别和专业技术人员类别，再次是国家机关、党群组织、企业、事业单位负责人类别及办事人员和有关人员类别，最后是服务性工作人员类别，警察及军人类别及生产工人、运输工人和有关人员类别，其代际世袭率均为0。这说明在福清市的低收入阶层中有41%的农、林、牧、渔、水利业生产人员类别的子女仍在"子承父业"；作为白领的专业技术人员类别，国家机关、党群组织、企业、事业单位负责人类别以及办事人员和有关人员类别世袭率不高，这大概是由于从事白领工作需要更高的教育水平；服务性工作人员类别、警察及军人类别及生产工人、运输工人和有关人员类别，其代际世袭率为0，说明在这三个类别中子代完全没有继承父代的职业。

（2）从表6-15可以看出，龙海市无论中等收入阶层还是低收入阶层，其代际世袭率与福清市都不同。龙海市中等收入阶层中不便分类人员类别的代际世袭率最高，占2/3；其次是农、林、牧、渔、水利业生产人员类别和国家机关、党群组织、企业、事业单位负责人类别；再次是商业工作人员类别、办事人员和有关人员类别；生产工人、运输工人和有关人员类别的代际世袭率也很低，仅为9.1%；而专业技术人员类别、服务性工作人员类别、警察及军人类别的代际世袭率为0。这说明，在龙海市的中等收入阶层中42.9%的农、林、牧、渔、水利业生产人员类别的子女以及41.2%的国家机关、党群组织、企业、事业单位负责人类别的子女仍在"子承父业"，而其余职业类别的子代大多背离了父亲的职业。

而在龙海市的低收入阶层中有42.9%的办事人员和有关人员类别的子女以及37.8%的农、林、牧、渔、水利业生产人员类别的子女在"子承父业"；其余职业类别的代际世袭率较低，个别类别甚至为0。这说明，这些职业类别的样本对象大多数背离了父亲的职业。

（3）如前所述，世袭率和流出率是从父代的角度出发考察子代的职业情况，同职率和流入率则是从子代的角度出发考察其出身背景。分析同职率和流入率的目的是研究某一特定社会阶层或群体在接受新成员方面所具有的或多或少的开放性。从表6-14和表6-15看，两个县域无论中等收入阶层还是低收入阶层其非农类别的开放性均很高。福清市中等收入阶层的流入率均高达70%以上，低收入阶层则高达80%以上，唯有农、林、牧、渔、水利业生产人员类别的开放性最低，前者仅为11.9%，后者为15.5%。龙海市中等收入阶层的流入率均高达63.2%以上，低收入阶层则高达77.3%以上，唯有农、林、牧、渔、水利业生产人员类别的开放性最低，前者仅为12.5%，后者为12.3%。

无论中等收入阶层还是低收入阶层，两个县域农、林、牧、渔、水利业生产人员类别同2000年福清市农、林、牧、渔、水利业生产人员类别的高同职率（89%）和高世袭率（62.3%）[1] 相比，其同职率变化不大（均在

---

① 程丽香：《沿海农村的社会流动——来自福建省福清市18个村庄的调查》，《福建省社会主义学院学报》2003年第3期，第70页。

84.5%以上），但是，世袭率下降较为明显（福清市中等收入阶层为32.2%，低收入阶层为41%；龙海市中等收入阶层为42.9%，低收入阶层为37.8%）。这说明，两个县域经济社会的发展给农业劳动者提供了不少的择业机会与位置，但是，两个县域的社会开放性仍然有很大的发展空间。

三 东南沿海县域中等收入阶层不同职业间的代际流出率

表6-16和表6-17是样本对象背离父亲职业的流出率分析，与表6-14和表6-15不同，表6-14和表6-15中的流出率反映的是某一特定职业子代背离其父亲的总比例，而表6-16和表6-17中的流出率则是这一总流出率的分解，由此可以看出背离了父亲职业类别的子女具体流向了哪个职业类别。表6-16和表6-17中位于对角线位置的数为世袭率，位于对角线上下的数字就是反映具体去向的流出率。对此，世界各国的流向大致是各职业阶层出身的子代在从父代职业阶层流出时大多是流向邻近的职业阶层，即蓝领出身者大多流向白领，农民出身者大多流向蓝领[1]。但是，英国社会学家帕金曾经指出，由于意识形态方面的原因，社会主义国家与资本主义国家的奖酬体系存在很大差别。社会主义国家为了体现社会公平，往往对从业人员的收入进行控制，从而使体力劳动者与非体力劳动者的收入水平十分相似，这便为出身于体力劳动者家庭的子女在获得受教育机会上提供了方便，使之得以在晋升较高社会地位方面与非体力劳动者家庭出身的子女处于同一起跑线上。由此导致社会主义社会流动与资本主义社会流动的一个显著区别：资本主义社会中多数流动的跨越幅度较小，大都属于位于阶级边缘地带的流动，而社会主义社会中的流动则往往跨越幅度较大，甚至可能是跨越整整一个等级的流动[2]。著名经济学家和社会学家安东尼·吉登斯也注意到了这种流动类型的差异。他认为，就体力劳动者和非体力劳动者之间的总流动率而言，社会主义社会和资本主义社会之间不存在明显差异，但是对流动过程进行分析就会看到，社会主义国家中体力劳动者向非体力劳动者的流动更可能是跨越了底层白领职业阶层而

---

① 许欣欣：《当代中国社会结构变迁与流动》，社会科学文献出版社，2000，第223~224页。
② 许欣欣：《当代中国社会结构变迁与流动》，社会科学文献出版社，2000，第245~246页。

直接进入高层白领的"长距离流动";资本主义社会中的这一过程则大多要经过底层白领这一"缓冲地带"①。

那么,作为东南沿海县域的福清市和龙海市是否存在这样的长距离流动呢?从表6-16和表6-17可以看出以下两点。

(1) 福清市中等收入阶层的农、林、牧、渔、水利业生产人员类别出身的子代流向不便分类人员类别的比例最高(21.7%),流向国家机关、党群组织、企业、事业单位负责人类别的比例居第二(14.8%);生产工人、运输工人和有关人员类别出身的子代流向商业工作人员类别的比例最高(30.8%),流向不便分类人员类别的比例居第二(23.1%)。福清市低收入阶层的农、林、牧、渔、水利业生产人员类别出身的子代流向不便分类人员类别的比例最高(22.9%);生产工人、运输工人和有关人员类别出身的子代流向不便分类人员类别的比例也最高(34.6%)。这些数据显示,福清市样本对象的父代职业为农民或者为蓝领的其子代的职业流向大多与上述的国际惯例不一致。福清市中等收入阶层和低收入阶层的社会流动更多的是逆向流动,例如农、林、牧、渔、水利业生产人员类别或者生产工人、运输工人和有关人员类别出身的子代流向不便分类人员类别属于逆向流动现象。导致逆向流动的原因可能是:福清市相当一部分样本对象尤其是农村的样本对象多是赋闲在家的妇女、老人及出境或出省经商、办厂或务工刚回乡不久的人员,这些人员的现职类别正好归属于不便分类人员类别。值得一提的是,福清市中等收入阶层的农、林、牧、渔、水利业生产人员类别出身的子代还有14.8%流向国家机关、党群组织、企业、事业单位负责人类别,这属于长距离流动范畴,因为中间跨越了蓝领、底层白领两三个等级,直接流向高层白领。但是,福清市中等收入阶层中"生产工人、运输工人和有关人员类别出身的子代流向商业工作人员类别的比例最高"这一现象,则符合国际惯例的"蓝领大多流向白领"规律。

龙海市中等收入阶层的农、林、牧、渔、水利业生产人员类别出身的子代流向商业工作人员类别的比例最高(22.4%),流向国家机关、党群组织、企业、事业单位负责人类别的比例居第二(10.2%);生产

---

① 李春玲:《中国城镇的社会流动》,社会科学文献出版社,1997,第63页。

工人、运输工人和有关人员类别出身的子代流向办事人员和有关人员类别的比例最高（27.3%），流向国家机关、党群组织、企业、事业单位负责人类别和专业技术人员类别及不便分类人员类别的比例居第二（18.2%）。龙海市低收入阶层的农、林、牧、渔、水利业生产人员类别出身的子代流向商业工作人员类别的比例最高（17%）；生产工人、运输工人和有关人员类别出身的子代流向办事人员和有关人员类别和不便分类人员类别的比例最高（20%）。在东南沿海县域中，商业工作人员类别是介于蓝领和白领之间的准蓝领和准白领的职业类别。上述数据显示：龙海市中等收入阶层及低收入阶层的代际职业流动基本上是由纯农业劳动者及蓝领向准蓝领、准白领，再向白领流动的，与国际惯例大致相同。当然，也不排除有一部分纯农业劳动者（10.2%）和蓝领（18.2%）直接"长距离流动"到国家机关、党群组织、企业、事业单位负责人类别中去。

（2）福清市中等收入阶层的办事人员和有关人员类别出身的子代流向国家机关、党群组织、企业、事业单位负责人类别的比例最高（28.6%）。龙海市中等收入阶层的专业技术人员类别出身的子代流向国家机关、党群组织、企业、事业单位负责人类别的比例最高（44.4%）。上述数据均符合"各职业阶层出身的子代在从父代职业阶层流出时大多都是流向邻近的职业阶层"的国际惯例。同时，龙海市中等收入阶层的商业工作人员类别出身的子代流向国家机关、党群组织、企业、事业单位负责人类别，专业技术人员类别，办事人员和有关人员类别和不便分类人员类别的比例相同（均为16.7%），其世袭率为33.3%，这是一个有趣的现象。这说明，龙海市中等收入阶层的商业工作人员类别出身的子代2/3流向了邻近的职业阶层且大多是向上流动（流向更好的职业类别）。至于龙海市中等收入阶层的专业技术人员类别出身的子代流向农、林、牧、渔、水利业生产人员类别的比例居第二（22.2%），虽与惯例不尽相同，但也有其道理，即农村户口和农民身份的相当一部分专业技术人员流向农、林、牧、渔、水利业生产人员类别后，大多成为这一类别的精英，成为农业生产的专业大户。这也说明了知识在农业生产和发家致富中的贡献越来越大。

四 东南沿海县域中等收入阶层代际职业流动的方向

在社会分层与流动研究中，代际职业流动往往被作为衡量一个社会开放程度的重要指标。流动率越高，社会开放程度越高；反之，则社会封闭程度越高。但是，代际的流动是有方向性的，可以向上流动，也可以向下流动。一般来说，随着社会的进步和经济的发展，往往会创造出大量新的职业类型和社会位置，为人们提供众多的上升机会，导致上向流动率的增加。那么，处于转型时期的福清市和龙海市其居民代际职业流动是何种状况呢？

在表6-11和表6-12中，前面①~⑤类的职业基本上是按照由高到低的顺序依次排列，而⑥~⑨类的职业排列则没有遵循由高到低的排列顺序。如果我们将表6-11和表6-12中的⑥~⑨类的职业由高到低依次排列为⑧、⑦、⑥、⑨（即警察及军人类别，生产工人、运输工人和有关人员类别，农、林、牧、渔、水利业生产人员类别，不便分类人员类别），根据此种排序，我们对表6-11和表6-12稍作修改，将表中的⑥、⑦、⑧行及列的数据按⑧、⑦、⑥顺序分别对调，然后计算得出：福清市中等收入阶层代际上向流动率为41.9%，代际下向流动率为28.3%；低收入阶层代际上向流动率为32.6%，代际下向流动率为34.8%。龙海市中等收入阶层代际上向流动率为42%，代际下向流动率为24%；低收入阶层代际上向流动率为44.9%，代际下向流动率为24.6%（见表6-18）。可见，除福清市低收入阶层的下向流动率略高于上向流动率外，两个县域其余的中等收入阶层和低收入阶层的上向流动率总体高于下向流动率，其代际职业流动的方向总体是向上流动的。但是，同2000年福清市农村数据及1993年中国城市数据相比，两个县域中等收入阶层及低收入阶层的上向流动率在攀升，其下向流动率也在攀升。这说明，在两个县域子代背离父代的流动中，向上移的比重在加大，而向下移的比重也在加大。这也间接说明，社会在为一部分人提供更多职业位置的同时，也堵塞或关闭了另一部分人的职业道路。

综合表6-11至表6-18可见，两个县域中等收入阶层代际流动状况如下：

表 6 – 11　福清市中等收入阶层及其父亲的职业分布情况

单位：份

福清市	父亲职业	样本对象现职									合计
		①	②	③	④	⑤	⑥	⑦	⑧	⑨	
中等收入阶层	①	7	5	0	1	1	1	0	0	2	17
	②	0	4	1	0	0	2	0	0	2	9
	③	4	2	3	0	0	2	1	1	1	14
	④	2	0	0	3	0	0	1	0	2	8
	⑤	1	0	0	2	0	0	0	0	3	6
	⑥	17	11	4	9	1	37	9	2	25	115
	⑦	1	2	1	4	0	0	1	1	3	13
	⑧	0	0	1	1	0	0	0	0	0	2
	⑨	1	2	0	1	0	0	1	0	2	7
	合计	33	26	10	21	2	42	13	4	40	191
低收入阶层	①	6	4	1	4	1	8	1	0	5	30
	②	2	6	3	2	0	3	1	0	8	25
	③	3	3	4	5	1	1	0	1	7	25
	④	2	2	0	6	3	0	3	0	5	21
	⑤	3	0	0	1	0	1	2	0	3	10
	⑥	19	11	14	25	6	120	30	1	67	293
	⑦	1	3	3	4	2	4	0	0	9	26
	⑧	0	0	1	0	0	1	0	0	1	3
	⑨	0	1	3	0	0	4	1	0	3	12
	合计	36	30	29	47	13	142	38	2	108	445

注：表格中的序号①～⑨分别代表九大职业类别。

表 6 – 12　龙海市中等收入阶层及其父亲的职业分布情况

单位：份

龙海市	父亲职业	样本对象现职									合计
		①	②	③	④	⑤	⑥	⑦	⑧	⑨	
中等收入阶层	①	7	3	4	0	0	1	1	0	1	17
	②	4	0	1	0	0	2	1	0	1	9
	③	0	0	1	2	0	0	0	0	1	4
	④	1	1	1	2	0	0	0	0	1	6

续表

龙海市	父亲职业	样 本 对 象 现 职									
		①	②	③	④	⑤	⑥	⑦	⑧	⑨	合计
中等收入阶层	⑤	0	1	0	0	<u>0</u>	0	0	0	0	1
	⑥	5	1	3	11	2	<u>21</u>	3	0	3	49
	⑦	2	2	3	1	0	0	<u>1</u>	0	2	11
	⑧	0	0	0	0	0	0	0	<u>0</u>	0	
	⑨	0	0	1	0	0	0	0	0	<u>2</u>	3
	合 计	19	8	14	16	2	24	6	0	11	100
低收入阶层	①	<u>5</u>	2	6	4	0	2	0	0	2	21
	②	2	<u>4</u>	3	3	1	3	1	0	6	23
	③	0	8	<u>9</u>	2	0	0	1	0	1	21
	④	0	3	2	<u>3</u>	1	0	0	0	7	16
	⑤	2	0	0	0	<u>3</u>	0	0	0	4	12
	⑥	10	15	16	32	7	<u>71</u>	15	2	20	188
	⑦	2	4	6	3	2	4	<u>3</u>	0	6	30
	⑧	0	0	0	1	0	0	0	<u>0</u>	0	1
	⑨	1	3	2	2	0	1	0	0	<u>0</u>	9
	合 计	22	39	44	53	14	81	20	2	46	321

注：表格中的序号①~⑨分别代表九大职业类别。

表 6-13 东南沿海县域中等收入阶层与低收入阶层代际职业流动率

单位：%

项 目	福清市		龙海市	
	中等收入阶层	低收入阶层	中等收入阶层	低收入阶层
代际职业总流动率	70.2	67.4	66.0	69.5
代际职业不流动率	29.8	32.6	34.0	30.5
结构流动率	42.4	34.2	28.0	36.4
循环流动率	27.8	33.2	38.0	33.1

表 6 - 14　福清市中等收入阶层不同职业间的代际流动率

单位：%

福清市		①	②	③	④	⑤	⑥	⑦	⑧	⑨
中等收入阶层	同职率	21.1	15.4	30.0	14.3	0	88.1	7.7	0	5.0
	世袭率	41.2	44.4	21.4	37.5	0	32.2	7.7	0	28.6
	流入率	78.9	84.6	70.0	85.7	100.0	11.9	92.3	100.0	95.0
	流出率	58.8	55.6	78.6	62.5	100.0	67.8	92.3	100.0	71.4
低收入阶层	同职率	16.7	20.0	13.8	12.8	0	84.5	0	0	2.8
	世袭率	20.0	24.0	16.0	28.6	0	41.0	0	0	25.0
	流入率	83.3	80.0	86.2	87.2	100.0	15.5	100.0	100.0	97.2
	流出率	80.0	76.0	84.0	71.4	100.0	49.0	100.0	100.0	75.0

注：表格中的序号①～⑨分别代表九大职业类别。

表 6 - 15　龙海市中等收入阶层不同职业间的代际流动率

单位：%

福清市		①	②	③	④	⑤	⑥	⑦	⑧	⑨
中等收入阶层	同职率	36.8	0	7.1	12.5	0	87.5	16.7	0	18.2
	世袭率	41.2	0	25.0	33.3	0	42.9	9.1	0	66.7
	流入率	63.2	100.0	92.9	87.5	100.0	12.5	83.3	100.0	81.8
	流出率	58.8	100.0	75.0	66.7	100.0	57.1	90.9	100.0	33.3
低收入阶层	同职率	22.7	10.3	20.5	5.7	21.4	87.7	15.0	0	0
	世袭率	23.8	17.4	42.9	18.8	25.0	37.8	10.0	0	0
	流入率	77.3	89.7	79.5	94.3	78.6	12.3	85.0	100.0	100.0
	流出率	76.2	82.6	57.1	81.2	75.0	62.2	90.0	100.0	100.0

注：表格中的序号①～⑨分别代表九大职业类别。

表 6 - 16　福清市中等收入阶层不同职业间的代际流出率

单位：%

福清市	父亲职业	样本对象现职									
		①	②	③	④	⑤	⑥	⑦	⑧	⑨	合计
中等收入阶层	①	41.2	29.4	0	5.9	5.9	5.9	0	0	11.8	100.0
	②	0	44.4	11.1	0	0	22.2	0	0	22.2	100.0
	③	28.6	14.3	21.4	0	0	14.3	7.1	7.1	7.1	100.0
	④	25.0	0	0	37.5	0	0	12.5	0	25.0	100.0

续表

福清市	父亲职业	样 本 对 象 现 职									
		①	②	③	④	⑤	⑥	⑦	⑧	⑨	合计
中等收入阶层	⑤	16.7	0	0	33.3	0	0	0	0	50.0	100.0
	⑥	14.8	9.6	3.5	7.8	0.9	32.2	7.8	1.7	21.7	100.0
	⑦	7.7	15.4	7.7	30.8	0	0	7.7	7.7	23.1	100.0
	⑧	0	0	50.0	50.0	0	0	0	0	0	100.0
	⑨	14.3	28.6	0	14.3	0	0	14.3	0	28.6	100.0
	合 计	17.3	13.6	5.2	11.0	1.0	22.0	6.8	2.1	20.9	100.0
低收入阶层	①	20.0	13.3	3.3	13.3	3.3	26.7	3.3	0	16.7	100.0
	②	8.0	24.0	12.0	8.0	0	12.0	4.0	0	32.0	100.0
	③	12.0	12.0	16.0	20.0	4.0	4.0	0	4.0	28.0	100.0
	④	9.5	9.5	0	28.6	14.3	0	14.3	0	23.8	100.0
	⑤	30.0	0	0	10.0	0	10.0	20.0	0	30.0	100.0
	⑥	6.5	3.8	4.8	8.5	2.0	41.0	10.2	0.3	22.9	100.0
	⑦	3.8	11.5	11.5	15.4	7.7	15.4	0	0	34.6	100.0
	⑧	0	0	33.3	0	0	33.3	0	0	33.3	100.0
	⑨	0	8.3	25.0	0	0	33.3	8.3	0	25.0	100.0
	合 计	8.1	6.7	6.5	10.6	2.9	31.9	8.5	0.4	24.3	100.0

注：表格中的序号①～⑨分别代表九大职业类别。表中最后一行为被访者（子代）的职业分布情况，由于只保留小数点后的一位数，因此最后一列的合计只能是约等于100%。

表6-17 龙海市中等收入阶层不同职业间的代际流出率

单位:%

龙海市	父亲职业	样 本 对 象 现 职									
		①	②	③	④	⑤	⑥	⑦	⑧	⑨	合计
中等收入阶层	①	41.2	17.6	23.5	0	0	5.9	5.9	0	5.9	100.0
	②	44.4	0	11.1	0	0	22.2	11.1	0	11.1	100.0
	③	0	0	25.0	50.0	0	0	0	0	25.0	100.0
	④	16.7	16.7	16.7	33.3	0	0	0	0	16.7	100.0
	⑤	0	100	0	0	0	0	0	0	0	100.0
	⑥	10.2	2.0	6.1	22.4	4.1	42.9	6.1	0	6.1	100.0
	⑦	18.2	18.2	27.3	9.1	0	0	9.1	0	18.2	100.0
	⑧	0	0	0	0	0	0	0	0	0	0
	⑨	0	0	33.3	0	0	0	0	0	66.7	100.0

续表

龙海市	父亲职业	样本对象现职									
		①	②	③	④	⑤	⑥	⑦	⑧	⑨	合计
	合　计	19.0	8.0	14.0	16.0	2.0	24.0	6.0	0	11.0	100.0
低收入阶层	①	23.8	9.5	28.6	19.0	0	9.5	0	0	9.5	100.0
	②	8.7	17.4	13.0	13.0	4.3	13.0	4.3	0	26.1	100.0
	③	0	38.1	42.9	9.5	0	0	4.8	0	4.8	100.0
	④	0	18.8	12.5	18.8	6.3	0	0	0	43.8	100.0
	⑤	16.7	0	0	25.0	25.0	0	0	0	33.3	100.0
	⑥	5.3	8.0	8.5	17.0	3.7	37.8	8.0	1.1	10.6	100.0
	⑦	6.7	13.3	20.0	10.0	6.7	13.3	10.0	0	20.0	100.0
	⑧	0	0	0	100	0	0	0	0	0	100.0
	⑨	11.1	33.3	22.2	22.2	0	11.1	0	0	0	100.0
	合　计	6.9	12.1	13.7	16.5	4.4	25.2	6.2	0.6	14.3	100.0

注：表格中的序号①～⑨分别代表九大职业类别。表中最后一行为被访者（子代）的职业分布情况，由于只保留小数点后的一位数，因此最后一列的合计只能是约等于100%。

表6-18　福清市、龙海市代际流动率与福清农村及中国城市的比较

单位：%

项　目	总流动率	上向流动率	下向流动率
福清市中等收入阶层（2008年）	70.2	41.9	28.3
福清市低收入阶层（2008年）	67.4	32.6	34.8
龙海市中等收入阶层（2008年）	66.0	42.0	24.0
龙海市低收入阶层（2008年）	69.5	44.9	24.6
福清农村（2000年）	45.0	31.8	13.2
中国城市（1993年）	47.3	35.8	11.5

资料来源：程丽香：《沿海农村的社会流动——来自福建省福清市18个村庄的调查》，《福建省社会主义学院学报》2003年第3期，第70页；许欣欣：《当代中国社会结构变迁与流动》，社会科学文献出版社，2000，第255页。

　　首先，从代际职业流动总体情况看。两个县域中等收入阶层与低收入阶层的代际职业流动率都很高。2008年福清市中等收入阶层代际职业总流动率为70.2%，低收入阶层代际职业总流动率为67.4%；龙海市中等收入阶层代际职业总流动率为66%，低收入阶层代际职业总流动率为69.5%。两个县域居民的高代际职业流动率在很大程度上是由于县域所有制结构和产业结构的调整及县域工业化和城镇化建设所产生的结构性流动与自由流动相交叉的结果。

其次，从不同职业间的代际流动率看。福清市中等收入阶层中作为白领的专业技术人员类别和国家机关、党群组织、企业、事业单位负责人类别其"子承父业"现象较为明显。换句话说，福清市中等收入阶层中的白领职业类别阶层复制现象相对明显。而在农、林、牧、渔、水利业生产人员类别中"子承父业"现象约占1/3，其余职业类别的子代则多已背离其父代的职业。在福清市低收入阶层中有41%的农、林、牧、渔、水利业生产人员类别的子女仍在"子承父业"；作为白领的专业技术人员类别、国家机关、党群组织、企业、事业单位负责人类别和办事人员和有关人员类别世袭率不高，这大概是由于从事白领工作需要更高的教育水平；作为服务性工作人员类别、警察及军人类别及生产工人、运输工人和有关人员类别，其代际世袭率为0，说明在这三个类别中子代完全没有继承父代的职业。

龙海市中等收入阶层中42.9%的农、林、牧、渔、水利业生产人员类别的子女和41.2%的国家机关、党群组织、企业、事业单位负责人类别的子女仍在"子承父业"，其余职业类别的子代大多背离了父亲的职业。而在龙海市低收入阶层中有42.9%的办事人员和有关人员类别的子女和37.8%的农、林、牧、渔、水利业生产人员类别的子女在"子承父业"；其余职业类别的代际世袭率较低，个别类别甚至为0。这说明，这些职业类别的样本对象大多数背离了父亲的职业。

再次，从不同职业间的代际流出率看。福清市中等收入阶层和低收入阶层的社会流动更多的是逆向流动，例如农、林、牧、渔、水利业生产人员类别或者生产工人、运输工人和有关人员类别出身的子代流向不便分类人员类别属于逆向流动现象。值得一提的是，福清市中等收入阶层的农、林、牧、渔、水利业生产人员类别出身的子代还有14.8%流向国家机关、党群组织、企业、事业单位负责人类别，这属于"长距离流动"范畴，因为中间跨越了蓝领、底层白领两个等级，直接流向高层白领。但是，福清市中等收入阶层中"生产工人、运输工人和有关人员类别出身的子代流向商业工作人员类别的比例最高"这一现象，则符合国际惯例的"蓝领大多流向白领"规律。

龙海市中等收入阶层及低收入阶层的代际职业流动基本上是由纯农业劳动者及蓝领向准蓝领、准白领，再向白领流动的，与国际惯例大致相同。当然，也不排除有一部分纯农业劳动者（10.2%）和蓝领（18.2%）直接"长距离流动"到国家机关、党群组织、企业、事业单位负责人类别中去。

最后，从代际职业流动的方向看。福清市中等收入阶层代际上向流动率为41.9%，代际下向流动率为28.3%；低收入阶层代际上向流动率为32.6%，代际下向流动率为34.8%。龙海市中等收入阶层代际上向流动率为42%，代际下向流动率为24%；低收入阶层代际上向流动率为44.9%，代际下向流动率为24.6%。如果同2000年福清市农村数据及1993年中国城市数据相比，两个县域中等收入阶层及低收入阶层的上向流动率在攀升，其下向流动率也在攀升。这说明，在两个县域子代背离父代的流动中，向上移的比重在加大，而向下移的比重也在加大。这也间接说明，社会在为一部分人提供更多职业位置的同时，也堵塞或关闭了另一部分人的职业道路。

第三节　县域中等收入阶层社会流动机制分析

当代中国的社会流动，整体上受制于个人层面上的社会结构和国家制度安排。结构的调整往往改变了社会流动的格局、方向和机会；而不同的制度配置与国家意志，不但可以消灭或催生某些社会阶层，也可以通过对某些社会通道的开放或关闭来促使某些社会群体向上或向下流动。但从个体的角度看，社会流动也是每一社会个体或群体享有不同社会阶层地位的原因，除了宏观的结构—制度因素的影响外，还有自身拥有的社会资源以及运作这些资源的能力和效果。通常，人们总是要利用这些至关重要的因素，在既定制度架构中开辟获益渠道，谋取相应的社会地位。资源拥有和运作能力因人而异，社会地位的升降际遇也就不尽相同①。社会流动机制的分析，指的是对影响人们社会流动和获得一定社会地位的相关因素的考

---

① 陆学艺主编《当代中国社会流动》，社会科学文献出版社，2004，第180页。

察①。社会学对社会流动的关注，更多的是探究流动的原因和结果。在关于流动的原因方面，社会学家普遍关注的是，究竟是社会个体自己后天获得的资源影响了其社会流动，还是其先天继承的资源影响着他的社会流动。前者被称为"后致性因素"，后者被称为"先赋性因素"。本课题将在Backward多元回归分析方法的基础上建立东南沿海县域中等收入阶层的"职业地位获得模型"，并以此来判断各类因素的影响力的大小。

一　职业地位获得分析模型与变量设定②

（一）职业地位获得分析模型

本课题将职业地位作为因变量，将先赋因素、后致因素和制度因素作为自变量，以此研究父亲的职业地位经由社会传承而对子女的职业地位所产生的影响，同时也考察子女初职地位对现职地位获得的影响力。职业地位获得分析模型如图6-1所示。不同的制度背景对社会成员的地位获得具有不同程度的影响，考虑到样本数量问题，因此，本课题在分析样本对象初职地位和现职地位获得时先分两个时段进行比较，即以1978年前参加工作和1978年后参加工作进行比较，再将中等收入阶层与低收入阶层进行比较。

（二）变量设定

1. 因变量

（1）职业地位。本课题根据九大职业类别对职业进行大致的等级划分。我们把职业地位等级定义为这样一个由低到高的序列：不便分类人员 =1；农、林、牧、渔、水利业生产人员 =2；运输工人和有关人员 =3；商业工作人员、服务性工作人员 =4；办事人员和有关人员 =5；专业技术人员 =6；国家机关、党群组织、企业、事业单位负责人 =7③。

---

① 陆学艺主编《当代中国社会流动》，社会科学文献出版社，2004，第181页。
② 本部分参照陆学艺课题组的方法。参见陆学艺主编《当代中国社会流动》，社会科学文献出版社，2004，第182～186页。
③ 参见表4-2，由于两个县域"警察及军人"样本数太少，本课题在此忽略这一类别；同时，"商业工作人员"与"服务性工作人员"类别的样本数不是太多，我们将这两个类别合并在一起分析。

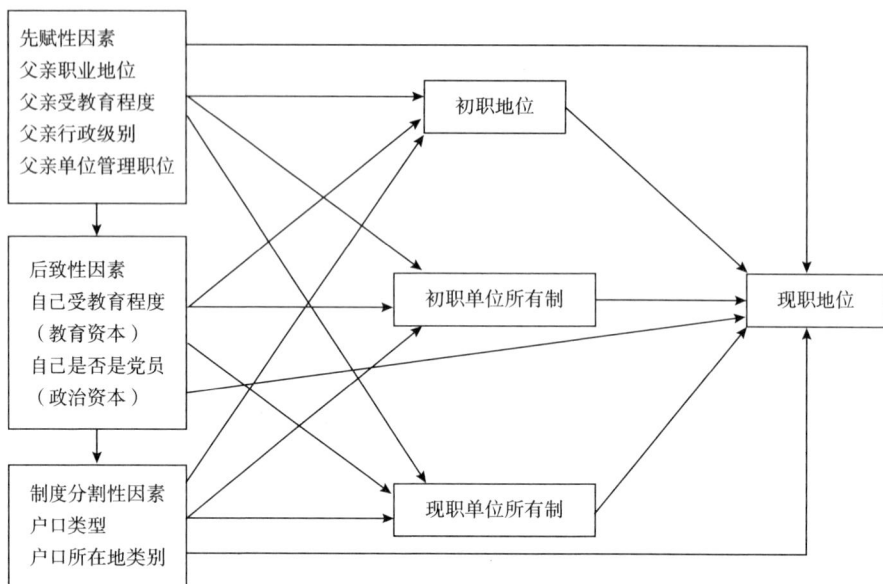

图 6－1　职业地位获得分析模型

2. 自变量

（1）父亲职业地位。以往的研究显示，父亲职业地位对于子女的地位获得是一个极为重要的先赋性因素。在本课题中，这一变量的具体测量指标为"18 岁时父亲的职业地位"，具体赋值同上。

（2）父亲、自己受教育程度。这里我们把受教育程度作为定序变量处理，具体赋值为：没有学历＝1，初小＝2，小学＝3，初中＝4，高中或职高＝5，中专＝6，大专＝7，大学本科＝8，硕士＝9。在本课题中，父亲受教育程度被视为先赋性因素，自己受教育程度被视为后致性因素。

（3）父亲、自己的行政级别。这里我们把个人行政级别作为定序变量处理，具体赋值为：没有级别＝1，科员＝2，股级＝3，科级＝4，县处团级＝5，地市局级以上＝6。在本课题中，父亲的行政级别被视为先赋性因素，自己的行政级别被视为后致性因素。由于问卷中此项数据丢失值太大，因此没有导入到回归方程中。

（4）父亲、自己的单位管理职位。这里我们把个人单位管理职位作为定序变量处理，具体赋值为：非管理人员＝1，基层管理人员＝2，中层管理人员＝3，最高层管理人员＝4。在本课题中，父亲的单位管理职位被视为先赋性因素，自己的单位管理职位被视为后致性因素。由于问卷中此项数据丢失值太大，因此没有导入到回归方程中。

（5）父亲、自己的户口类别。这里我们将户口类别设为虚拟变量，具体赋值为：非农业户口 = 1，农业户口 = 0。在本课题中，父亲的户口类型被视为先赋性因素，自己的户口类型被视为制度性因素，引入这一变量是为了考察制度性因素对地位获得的影响。

（6）自己的单位所有制。单位所有制在中国有特殊的意义，通常被视为制度性因素，不同的单位所有制决定了单位制中的人享有不同的资源。这里我们把单位所有制视为定序变量，从低到高依次为：私营（含家庭经营、个体及三资） = 1，集体 = 2，全民 = 3。

（7）自己的就业地点。这里我们将就业地点作为定序变量处理，具体赋值为：本村 = 1，本县城镇 = 2，省内外地 = 3，省外 = 4，国外 = 5。

（8）自己的月收入，这是一个定距变量。

（9）是不是共产党员。共产党员是区别中国人身份和政治地位的一个极其重要的指标，它既代表后致性因素，也标志一定含量的"政治资本"。这里我们将党员身份类别设为虚拟变量，具体赋值为：共产党员 = 1，非共产党员 = 0。

（10）户口所在地类别。这也是一个制度性因素变量。这里我们把户口所在地类别也作为定序变量处理，具体赋值为：本镇、街道 = 1，本市的其他镇、街道 = 2，本省的其他县、市、区 = 3，外省、直辖市、自治区 = 4。

（11）年龄。这是一个定距变量。

（12）性别。这是一个虚拟变量，具体赋值为：男性 = 1，女性 = 0。

二 职业地位的获得

（一）初职地位获得的影响因素

1. 两个县域样本对象 1978 年前后初职地位获得的影响因素比较

表 6 – 19 显示，两个县域样本对象 1978 年前后初职地位获得的影响因素差异较大。

表 6 - 19　两个县域全部样本对象 1978 年前后初职地位获得模型（标准回归系数）

年份 类别	福清市		龙海市	
	1978 年前	1978 年后	1978 年前	1978 年后
18 岁时父亲的学历			0.299**	0.149*
初职时自己的学历	0.252**	0.309***	0.377***	0.307**
初职时就业的单位所有制	0.247**	0.272***	0.216*	0.312***
初职时的月收入		0.144**		0.178*
自己是不是共产党员（党员＝1）	0.221**	0.263***		0.166*
自己的户口类别（非农＝1）	0.183*			
自己的户口所在地			0.282*	
家人是否有人出国（出国＝1）	0.125+			
年龄	0.165*		0.344***	
性别（男＝1）		-0.125*		
R^2	0.496	0.394	0.610	0.499
F	19.363	27.613	21.968	21.677
N	113	206	68	105

注：***$P<0.001$；**$P<0.01$；*$P<0.05$；+$P<0.10$。

首先，我们比较福清市样本对象 1978 年前后初职地位获取的影响因素。福清市样本对象 1978 年前初职地位获取的影响因素排序为：初职时自己的学历、初职时就业的单位所有制、自己是不是共产党员、自己的户口类别、年龄以及家人是否有人出国；福清市样本对象 1978 年后初职地位获取的影响因素排序为：初职时自己的学历、初职时就业的单位所有制、自己是不是共产党员、初职时的月收入、性别。可见，后致性因素如初职时的教育资本（学历）以及政治资本（是不是共产党员）是决定福清市样本对象初职地位获取的很重要因素。同时，单位所有制也是决定福清市样本对象初职地位获取的很重要因素。需要说明的是，福清市是我国东南沿海县域的主要侨乡之一，改革开放以前，侨汇对侨乡居民家庭的影响是很大的，它不仅影响侨乡居民的家庭生活状况，而且也一定程度上影响了侨乡居民的职业地位获取。

其次，我们比较龙海市样本对象 1978 年前后初职地位获取的影响因素。龙海市样本对象 1978 年前初职地位获取的影响因素排序为：初职时自己的学历、年龄、18 岁时父亲的学历、自己的户口所在地、初职时就业的单位所有制；龙海市样本对象 1978 年后初职地位获取的影响因素排序为：初职时就业的单位所有制、初职时自己的学历、初职时的月收入、自己是不是共产党员、18 岁时父亲的学历。可见，像学历这样的后致性因素依然是决定龙海市样本对象初职地位获取的很重要因素。同时，对于 1978 年前初职地位获取的龙海市样本对象而言，先赋性因素如 18 岁时父亲的教育资本以及样本对象的年龄影响也很大；而对于 1978 年后初职地位获取的龙海市样本对象而言，初职时就业的单位所有制是最主要的影响因素。

值得一提的是，初职时的月收入也是影响两个县域样本对象 1978 年后初职地位获取的一个主要因素，而对 1978 年前初职地位的获取则不产生影响。这可以解释为：改革开放前我国居民收入相对均等，经济资本对人们的职业地位获取没什么影响；而改革开放后随着居民收入差距的逐步拉大，经济资本对人们职业地位获取的影响也在增强。表 6 - 19 显示，初职时的月收入对 1978 年后参加工作的福清市样本对象的影响比龙海市更显著，这也呼应了第五章的分析结果，即福清市居民收入差距大于龙海市。另外，像户口类别以及户口所在地这样的制度分割性因素对两个县域样本对象 1978 年前的初职地位获取也有一定的影响。

2. 两个县域中等收入阶层与低收入阶层之间初职地位获得的影响因素比较

表 6 - 20 显示，两个县域中等收入阶层与低收入阶层之间初职地位获得的影响因素差异较大。

首先，我们比较福清市中等收入阶层与低收入阶层之间初职地位获取

表 6 - 20　两个县域中等收入阶层与低收入阶层初职地位获得模型（标准回归系数）

年份 类别	福清市		龙海市	
	1978 年前	1978 年后	1978 年前	1978 年后
18 岁时父亲的学历		- 0. 101 +		0. 255 * *
初职时自己的学历		0. 297 * * *	0. 333 *	0. 488 * * *
初职时自己的户口类别（非农 = 1）			0. 355 *	- 0. 300 +
初职时就业的单位所有制		0. 359 * * *		0. 291 * * *
初职时的月收入		0. 157 * *		
自己是不是共产党员（党员 = 1）	0. 403 * * *	0. 120 *		
自己的户口类别（非农 = 1）	0. 190 *	0. 163 *		0. 287 *
家人是否有人出国（出国 = 1）		0. 090 +		

续表

类别＼年份	福清市		龙海市	
	1978 年前	1978 年后	1978 年前	1978 年后
年龄	0.191 $^+$		0.459 **	0.135 $^+$
性别（男 = 1）	− 0.160 $^+$			
R^2	0.480	0.434	0.545	0.514
F	14.537	20.636	12.065	24.057
N	89	206	38	132

注：$***P < 0.001$；$**P < 0.01$；$*P < 0.05$；$+P < 0.10$。

的影响因素。福清市中等收入阶层初职地位获取的影响因素排序为：自己是不是共产党员、自己的户口类别、年龄、性别；福清市低收入阶层初职地位获取的影响因素排序为：初职时就业的单位所有制、初职时自己的学历、初职时的月收入、自己的户口类别、自己是不是共产党员、18 岁时父亲的学历、家人是否有人出国。可见，福清市中等收入阶层初职地位获取的最主要影响因素是后致性因素的政治资本；福清市低收入阶层初职地位获取的最主要影响因素是初职时的单位所有制、初职时的学历以及初职时的月收入。当然，像制度分割性因素的户口类别对福清市中等收入阶层与低收入阶层初职地位的获取也产生一定的影响。

其次，我们比较龙海市中等收入阶层与低收入阶层之间初职地位获取的影响因素。龙海市中等收入阶层初职地位获取的影响因素排序为：年龄、初职时自己的户口类别、初职时自己的学历；龙海市低收入阶层初职地位获取的影响因素排序为：初职时自己的学历、初职时就业的单位所有制、18 岁时父亲的学历、自己的户口类别、初职时自己的户口类别、年龄。可见，年龄、初职时的户口类别以及初职时的教育资本对龙海市中等收入阶层初职地位获取均产生了显著影响；而初职时的教育资本、18 岁时父亲的教育资本以及初职时的单位所有制对龙海市低收入阶层初职地位获取产生了很显著的影响，且像制度分割性因素的户口类别对龙海市低收入阶层初职地位获取也产生了较为显著的影响。

（二）现职地位获得的影响因素

1. 两个县域样本对象 1978 年前后现职地位获得的影响因素比较

表 6 - 21 显示，两个县域样本对象 1978 年前后现职地位获得的影响因素既有相同之处也存在差异。

首先，我们比较福清市样本对象 1978 年前后现职地位获取的影响因素。福清市样本对象 1978 年前现职地位获取的影响因素排序为：现职时就

表 6 - 21　两个县域全部样本对象 1978 年前后现职地位获得模型（标准回归系数）

年份 类别	福清市		龙海市	
	中等收入阶层	低收入阶层	中等收入阶层	低收入阶层
18 岁时父亲的职业地位		0.122**	− 0.518***	0.230***
18 岁时父亲的学历	0.105*		1.286***	
18 岁时父亲的户口类别（非农 = 1）			0.281**	− 0.096+
现职时自己的户口类别（非农 = 1）	− 0.328***			
现职时自己的学历	0.133*	0.165**		0.183**
现职时就业的单位所有制	1.092***	0.416***		0.499***
现职时的就业地点		0.155***		
自己是不是共产党员（党员 = 1）		0.173***	− 0.338**	0.080+
自己的户口所在地				0.104*
年龄			0.297**	
性别（男 = 1）				− 0.091*
R^2	0.934	0.485	0.978	0.550
F	128.639	58.630	99.372	39.797
N	37	307	12	254

注：***$P < 0.001$；**$P < 0.01$；*$P < 0.05$；+$P < 0.10$。

业的单位所有制、现职时自己的户口类别、现职时自己的学历、18 岁时父亲的学历；福清市样本对象 1978 年前现职地位获取的影响因素排序为：现职时就业的单位所有制、自己是不是共产党员、现职时的就业地点、现职时自己的学历、18 岁时父亲的职业地位。可见，现职时就业的单位所有制是福清市样本对象 1978 年前后现职地位获取的最主要影响因素，同时，现职时的学历也对样本对象的现职地位获取产生显著影响，这是二者相同的方面。二者的差异在于：制度分割性因素的"现职时自己的户口类别"是前者很重要的影响因素；而后致性因素的"自己是不是共产党员"以及现

职时的就业地点是后者很重要的影响因素，当然，先赋性因素的父亲职业地位对后者也有显著影响。总体而言，后致性因素和制度性因素对福清市样本对象的现职地位获取影响较大。

其次，我们比较龙海市样本对象 1978 年前后现职地位获取的影响因素。龙海市样本对象 1978 年前现职地位获取的影响因素排序为：18 岁时父亲的学历、18 岁时父亲的职业地位、自己是不是共产党员、年龄、18 岁时父亲的户口类别；龙海市样本对象 1978 年后现职地位获取的影响因素排序为：现职时就业的单位所有制、18 岁时父亲的职业地位、现职时自己的学历、自己的户口所在地、性别、18 岁时父亲的户口类别、自己是不是共产党员。可见，先赋性因素如父亲的教育资本、职业地位、户口类别以及后致性因素如样本对象的政治资本、学历等对二者具有显著的影响和作用。当然，对后者而言，体制性因素如现职时就业的单位所有制的影响最显著。

2. 两个县域中等收入阶层与低收入阶层之间现职地位获得的影响因素比较

表 6 - 22 显示，两个县域中等收入阶层与低收入阶层之间现职地位获得的影响因素差异较大。

首先，我们比较福清市中等收入阶层与低收入阶层之间现职地位获取的影响因素。福清市中等收入阶层现职地位获取的影响因素排序为：现职时自己的户口类别、现职时就业的单位所有制、初职时自己的户口类别、18 岁时父亲的职业地位；福清市低收入阶层现职地位获取的影响因素排序为：现职时就业的单位所有制、自己是不是共产党员、现职时的就业地点、现职时自己的月收入、18 岁时父亲的户口类别、现职时自己的学历、初职时自己的户口类别。可见，制度分割性因素如现职时自己的户口类别、初职时自己的户口类别以及体制性因素如现职时就业的单位所有制对

表 6 - 22　两个县域中等收入阶层与低收入阶层现职地位获得模型（标准回归系数）

年份 类别	福清市		龙海市	
	1978 年前	1978 年后	1978 年前	1978 年后
18 岁时父亲的职业地位	0.229*		0.260**	0.189*
18 岁时父亲的户口类别（非农 =1）		0.164*		
初职时自己的户口类别（非农 =1）	- 1.278**	- 0.146+		- 0.435*

续表

年份 类别	福清市		龙海市	
	1978 年前	1978 年后	1978 年前	1978 年后
初职时自己的月收入			- 0.387 * *	
现职时自己的户口类别（非农 = 1）	1.329 * * *			
现职时就业的单位所有制	0.626 * * *	0.355 * * *		0.410 * * *
现职时的就业地点		0.244 * *		
现职时自己的月收入		- 0.296 *		
现职时自己的学历		0.159 +	0.454 * * *	
自己是不是共产党员（党员 = 1）		0.343 * * *	0.185 *	0.301 * *
自己的户口类别（非农 = 1）				0.416 *
年龄			0.196 *	
R^2	0.477	0.557	0.873	0.477
F	14.909	17.367	25.658	15.114
N	62	105	26	94

注：* * * $P < 0.001$；* * $P < 0.01$；* $P < 0.05$；+ $P < 0.10$。

二者的影响和作用显著。当然，二者之间也存在一些差异。例如，先赋性因素如18岁时父亲的职业地位对前者也具有一定的影响，而样本对象的政治资本如自己是不是共产党员则对后者的作用更强、更显著。同时，样本对象现职时的就业地点和现职时自己的月收入对福清市低收入阶层的影响亦不容忽视。

其次，我们比较龙海市中等收入阶层与低收入阶层之间现职地位获取的影响因素。龙海市中等收入阶层现职地位获取的影响因素排序为：现职时自己的学历、初职时自己的月收入、18岁时父亲的职业地位、年龄、自己是不是共产党员；龙海市低收入阶层现职地位获取的影响因素排序为：现职时就业的单位所有制、自己是不是共产党员、初职时自己的户口类别、18岁时父亲的职业地位。可见，龙海市中等收入阶层现职时的学历、初职的月收入以及18岁时父亲的职业地位是影响其现职地位获取的主要因素，与此同时，年龄和政治资本对其职业地位的获取也有一定影响；而龙海市低收入阶层的单位所有制和政治资本是影响其现职地位获取的主要因素，除此之外，制度分割性因素如户口类别以及先赋性因素如18岁时父亲的职业地位对其职业地位获取也具有影响。综上可见，福清市和龙海市中等收入阶层初职地位获取与现职地位获取的主要影响因素有：

首先，福清市中等收入阶层初职地位获取的最主要影响因素是后致性因素的政治资本（自己是不是共产党员）。同时，制度分割性因素（户口类别）对其初职地位的获取也产生一定的影响。

其次，福清市中等收入阶层现职地位获取的主要影响因素是制度分割性因素（现职时的户口类别、初职时的户口类别）和体制性因素（现职时就业的单位所有制）。同时，先赋性因素（18岁时父亲的职业地位）对其职业地位获取也具有一定的影响。

再次，龙海市中等收入阶层初职地位获取的主要影响因素是年龄、初职时的户口类别以及初职时的学历。

最后，龙海市中等收入阶层现职地位获取的主要影响因素是学历、初职的月收入以及18岁时父亲的职业地位。同时，年龄和政治资本对其职业地位的获取也有显著影响。

总之，后致性因素与制度性因素交织地影响着福清市和龙海市中等收入阶层初职地位的获得。但是，福清市中等收入阶层现职地位的获得主要是由制度性因素、体制性因素以及先赋性因素决定的，而龙海市中等收入阶层现职地位的获得则是后致性因素与先赋性因素共同作用的结果。本课题的研究成果也印证了陆学艺课题组的研究结论，即制度性安排与代际传承作为先赋性因素交织地影响着人们的地位获得，教育资本与政治资本作为后致性因素支撑着人们的地位提升①。

---

① 陆学艺主编《当代中国社会结构》，社会科学文献出版社，2010，第208~209页。

第七章

县域中等收入阶层的阶层意识与社会心态

　　社会学界普遍关注中国市场经济转型与分层结构变化。然而，对于分层结构特征以及分层机制变化等方面的探讨，学者们主要是从客观方面进行的，对主观层面的阶层意识和社会心理层面的社会态度则关注不多；且已有的研究关注视角多为城市居民的阶层意识和宏观层面的中国社会心态调查或某个群体的社会心态调查，而较少考虑到县域居民的阶层意识与社会心态。例如，刘欣关注转型期中国大陆城市居民的阶层意识，郑晨关注广州市居民的阶层归属意识及其成因分析，中国社会科学院"当代中国人民内部矛盾研究"课题组同样关注城市人口的阶层认同现状及影响因素，类似的研究还有王俊秀、杨宜音、陈午晴所作的《中国社会心态调查报告》，重庆市总工会课题组所作的《重庆市农民工社会心态和发展愿望专题调研报告》等。东南沿海县域市场转型速度较快，分层结构变化较为急剧。目前，这一区域中等收入阶层和低收入阶层的主观分层标准是什么？他们对阶层地位认同如何？他们与各自的客观经济地位是否一致？他们对经济地位获取的实然及应然判断怎样？他们对贫富差距的社会感受以及对社会不公平现象的容忍度如何？他们对群际关系以及对阶层利益矛盾和冲突的看法如何？其化解策略又如何？这些阶层意识和社会心态对协调当前各阶层之间的关系以及构建和谐的区域社会秩序又有怎样的作用？本章试图从理论层面和实践层面对上述问题作出回答。

第一节 县域中等收入阶层的阶层意识

社会阶级或阶层的区分通常是以一些客观的社会经济指标来加以确定的，但是，依据客观指标分类出阶级或阶层，是否具有或形成共同的阶级阶层意识、相互的群体认同以及一致的社会政治态度，并在此基础上产生阶级阶层行动，这是阶级阶层研究中的一个重要问题，是阶级阶层分析家们最关心的问题，同时也是阶级阶层研究领域中争论最激烈的问题①。例如，马克思和韦伯等人从一开始就指出社会分层绝不仅仅是一种纯粹的客观现象，它与人们的主观意识有着密切的联系。马克思指出，只有当工人阶级对自己的阶级地位和阶级利益有了充分的觉悟后，才会从"自在阶级"转化为"自为阶级"②。马克思在此强调的乃是一种主观的"阶级意识"（class consciousness），这种阶级意识概念的基础是强调不同社会群体间直接、尖锐的利益冲突的阶级分析理论。阶级意识作为阶级地位和利益在思想意识上的反映，无论在冲突理论还是功能理论中，都是研究社会结构、社会阶层以及阶级认同、冲突与变革等问题的枢纽和关键，并且学界已经形成这样一个共识：阶级意识是阶级形成的主要标志③。

何谓阶级或阶层意识？新马克思主义理论家卢卡奇曾界定："阶级意识既不是组成阶级的单个人所思考或感觉的东西的总合，也不是其平均数。而且整个阶级在历史上有意义的活动，最终是由这种意识所决定的，而不是由个人的思想所决定的——这些行动只能根据这种意识来理解。"④安东尼·吉登斯认为，阶级认识并不表明阶级成员有能动的自我群体的认同以及有排他的倾向，它是阶级成员间因共同生活背景而自然产生出相似性的价值体系和行为方式。而阶级意识则有明确的共同体的心理边界，是

---

① 李春玲：《断裂与碎片——当代中国社会阶层分化实证分析》，社会科学文献出版社，2005，第 265 页。
② 《马克思恩格斯全集》第 4 卷，人民出版社，1972，第 693 页。
③ 沈瑞英：《"自在"或"自为"：中产阶级与阶级意识》，《上海大学学报》（社会科学版）2010 年第 1 期，第 19 页。
④ 〔匈〕卢卡奇：《历史与阶级意识》，王伟光等译，华夏出版社，1989，第 51 页。

必须区分"我们"和"他们"的[①]。麦克尔·曼也曾在《西方工人阶级的意识与行动》中认为，成熟的阶级意识包含递进发展的四个要素：阶级认同——阶级对抗——阶级总体性（个人处于的整体社会环境）——替代社会（指人们伴随着对抗和斗争走向的目标）。而真正的革命意识是这四个要素的总和[②]。米尔斯则认为："阶级意识应当包括：（1）一个人对本阶级利益的合理认识和认同；（2）对其他阶级的非法利益的认识及反对；（3）对运用集体政治手段达到集体政治目的以实现自我利益的认识及与此相关的行动准备。"[③] 美国社会学家丹尼斯·吉尔伯特和约瑟夫·A. 卡尔则指出："阶级意识是指一种由生产关系规定的对某个群体成员资格的知觉，一种对于这一共同身份产生共同利益和共同命运的感觉，以及一种为谋求阶级利益而采取集体行动的倾向。马克思在其著作中的某些地方指出，一个群体，只有当其成员感受到这样一种意识时，才能被定义为一个阶级。另外，马克思细致地区分了自在的阶级和自为的阶级的差别。"[④]

与之相对应，受韦伯多维社会分层思想影响的学者们则更愿意将与社会分层相联系的主观意识称为一种"阶级意识"（strata consciousness）[⑤]。例如，国内学者刘欣认为，阶层意识并非一个集体意识的概念，它指的是居于一定社会阶层地位的个人对社会不平等状况及其自身所处的社会经济地位的主观意识、评价和感受。它所强调的是个体的心理和意识状态，并非仅仅建立在物质经济利益的基础之上，各种经济、权力、文化、技术资源的不平等分配，都可以成为这种意识的基础。具体说来，阶层意识概念的操作定义包括以下几个方面的内容：①人们是否有阶层认知，也就是人们是否意识到自己所处的社会存在着不平等的地位结构；②如果有阶层认

① Giddens, *The Class Structure of The Advanced Societies*, London：Hutchinson & Co. Ltd. 1973, pp. 112 - 113. 转引自沈瑞英《"自在"或"自为"：中产阶级与阶级意识》，《上海大学学报》（社会科学版）2010 年第 1 期，第 20 页。

② Mann, *Consciousness and Action among the Western Working Class*, London：Macmillan, 1973, p. 13. 转引自沈瑞英《"自在"或"自为"：中产阶级与阶级意识》，《上海大学学报》（社会科学版）2010 年第 1 期，第 20 页。

③ C. 莱特·米尔斯：《白领：美国的中产阶级》，周晓虹译，南京大学出版社，2006，第259 页。

④ 〔美〕丹尼斯·吉尔伯特、〔美〕约瑟夫·A. 卡尔：《美国阶级结构》，彭华民、齐善鸿等译，中国社会科学出版社，1992，第 289 页。

⑤ 中国社会科学院"当代中国人民内部矛盾研究"课题组：《城市人口的阶层认同现状及影响因素》，《中国人口科学》2004 年第 5 期，第 19 页。

知的话，人们观念中划分阶层地位高低的主要依据是什么？③人们是否把自己归属于不同的社会阶层？①

本课题赞同刘欣的观点，并以其操作定义的内容对东南沿海县域中等收入阶层与低收入阶层的阶层意识从以下四个方面展开分析：一是阶层差异的主观判断标准比较；二是阶层地位的自我认同比较；三是经济地位获取的实然及应然判断比较；四是对经济不平等的合理性认识和容忍程度比较。

一　阶层差异的主观判断标准比较

如文献回顾部分所述，德国社会学家马克斯·韦伯认为社会阶层的划分有三重标准：财富——经济标准，权力——政治标准，声望——社会标准，这被称为三位一体的分层理论，并被西方学者广泛推崇。刘欣认为："对中国社会作阶层分析时，学者们常常不顾研究对象的价值取向，套用对西方社会适用的分层'标准'，为中国社会成员贴上分类标签。然而，阶层地位的基础是多元的，任何社会资源的不平等分配，都可以表现为阶层差异；而社会资源之有价性的程度是同一定社会的制度安排和价值观念相联系的。人们观念中阶层划分的标准体现着一个社会对不同资源重要性程度的评价。在进行阶层分析时，若将这些评价同那些客观分层指标结合起来，则会更准确地揭示一个社会的阶层结构。"② 那么，东南沿海县域中等收入阶层观念中的阶层划分标准又如何呢？它与刘欣对武汉城市居民的研究成果是否一致？

为了评价不同资源的重要性程度，本课题设计了"您认为阶层之间的最大差别在哪些方面？"这一开放式问题。我们运用 SPSS 13.0 对调查数据进行多选项分类法的交叉列联统计，得出表 7-1，并在表 7-1 的基础上得出表 7-2。

表 7-1 和表 7-2 显示：①在福清市中等收入阶层与低收入阶层的观

---

① 刘欣：《转型期中国大陆城市居民的阶层意识》，《社会学研究》2001 年第 3 期，第 9~10 页。
② 刘欣：《转型期中国大陆城市居民的阶层意识》，《社会学研究》2001 年第 3 期，第 10 页。

表 7 - 1　"您认为阶层或阶级之间最大的差别在哪些方面？"（选三项，并排序）

单位：%

选　项	福清市				龙海市			
	中等收入阶层		低收入阶层		中等收入阶层		低收入阶层	
	频数	占比	频数	占比	频数	占比	频数	占比
金钱或财富	172	82.3	408	81.9	77	70.6	240	69.0
社 会 地 位	60	28.7	161	32.3	36	33.0	119	34.2
权　　力	64	30.6	168	33.7	28	25.7	82	23.6
教 育 水 平	45	21.5	82	16.5	27	24.8	88	25.3
家 庭 出 身	12	5.7	44	8.8	8	7.3	38	10.9
职　　业	27	12.9	70	14.1	25	22.9	75	21.6
生 活 方 式	44	21.1	80	16.1	18	16.5	52	14.9
消 费 水 平	38	18.2	101	20.3	20	18.3	63	18.1
住　　房	27	12.9	58	11.6	16	14.7	32	9.2
道 德 修 养	28	13.4	36	7.2	14	12.8	55	15.8
其　　他	9	4.3	10	2.0	4	3.7	5	1.4

注：福清市中等收入阶层有效样本数为 209 份，低收入阶层为 498 份；龙海市中等收入阶层有效样本数为 109 份，低收入阶层为 348 份。

表 7 - 2　阶层差异的主观判断标准排序

单位：%

由高至低排序	福清市		龙海市	
	中等收入阶层	低收入阶层	中等收入阶层	低收入阶层
1	金钱或财富（82.3）	金钱或财富（81.9）	金钱或财富（70.6）	金钱或财富（69.0）
2	权力（30.6）	权力（33.7）	社会地位（33.0）	社会地位（34.2）
3	社会地位（28.7）	社会地位（32.3）	权力（25.7）	教育水平（25.3）
4	教育水平（21.5）	消费水平（20.3）	教育水平（24.8）	权力（23.6）
5	生活方式（21.1）	教育水平（16.5）	职业（22.9）	职业（21.6）
6	消费水平（18.2）	生活方式（16.1）	消费水平（18.3）	消费水平（18.1）
7	道德修养（13.4）	职业（14.1）	生活方式（16.5）	道德修养（15.8）
8	职业、住房（12.9）	住房（11.6）	住房（14.7）	生活方式（14.9）
9	—	家庭出身（8.8）	道德修养（12.8）	家庭出身（10.9）
10	家庭出身（5.7）	道德修养（7.2）	家庭出身（7.3）	住房（9.2）
11	其他（4.3）	其他（2.0）	其他（3.7）	其他（1.4）

注：括号中的数据为选项占有效样本数的百分比。

念中，金钱或财富、权力和社会地位是决定阶级或阶层之间差异的主要标准。而在龙海市中等收入阶层和低收入阶层的观念中，金钱或财富和社会地位是决定阶级或阶层之间差异的最重要标准，权力、教育水平和职业也是决定阶级或阶层之间差异的主要因素。可见，两个县域中等收入阶层与低收入阶层对阶层差异的主观判断标准大致符合韦伯的分层理论。最为突出的是，在两个县域中等收入阶层与低收入阶层的观念中，都凸显了金钱或财富在阶层差异中的绝对影响力，这也与刘欣对武汉城市居民的研究成果①相一致。但是，在福清市中等收入阶层与低收入阶层的观念中，权力和社会地位对阶层差异的影响力、解释力均较强，而在龙海市中等收入阶层与低收入阶层的观念中，权力对阶层差异的影响力、解释力则不如社会地位强。②如果进一步将两个县域中等收入阶层与低收入阶层的观念进行比较，可以看出，职业和教育水平对阶层差异的影响力、解释力，福清市不如龙海市强。这也与课题组成员在两个县域调研时的主观感受相一致。福清市居民对于金钱或财富的追求欲望远大于龙海市居民，而后者更重视受教育的程度、更追求一份稳定的职业。③在两个县域中等收入阶层与低收入阶层的观念中，家庭出身对阶层差异的影响力、解释力均很小。这与刘欣对武汉城市居民的研究成果也相一致。这说明，先赋因素、世袭因素在东南沿海县域居民经济社会地位的获取中不再具有决定意义，同时也间接说明两地的社会开放程度均较高。无论是韦伯的经典分层理论，还是众多学者的经验研究成果均表明：经济因素在现代社会阶级或阶层差异中具有绝对影响力和解释力。因此，本课题进一步设计了以下两个问题："在您所在的市、县里，您认为个人年收入应该达到多少万元才能属于中等收入者？""在您所在的市、县里，您认为家庭资产应该达到多少万元才能属于中等收入家庭？"前者考察县域居民观念中的中等收入者的经济分层标准，后者考察县域居民观念中的中等收入家庭的经济分层标准。我们运用SPSS13.0对调查数据进行交叉列联统计，得出表7－3和表7－4。

---

① 刘欣的研究成果显示：在武汉城市居民观念中，收入或财富（81.6%）、权力或权势（49.9%）、教育（26.4%）三类因素最重要，职业或工作（12.2%）、声望或名声（10.2%）并不是主要因素（12.2%），出身门第或家庭背景（2.3%）列最末位。参见刘欣《转型期中国大陆城市居民的阶层意识》，《社会学研究》2001年第3期，第11页。

表7-3 "在您所在的市、县里，您认为个人年收入应该达到多少万元才能属于中等收入者？"

单位：份,%

收入分布	福清市				龙海市			
	中等收入阶层		低收入阶层		中等收入阶层		低收入阶层	
	样本数	占比	样本数	占比	样本数	占比	样本数	占比
<2万元	7	3.2	37	7.1	13	10.6	64	17.1
2万~5万元	34	15.5	144	27.5	33	26.8	153	40.9
5万~10万元	47	21.4	106	20.3	34	27.6	80	21.4
10万~20万元	59	26.8	78	14.9	22	17.9	27	7.2
20万~50万元	16	7.3	12	2.3	7	5.7	6	1.6
≥50万元	8	3.6	4	0.8	0	0.0	2	0.6
不清楚	49	22.3	142	27.2	14	11.4	42	11.2
合　计	220	100.0	523	100.0	123	100.0	374	100.0

表7-4 "在您所在的市、县里，您认为家庭资产应该达到多少万元才能属于中等收入家庭？"

单位：份,%

收入分布	福清市				龙海市			
	中等收入阶层		低收入阶层		中等收入阶层		低收入阶层	
	样本数	占比	样本数	占比	样本数	占比	样本数	占比
<6万元	3	1.4	40	7.6	6	4.9	12	3.2
6万~20万元	34	15.5	88	16.8	2	1.6	38	10.2
20万~60万元	52	23.7	128	24.5	40	32.8	167	45.0
60万~100万元	16	7.3	30	5.7	20	16.4	30	8.1
100万~200万元	49	22.4	69	13.2	21	17.2	39	10.5
200万~500万元	13	5.9	28	5.4	4	3.3	4	1.1
≥500万元	10	4.6	4	0.8	0	0.0	1	0.3
不清楚	42	19.2	136	26.0	29	23.8	80	21.6
合　计	219	100.0	523	100.0	122	100.0	371	100.0

首先，分析中等收入者的主观经济分层标准。表 7-3 显示，在福清市中等收入阶层中，有 26.8% 的样本对象认为"在所生活的市、县里，个人年收入在 10 万～20 万元才能属于中等收入者"，有 21.4% 的样本对象认为"在所生活的市、县里，个人年收入在 5 万～10 万元才能属于中等收入者"。也就是说，有 48.2% 的样本对象认为"个人年收入在 5 万～20 万元才能属于中等收入者"。同时，有 10.9% 的样本对象认为"个人年收入 ≥ 20 万元才能属于中等收入者"。在福清市低收入阶层中，有 27.5% 的样本对象认为"在所生活的市、县里，个人年收入在 2 万～5 万元才能属于中等收入者"，有 20.3% 的样本对象认为"在所生活的市、县里，个人年收入在 5 万～10 万元才能属于中等收入者"。也就是说，有 47.8% 的样本对象认为"个人年收入在 2 万～10 万元才能属于中等收入者"。同时，仅有 3.1% 的样本对象认为"个人年收入 ≥ 20 万元才能属于中等收入者"。可见，关于中等收入者主观经济标准的分布，福清市中等收入阶层与低收入阶层的分布状况相对有序，即前者主要集中在"5 万～20 万元"，后者则在"2 万～10 万元"，且前者的标准大大高于后者。

这里，我们进一步将福清市居民的"家庭人均年收入"与"在您所在的市、县里，您认为个人年收入应该达到多少万元才能属于中等收入者？"进行相关分析，得出二者之间的相关系数为 0.300**，统计检验的相伴概率小于 0.01（Sig. = 0.000），表明二者显著相关，且为正相关。

在龙海市中等收入阶层中，有 27.6% 的样本对象认为"在所生活的市、县里，个人年收入在 5 万～10 万元才能属于中等收入者"，有 26.8% 的样本对象认为"在所生活的市、县里，个人年收入在 2 万～5 万元才能属于中等收入者"。也就是说，有 54.4% 的样本对象认为"个人年收入在 2 万～10 万元才能属于中等收入者"。同时，仅有 5.7% 的样本对象认为"个人年收入 ≥ 20 万元才能属于中等收入者"。在龙海市低收入阶层中，有 40.9% 的样本对象认为"在所生活的市、县里，个人年收入在 2 万～5 万元才能属于中等收入者"，有 21.4% 的样本对象认为"在所生活的市、县里，个人年收入在 5 万～10 万元才能属于中等收入者"。也就是说，有 62.3% 的样本对象认为"个人年收入在 2 万～10 万元才能属于中等收入者"。总体而言，龙海市中等收入阶层与低收入阶层对于中等收入者主观经济标准的分布普遍集中在 2 万～10 万元之间。这也与课题组在龙海市当地调研时的实际感受相一致，龙海市居民对于物质欲望的追求远不如福清市居民强烈。

这里，我们进一步将龙海市居民的"家庭人均年收入"与"在您所在的市/县里，您认为个人年收入应该达到多少万元才能属于中等收入者？"进行相关分析，得出二者之间的相关系数为 0.196**，统计检验的相伴概率小于 0.01（Sig. = 0.000），表明二者显著相关，且为正相关。

表 7 - 3 还显示，在福清市中等收入阶层中，高达 22.3% 的样本对象回答"不清楚个人年收入达到多少才能属于中等收入者"；而在福清市低收入阶层中，高达 27.2% 的样本对象回答"不清楚个人年收入达到多少才能属于中等收入者"。福清市这两者的比例远远高于龙海市，前者高了10.9%，后者高了 16.0%。这说明，尽管福清市居民总体收入水平高于龙海市，但是，在福清市相当一部分居民的观念中，对于中等收入者的分层标准是不清晰的。

其次，分析中等收入家庭的主观经济分层标准。表 7 - 4 显示，在福清市中等收入阶层中，有 23.7% 的样本对象认为"在所生活的市、县里，家庭年收入在 20 万 ~ 60 万元才能属于中等收入家庭"，有 22.4% 的样本对象认为"在所生活的市、县里，家庭年收入在 100 万 ~ 200 万元才能属于中等收入家庭"。同时，有 10.5% 的样本对象认为"家庭年收入 ≥ 200 万元才能属于中等收入家庭"。在福清市低收入阶层中，有 24.5% 的样本对象认为"在所生活的市、县里，家庭年收入在 20 万 ~ 60 万元才能属于中等收入家庭"，有 16.8% 的样本对象认为"在所生活的市、县里，家庭年收入在 6 万 ~ 20 万元才能属于中等收入家庭"。同时，有 6.2% 的样本对象认为"家庭年收入 ≥ 200 万元才能属于中等收入家庭"。可见，关于中等收入家庭主观经济标准的分布，福清市中等收入阶层与低收入阶层的分布状况相对无序。

这里，我们进一步将福清市居民的"家庭人均年收入"与"在您所在的市、县里，您认为家庭资产应该达到多少万元才能属于中等收入家庭？"进行相关分析，得出二者之间的相关系数为 0.221**，统计检验的相伴概率小于 0.01（Sig. = 0.000），表明二者显著相关，且为正相关。

在龙海市中等收入阶层中，有 32.8% 的样本对象认为"在所生活的市、县里，家庭年收入在 20 万 ~ 60 万元才能属于中等收入家庭"，有

17.2%的样本对象认为"在所生活的市、县里，家庭年收入在100万～200万元才能属于中等收入家庭"。同时，仅有3.3%的样本对象认为"家庭年收入≥200万元才能属于中等收入家庭"。在龙海市低收入阶层中，有45%的样本对象认为"在所生活的市、县里，家庭年收入在20万～60万元才能属于中等收入家庭"，有10.2%的样本对象认为"在所生活的市、县里，家庭年收入在6万～20万元才能属于中等收入家庭"。同时，仅有1.4%的样本对象认为"家庭年收入≥200万元才能属于中等收入家庭"。可见，关于中等收入家庭主观经济标准的分布，龙海市中等收入阶层与低收入阶层的分布状况相对有序，即前者接近2/3比例集中在"20万～60万元"，后者则接近一半的比例集中在"20万～60万元"，且前者分布高收入区间的比例大于后者。

这里，我们也将龙海市居民的"家庭人均年收入"与"在您所在的市、县里，您认为家庭资产应该达到多少万元才能属于中等收入家庭？"进行相关分析，得出二者之间的相关系数为0.176**，统计检验的相伴概率小于0.01（Sig.＝0.001），表明二者显著相关，且为正相关。

表7-4还显示，两个县域无论中等收入阶层还是低收入阶层，均有相当一部分的样本对象回答"不清楚家庭年收入达到多少才能属于中等收入家庭"。这说明，在两个县域相当一部分居民的观念中，对于中等收入家庭的分层标准是不清晰的。

综上可见，本课题关于两个县域居民"家庭人均年收入"与"在您所在的市、县里，您认为个人年收入应该达到多少万元才能属于中等收入者？"及"家庭人均年收入"与"在您所在的市、县里，您认为家庭资产应该达到多少万元才能属于中等收入家庭？"的相关分析，一方面，佐证了表7-3和表7-4中两个县域中等收入阶层与低收入阶层之间主观经济分层标准的有序分布（表7-4中关于福清市的数据除外）；另一方面，也解释了表7-4中福清市中等收入阶层与低收入阶层之间主观经济分层标准的无序分布缘由。

二　阶层地位的自我认同比较

作为阶层意识的一个组成部分，主观阶层认同（status identification）

构成了阶层意识一个非常重要的方面。刘欣认为，对阶层地位认同较权威性的定义是由杰克曼夫妇给出的。阶层地位认同指的是"个人对自己在社会阶层结构中所占据的位置的感知"[1]。渡边雅男认为，现代社会结构的变化反映在人们的主观阶层认同上，就是自认为处于社会"中间层"的人数在总人口中的比例逐渐提高。例如，日本国际价值事务局于 1979 年对美国、法国、巴西、韩国、印度等 13 个国家的公众进行的阶层认同的调查表明，各国认为自己处于社会"中层"的公众比例都在 50% ~ 70% 之间[2]。在日本总理府 1965 年进行的"关于国民生活的舆论调查"中，当时日本认为自己处于"中层"的公众比例达到了 52.6%[3]。

　　本课题赞同杰克曼夫妇的观点，但是，本课题进一步认为，阶层地位认同可以从两个方面体现：一是阶层自我定位，二是阶层等级自我定位。需要说明的是，第四章关于两个县域中等收入阶层与低收入阶层的划分属于客观分层范畴，这里的阶层自我定位和阶层等级自我定位属于主观分层范畴。我们运用 SPSS 13.0 的频数描述法对调查问卷中的"如果把人归为以下几个阶层，您认为您属于哪一阶层？"和"在您所在的市、县里，如果把人分成五个等级，您认为您属于哪一等级的人？"进行数据处理，得出表 7 - 5、表 7 - 6 和表 7 - 7。

　　首先，对阶层自我定位进行分析。表 7 - 5 显示，两个县域绝大部分样本对象对自己的阶层归属具有明确的主观认定。根据表 7 - 5，如果将两个县域客观的中等收入阶层与低收入阶层之间的阶层自我定位进行比较可以看出，福清市客观的中等收入阶层其阶层自我定位分布在优势地位阶层的比例高于客观低收入阶层，分布在弱势地位阶层的比例低于客观低收入阶层。其中，客观中等收入阶层和低收入阶层在优势地位阶层中的分布比例为：党政干部阶层（10.6% 和 4.4%）、经理人员阶层（1.9% 和 0.4%）、专

① Jackman, Mary R. & Robert Jackman, "An Interpretation of the Relation between Objective and Subjective Social Status", *American Sociological Review*, 1973, Vol. 38, p. 569. 转引自刘欣《转型期中国大陆城市居民的阶层意识》，《社会学研究》2001 年第 3 期，第 13 页。

② 转引自中国社会科学院"当代中国人民内部矛盾研究"课题组《城市人口的阶层认同现状及影响因素》，《中国人口科学》2004 年第 5 期，第 20 页。

③ 转引自中国社会科学院"当代中国人民内部矛盾研究"课题组《城市人口的阶层认同现状及影响因素》，《中国人口科学》2004 年第 5 期，第 20 页。

表 7 - 5　"如果把人归为以下几个阶层，您认为您属于哪一阶层？"

单位：份，%

选　项	福清市				龙海市			
	中等收入阶层		低收入阶层		中等收入阶层		低收入阶层	
	样本数	占比	样本数	占比	样本数	占比	样本数	占比
党政干部阶层	23	10.6	23	4.4	6	4.9	19	5.2
经理人员阶层	4	1.9	2	0.4	0	0.0	0	0.0
专业技术人员阶层	23	10.6	35	6.7	13	10.6	40	10.9
办事人员阶层	22	10.2	36	6.9	13	10.6	39	10.6
私营企业主阶层	14	6.5	6	1.2	6	4.9	1	0.3
个体工商业者阶层	32	14.8	43	8.3	24	19.5	52	14.2
商业或服务业人员阶层	2	0.9	15	2.9	2	1.6	6	1.6
工人阶层	8	3.7	52	10.0	11	8.9	40	10.9
农民阶层	60	27.8	212	40.8	31	25.2	111	30.2
农民工阶层	6	2.8	18	3.5	2	1.6	19	5.2
乡村管理者阶层	10	4.6	14	2.7	8	6.5	12	3.3
失业或无业者阶层	4	1.9	45	8.7	1	0.8	7	1.9
其他阶层	5	2.3	13	2.5	6	4.9	20	5.4
不清楚、不回答	3	1.4	5	1.0	0	0.0	1	0.3
合　计	216	100.0	519	100.0	123	100.0	367	100.0

表 7 - 6　"在您所在的市、县里，如果把人分成不同等级，您认为您是哪一等级的人？"

单位：份，%

选　项	福清市				龙海市			
	中等收入阶层		低收入阶层		中等收入阶层		低收入阶层	
	样本数	占比	样本数	占比	样本数	占比	样本数	占比
上等	3	1.4	2	0.4	0	0.0	1	0.3
中上等	28	12.8	23	4.4	37	30.1	33	8.9
中等	156	71.6	318	61.0	59	48.0	217	58.8
中下等	24	11.0	143	27.4	22	17.9	94	25.5
下等	3	1.4	31	6.0	4	3.3	17	4.6
不清楚、不回答	4	1.8	4	0.8	1	0.8	7	1.9
合　计	218	100.0	521	100.0	123	100.0	369	100.0

表 7 - 7　主观分层中不同等级的人的年总收入均值统计

单位：元，份

选　项	福清市			龙海市		
	均值	样本数	标准差	均值	样本数	标准差
上等	137874.3	7	295273.7	36000.0	1	
中上等	60048.8	55	150843.8	41716.9	69	51828.2
中等	39036.9	482	88018.0	23580.6	278	26328.5
中下等	23582.5	171	47153.8	20043.9	116	18083.7
下等	13454.4	35	25806.1	28896.4	21	29895.2
不清楚、不回答	26500.0	6	22642.9	25614.3	4	31106.1

业技术人员阶层（10.6% 和 6.7%）、办事人员阶层（10.2% 和 6.9%）、私营企业主阶层（6.5% 和 1.2%）、个体工商业者阶层（14.8% 和 8.3%）、乡村管理者阶层（4.6% 和 2.7%）。客观中等收入阶层和低收入阶层在弱势地位阶层中的分布比例为：商业或服务业人员阶层（0.9% 和 2.9%）、工人阶层（3.7% 和 10%）、农民阶层（27.8% 和 40.8%）、农民工阶层（2.8% 和 3.5%）、失业或无业者阶层（1.9% 和 8.7%）、其他阶层（2.3% 和 2.5%）。如果再根据第三章的图 3 - 2①，那么可计算出：在福清市客观中等收入阶层中，有 59.2% 的"主观中产认同"；在福清市客观低收入阶层中，有 30.6% 的"主观中产认同"，前者高出后者近 1 倍。这说明，在阶层自我定位的层面上，福清市阶层的客观实在与阶层的主观构建大体一致。

　　这里，我们进一步将福清市居民的"家庭人均年收入分组"②与"如

---

① 本课题在第三章中，对主观分层中的中产阶层进行界定。本课题在问卷中设计了"如果把人归为以下几个阶层，您认为您属于哪一阶层？"这一问题，将选项设计为 13 个社会阶层，即党政干部阶层、经理人员阶层、专业技术人员阶层、办事人员（职员）阶层、私营企业主阶层、个体经营者阶层、商业或服务人员阶层、工人阶层、农民阶层、农民工阶层、乡村管理者阶层、失业或无业者阶层以及其他阶层。本课题将党政干部阶层、经理人员阶层、专业技术人员阶层、办事人员（职员）阶层、私营企业主阶层、个体经营者阶层以及部分从事非体力的商业或服务人员阶层以及专职的乡村管理者阶层界定为主观中产阶层。

② 本课题的"家庭人均年收入分组"是：家庭人均年收入"0 ~ 19999 元"赋值为 1，"20000 ~ 166667 元"赋值为 2，"≥166668 元"赋值为 3。

果把人归为以下几个阶层，您认为您属于哪一阶层？"① 进行相关分析，得出二者的相关系数为 - 0.217**，统计检验的相伴概率小于 0.01（Sig. = 0.000），表明二者显著相关，且为负相关。

而龙海市客观的中等收入阶层其阶层自我定位分布在优势地位阶层的比例并不完全高于客观低收入阶层，其分布在弱势地位阶层的比例也不完全低于客观低收入阶层。其中，客观中等收入阶层分布在优势地位阶层的比例高于低收入阶层比例的仅有三个：私营企业主阶层（4.9%和0.3%）、个体工商业者阶层（19.5%和 14.2%）、乡村管理者阶层（6.5%和 3.3%）；客观中等收入阶层分布在优势地位阶层的比例低于低收入阶层比例的有两个：党政干部阶层（4.9%和 5.2%）、专业技术人员阶层（10.6%和10.9%），差距不大。客观中等收入阶层分布比例与低收入阶层分布比例相一致的有两个：办事人员阶层（10.6%）、商业或服务业人员阶层（1.6%）。客观中等收入阶层和低收入阶层在弱势地位阶层中的分布比例为：工人阶层（8.9%和10.9%）、农民阶层（25.2%和30.2%）、农民工阶层（1.6%和5.2%）、失业或无业者阶层（0.8%和1.9%）、其他阶层（4.9%和5.4%）。如果再根据第三章的分析框架，那么可计算出：在龙海市客观中等收入阶层中，有57%的"主观中产认同"；在龙海市客观低收入阶层中，有 44.5%的"主观中产认同"，前者仅高出后者 12.5%。这说明，在阶层自我定位的层面上，龙海市阶层的客观实在与阶层的主观构建差距较大。

这里，我们进一步将龙海市居民的"家庭人均年收入分组"与"如果把人归为以下几个阶层，您认为您属于哪一阶层？"进行相关分析，得出二者的相关系数为 - 0.044，统计检验的相伴概率大于 0.05（Sig. = 0.333），表明二者不存在相关性。

结合第三章图 3 - 2 的分析框架，本课题进一步运用 SPSS 13.0 对两个县域的所有数据进行频次处理得出：福清市主观中产阶层的样本数为 306 份，有效样本数为 769 份，其规模比例为 39.8%；龙海市主观中产

---

① 该问题的选项赋值为：党政干部阶层 = 1，经理人员阶层 = 2，专业技术人员阶层 = 3，办事人员阶层 = 4，私营企业主阶层 = 5，个体工商业者阶层 = 6，商业、服务业人员阶层 = 7，工人阶层 = 8，农民阶层 = 9，农民工阶层 = 10，乡村管理者阶层 = 11，失业、无业者阶层 = 12，其他阶层 = 13。

阶层的样本数为 239 份, 有效样本数为 497 份, 其规模比例为 48.1%。在第四章中, 本课题以家庭年收入 6 万 – 50 万元为标准, 对所收集的资料进行汇总、统计得出, 福清市客观中等收入阶层占全部样本总数的 35.7%, 龙海市则占 35.2%。如果考虑家庭平均人口数量 (福清市样本家庭人口均值为 4.1 人, 龙海市为 3.9 人) 的因素, 以家庭人均年收入 20000 ~ 166666.67 元为标准, 那么, 福清市客观中等收入阶层规模比例仅占全部样本总数的 28.4%, 龙海市的比例为 24.5%。若将两个县域主观中产阶层规模与客观中产阶层规模相比较可以看出, 福清市主观中产阶层规模与客观中产阶层规模比较接近, 前者仅高出后者 11.4%; 而龙海市的差距较大, 其主观中产阶层规模高出了客观中产阶层规模 23.6%。这也从另一侧面佐证了关于阶层自我定位的研究结论, 即福清市阶层的客观实在与阶层的主观构建大体一致, 而龙海市阶层的客观实在与阶层的主观构建差距较大。

其次, 对阶层等级自我定位进行分析。如果将两个县域客观的中等收入阶层与低收入阶层之间的阶层等级自我定位进行比较可以看出, 福清市客观的中等收入阶层其阶层等级自我定位分布在 "中等" 及以上的比例高于客观低收入阶层, 分布在 "中下等" 及以下的比例低于客观低收入阶层。其中, 客观中等收入阶层和低收入阶层分布在 "中等" 及以上的比例为: "上等" (1.4% 和 0.4%)、"中上等" (12.8% 和 4.4%)、"中等" (71.6% 和 61%); 分布在 "中下等" 及以下的比例为: "中下等" (11% 和 27.4%)、"下等" (1.4% 和 6%)。如果再根据第三章对 "主观中产阶层" 的另一界定①, 那么, 在福清市客观中等收入阶层中, 有 71.6% 的 "中层认同"; 在福清市客观低收入阶层中, 有 61% 的 "中层认同", 前者高出后者 10.6%。这里, 我们进一步将福清市居民的 "家庭人均年收入分组"② 与 "在您所在的市、县里, 如果把人分成五个等级, 您认为您属于

---

① 本课题在第三章中, 还对主观分层中的中产阶层进行了另一个界定。在问卷中还设计了 "在您所在的市、县里, 如果把人分成不同等级, 您认为您是哪一等级的人?" 选项分别为 "上等" "中上等" "中等" "中下等" "下等" 及 "不清楚" "不回答"。本课题将选择 "中等" 的人群界定为主观中产阶层, 并称之为 "中层认同"。

② 本课题的 "家庭人均年收入分组" 是: "0 ~ 19999 元" 赋值为 1, "20000 ~ 166667 元" 赋值为 2, "≥166668 元" 赋值为 3。

哪一等级的人?"① 进行相关分析，得出二者的相关系数为 - 0.234**，统计检验的相伴概率小于 0.01（Sig. = 0.000），表明二者显著相关，且为负相关。这说明，在阶层等级自我定位的层面上，福清市阶层的客观实在与阶层的主观构建显著相关，即客观阶层地位越高，其主观的等级自我定位也越高。

而龙海市客观的中等收入阶层其阶层等级自我定位只有分布在"中上等"的比例高于客观低收入阶层，前者为 30.1%，后者为 8.9%，二者差距为 21.2%。除此之外，前者分布在各选项的比例均低于后者："上等"（0 和 0.3%）、"中等"（48% 和 58.8%）、"中下等"（17.9% 和 25.5%）、"下等"（3.3% 和 4.6%）。如果再根据第三章对"主观中产阶层"的另一界定，那么，在龙海市客观中等收入阶层中，有 48% 的"中层认同"；在龙海市客观低收入阶层中，有 58.8% 的"中层认同"，后者反而高出前者 10.8%。这是一个令人不解的现象。这里，我们也将龙海市居民的"家庭人均年收入分组"与"在您所在的市、县里，如果把人分成五个等级，您认为您属于哪一等级的人?"进行相关分析，得出二者的相关系数为 - 0.196**，统计检验的相伴概率小于 0.01（Sig. = 0.000），表明二者显著相关，且为负相关。若将其相关系数同福清市的相比较，则较低。这说明，在阶层等级自我定位的层面上，龙海市阶层的客观实在与阶层的主观构建显著相关，但是其相关度不如福清市。

本课题运用 SPSS 13.0 进一步对两个县域的所有数据进行频次处理统计，得出：福清市和龙海市居民自认为属于"上等"的分别占有效样本的 0.9% 和 0.2%，"中上等"的分别占 7.4% 和 14.6%，"中等"的分别占 63.3% 和 56%，"中下等"的分别占 22.5% 和 23.2%，"下等"的分别占 4.7% 和 4.2%，回答"不清楚"的占 1.3% 和 1.8%。可见，两个县域居民分别有超过半数的人自认为属于"中等"，有接近 1/4 的人自认为属于"中下等"。这是一组十分令人鼓舞的数据，它说明两个县域居民中有"中层认同"的人口比例是比较高的，龙海市达 56%，福清市更是高达 63.3%。这与 20 世纪七八十年代的美国、西德、法国、意大利、巴西、日本等 13 个国家大致相同（见表 7 - 8）。

---

① 该问题的选项赋值为：上等 = 1，中上等 = 2，中等 = 3，中下等 = 4，下等 = 5。

需要指出的是，两个县域居民阶层地位的自我认同与其客观的经济地位也是相一致的。表7－7显示，在两个县域居民阶层地位的自我认同中，具有样本统计意义的"中上层""中层"以及"中下层"，其个人年收入均值也是逐级递减的。再经方差分析后发现，福清市的相伴概率为0.003、龙海市为0.002，均小于显著水平0.05，这表明两个县域居民主观分层中不同的地位认同对个人年总收入有显著差异。

表7－8　各国公众主观阶层认同情况的比较

单位:%，个

国　家	主观阶层认同					案例数量
	上层	中上层	中层	中下层	下层	
联邦德国	1.8	11.2	62.5	20.0	3.6	1127
美　国	1.9	15.7	60.7	17.4	3.6	987
法　国	0.4	10.9	57.7	25.2	5.3	993
意 大 利	0.7	7.0	56.9	22.2	8.0	1000
澳大利亚	1.1	8.6	72.8	10.4	2.7	1104
加 拿 大	1.2	14.2	68.8	11.8	2.2	1012
巴　西	4.4	13.1	57.4	17.2	5.5	1000
日　本	1.1	12.5	56.0	24.4	5.0	1042
新 加 坡	1.0	3.9	74.2	16.2	3.0	996
韩　国	1.1	14.7	51.0	23.7	9.0	－
印　度	1.2	12.0	57.5	21.7	7.5	1020
菲 律 宾	1.3	7.0	67.1	18.5	5.9	1574
中　国	1.6	10.4	46.9	26.5	14.6	10738

注：世界各国资料根据渡边亚男整理，该数据为1979年9～11月之间由盖洛普国际组织（Gallup International）在各国开展面谈访问获得，其中巴西、印度和韩国只在城市调查，其他均为全国性调查。中国资料来源：2002年中国城市公众社会冲突观念调查。本表格转引自李培林等《社会冲突与阶级意识——当代中国社会矛盾问题研究》，社会科学文献出版社，2005，第57页。

三　经济地位获取的实然及应然判断比较

在社会变革加速和利益分化明显的时代，个人能否给予自己一个明确的阶层定位并暂时安位于此，不同社会阶层之间能否认同对方所处地位以及对获得地位手段、途径的合理性合法性予以认可是形成阶层认同意识的前提条件①。王春光认为②："在一个均衡的社会中，目标与手段是相匹配的、相一致的。人们在获取目标的时候不会不择手段，而会选择被人们普遍认可的相应手段，因为只有这样，才具有合法性，社会才会均衡。如果我们把阶层作为社会行动者，那么，每个阶层都会有自己的目标和实现目标的手段。只有在目标与手段相一致、相协调的情况下，阶层之间才会达到均衡，否则，如果有目标而缺乏被普遍认可的手段，或为了实现目标而不择手段，那么就会导致阶层之间的紧张、矛盾和冲突，会危及社会均衡运行。""从更深的层面看，目标与手段的张力背后则是价值合理性与目的合理性之间的矛盾和紧张。"在本课题的调查问卷中，我们也借鉴前人研究成果设计了"在您生活的市、县里，您认为哪三种人最容易获得高收入？"和"在您生活的市、县里，您认为哪三种人最应该获得高收入？"这两个问题，旨在测量手段和目标、价值与工具的关系。我们运用 SPSS 13.0 的多选项分类法对调查数据进行处理，得出表 7-9 和表 7-10。

表 7-9 显示，对于"您认为在您生活的市、县里，哪三种人最容易获

表 7-9　"您认为在您生活的市、县里，哪三种人最容易获得高收入？"

单位:%

选　项	福清市						龙海市					
	中等收入阶层			低收入阶层			中等收入阶层			低收入阶层		
	频数	占比	排序	频数	占比	排序	频数	占比	排序	频数	占比	排序
有文化、有学问的人	40	18.9	7	80	16.0	7	26	21.8	5	73	20.2	5
当官的人	102	48.1	2	249	49.8	1	42	35.3	3	162	44.8	2
有资产的人	89	42.0	3	229	45.8	3	54	45.4	2	132	36.5	4
有社会关系的人	55	25.9	4	129	25.8	5	23	19.3	6	63	17.4	6
有经营能力的人	116	54.7	1	234	46.8	2	78	65.5	1	242	66.9	1
有技术专长的人	53	25.0	5	131	26.2	4	37	31.1	4	142	39.2	3
家庭背景硬的人	41	19.3	6	102	20.4	6	18	15.1	8	36	9.9	8
胆大敢干的人	38	17.9	8	65	13.0	9	19	16.0	7	28	7.7	9

① 陈占江：《阶层意识与社会秩序——对建国以来历史和现实的考察》，《理论研究》2007 年第 6 期，第 57~58 页。
② 王春光：《当前中国社会阶层关系变迁中的非均衡问题》，《社会》2005 年第 5 期，第 70、72 页。

选　项	福清市						龙海市					
	中等收入阶层			低收入阶层			中等收入阶层			低收入阶层		
	频数	占比	排序	频数	占比	排序	频数	占比	排序	频数	占比	排序
吃苦耐劳的人	18	8.5	10	43	8.6	10	9	7.6	9	39	10.8	7
其他	22	10.4	9	66	13.2	8	5	4.2	10	25	6.9	10
不清楚、不回答	0	0.0	—	1	0.2	11	0	0.0	—	0	0.0	—

注：福清市中等收入阶层有效样本数为 212 份，低收入阶层为 500 份，龙海市中等收入阶层有效样本数为 119 份，低收入阶层为 362 份。

得高收入？"这一问题，福清市中等收入阶层的答案排序前三位的是：有经营能力的人（54.7%）、当官的人（48.1%）和有资产的人（42%）；而低收入阶层的排序与前者略有差异，依次为当官的人（49.8%）、有经营能力的人（46.8%）和有资产的人（45.8%）。龙海市中等收入阶层对这一问题的答案排序前三位的是：有经营能力的人（65.5%）、有资产的人（45.4%）和当官的人（35.3%）；而低收入阶层答案的排序是：有经营能力的人（66.9%）、当官的人（44.8%）和有技术专长的人（39.2%）。综上可见，两个县域中等收入阶层和低收入阶层普遍强调能力主义在获取高收入中的重要地位的同时，也突出强调了政治资本和经济资本的重要性。也就是说，权力资本和经济资本能够为人们带来更为丰厚的经济回报。需要指出的是，福清市低收入阶层更突出政治资本的重要性，而龙海市低收入阶层更强调能力主义的重要性。

　　表 7-10 显示，当问及"在您生活的市、县里，您认为哪三种人最应该获得高收入？"时，两个县域中等收入阶层与低收入阶层的回答惊人的一致，只是排序略有差异。福清市中等收入阶层与低收入阶层的排序为有技术专长的人（61.4% 和 60.8%）、有文化、有学问的人（60.9% 和 57.4%）和有经营能力的人（55.3% 和 45.2%）；而龙海市的排序为有技术专长的人（67.5 和 66.3%）、有经营能力的人（57% 和 60%）和有文化、有学问的人（43% 和 51.6%）。综上可见，两个县域中等收入阶层与低收入阶层都有大致相同的价值观，即能力主义的价值观，普遍强调有技术、有能力、有文化的人应该获取高收入。同时，像"吃苦耐劳"这样的价值观也依然受到两个县域中等收入阶层与低收入阶层的重视，在回答

"在您生活的市、县里，您认为哪三种人最应该获得高收入？"这一问题时，答案排序第四位。在工具理性普遍盛行的今天，两个县域中等收入阶层与低收入阶层的这种选择应该是让人欣慰的。

表 7 - 10　"您认为在您生活的市、县里，哪三种人最应该获得高收入？"

单位:%

选　项	福清市						龙海市					
	中等收入阶层			低收入阶层			中等收入阶层			低收入阶层		
	频数	占比	排序	频数	占比	排序	频数	占比	排序	频数	占比	排序
有文化、有学问的人	120	60.9	2	269	57.4	2	49	43.0	3	173	51.6	3
当官的人	13	6.6	8	33	7.0	8	15	13.2	6	51	15.2	5
有资产的人	37	18.8	6	67	14.3	6	19	16.7	5	38	11.3	6
有社会关系的人	19	9.6	7	34	7.2	7	9	7.9	7	32	9.6	7
有经营能力的人	109	55.3	3	212	45.2	3	65	57.0	2	201	60.0	2
有技术专长的人	121	61.4	1	285	60.8	1	77	67.5	1	222	66.3	1
家庭背景硬的人	5	2.5	9	20	4.3	9	5	4.4	8	18	5.4	9
胆大敢干的人	38	19.3	5	72	15.4	5	15	13.2	6	27	8.1	8
吃苦耐劳的人	55	27.9	4	199	42.4	4	28	24.6	4	95	28.4	4
其他	5	2.5	9	14	3.0	10	5	4.4	8	18	5.4	9
不清楚、不回答	0	0.0	—	0	0.0	—	0	0.0	—	0	0.0	—

注：福清市中等收入阶层有效样本数为 197 份，低收入阶层为 469 份，龙海市中等收入阶层有效样本数为 114 份，低收入阶层为 335 份。

值得一提的是，两个县域中等收入阶层与低收入阶层对于经济地位获取的实然判断和应然判断是非常明晰的。从表 7 - 9 和表 7 - 10 可见，当问及"您认为在您生活的市、县里，哪三种人最容易获得高收入？"和"您认为在您生活的市、县里，哪三种人最应该获得高收入？"时，他们的回答是十分清晰的，基本没有人选择"不清楚"或"不回答"，除福清市低收入阶层有一例选择"不回答"外。这也从一个侧面反映了两个县域中等收入阶层与低收入阶层对于获取阶层经济地位的目标以及实现目标的手段选择的理性。

四　对经济不平等的合理性认识和容忍程度比较

国外社会学界对社会不平等的研究多从阶层分化、结果不平等和机会不平等的分析框架切入。例如，怀默霆（Martin King Whyte）1975 年在《中国的不平等与分层》一文中，从结果不平等的角度，考察了中国经济收入的不平等状况，特别是 1956 年以后中国城市工资收入者的状况。他认为，所谓的机会不平等，西方教科书中主要指一个社会里人的就学、就业等机会是否均等，或在多大程度上不平等。怀默霆研究中国的机会不平等没有涉及就学、就业的机会不平等问题，他的着眼点是新的上层阶级的特权如何①。白威廉（William Parish）在 1984 年的《中国的非阶层化》一文中，从收入和消费两个角度对中国城市的结果不平等进行了分析，从代际比较的视角对中国城市居民的教育、职业和收入机会的获得进行分析②。国内社会学界对社会不平等的研究则多从经济的不平等与社会的不平等的内在关系以及人们对于社会现实的公平或不公平的价值判断是否影响他们的社会政治态度入手进行分析。国内学者普遍认为，"合理范围内的收入差距能促进效率的提高，但如果收入差距过大，势必加重人们的不公平感，从而挫伤个体的积极性，导致社会公众的普遍不满，进而影响社会稳定"③。王天夫、王丰则认为，到 20 世纪 90 年代中期，中国已被认为与孟加拉、印度尼西亚、菲律宾和美国比肩，成为世界上收入不平等水平最高的国家之一。但在中国的城市里没有出现类似于东欧国家的大范围的赤贫现象。这同所谓的市场转型、收入不均与其可能产生的严重社会后果之间的简单逻辑格格不入④。李春玲利用"当代中国社会结构变迁研究"课题组于 2001 年 11 月实施的全国抽样调查数据考察了各社会阶层的社会不公平意识的异同，即考察了导致不公平现象的原因、收入差距的合理性认识、收入分配的现实模式和理想模式⑤。因此，本课题设计了"您是否同意社会应该存在收入差距？""您是否同意让少数人先富起来对社会有好处？"及"在您看来，您所在的市、县里，人们之间的收入差距如何？"这

---

① 边燕杰主编《市场转型与社会分层——美国社会学者分析中国》，三联书店，2002，第 4～5 页。
② 边燕杰主编《市场转型与社会分层——美国社会学者分析中国》，三联书店，2002，第 7～9 页。
③ 孙瑞灼：《改革收入分配体制正当其时》，《新华文摘》2009 年第 25 期，第 117 页。
④ 王天夫、王丰：《中国城市收入分配中的集团因素：1986～1995》，《社会学研究》2005 年第 3 期，第 156～157 页。
⑤ 李春玲：《各阶层的社会不公平感比较分析》，《湖南社会科学》2006 年第 1 期，第 71 页。

三个问题，前两个问题旨在了解东南沿海县域居民对收入差距合理性的接受程度，后一个问题旨在测量东南沿海县域居民对收入差距的容忍程度。我们运用 SPSS 13.0 对调查数据进行交叉列联的频次处理，得出表 7 – 11、表 7 – 12 和表 7 – 13。

表 7 – 11 显示，当问及"您是否同意社会应该存在收入差距？"时，两个县域样本对象之间以及两个县域内部中等收入阶层与低收入阶层之间的回答均差异不大。其中，福清市中等收入阶层与低收入阶层中分别有 33.3%

表 7 – 11 "您是否同意社会应该存在收入差距？"

单位：份,%

选 项	福清市				龙海市			
	中等收入阶层		低收入阶层		中等收入阶层		低收入阶层	
	样本数	占比	样本数	占比	样本数	占比	样本数	占比
非常同意	73	33.3	126	24.2	37	30.1	86	23.1
比较同意	71	32.4	157	30.2	40	32.5	133	35.8
一 般	19	8.7	55	10.6	14	11.4	46	12.4
不太同意	22	10.0	77	14.8	10	8.1	62	16.7
很不同意	19	8.7	62	11.9	12	9.8	24	6.5
不 清 楚	13	5.9	32	6.2	9	7.3	20	5.4
不 回 答	2	0.9	11	2.1	1	0.8	1	0.3
合 计	219	100.0	520	100.0	123	100.0	372	100.0

和 24.2% 的样本对象认为"非常同意"，二者相差 9.1%；32.4% 和 30.2% 的样本对象认为"比较同意"，二者相差 2.2%；8.7% 和 10.6% 的样本对象认为"一般"，后者大于前者 1.9%；10% 和 14.8% 的样本对象认为"不太同意"，后者大于前者 4.8%；8.7% 和 11.9% 的样本对象认为"很不同意"，后者大于前者 3.2%；5.9% 和 6.2% 的样本对象"不清楚"，后者大于前者 0.3%；0.9% 和 2.1% 的样本对象"不回答"，后者大于前者 1.2%。龙海市中等收入阶层与低收入阶层中分别有 30.1% 和 23.1% 的样本对象认为"非常同意"，二者相差 7%；32.5% 和 35.8% 的样本对象"比较同意"，后者大于前者 3.3%；11.4% 和 12.4% 的样本对象"一般"，后者大于前者 1%；8.1% 和 16.7% 的样本对象认为"不太同意"，后者大于前者 8.6%，二者差异较大；9.8% 和 6.5% 的样本对象认为"很不同意"，前者大于后者 3.3%；

7.3%和5.4%的样本对象"不清楚",前者大于后者1.9%;0.8%和0.3%的样本对象"不回答",前者大于后者0.5%。总体而言,两个县域中等收入阶层与低收入阶层分别有半数以上的样本对象同意"社会应该存在收入差距",也就是说他们认可"收入差距的合理性",其中,中等收入阶层比低收入阶层的认可度要高一些。但是,两个县域中等收入阶层与低收入阶层也分别有接近1/5和1/4的样本对象不同意"社会应该存在收入差距",也就是说他们不认可"收入差距的合理性"。

这里,我们进一步将两个县域居民的"家庭人均年收入分组"[①] 与"您是否同意社会应该存在收入差距?"[②] 进行二元定序变量的相关分析,得出福清市二者的相关系数为 -0.109^{**},统计检验的相伴概率小于0.01(Sig. =0.004),表明二者显著相关,且为负相关;龙海市二者的相关系数为 -0.079,统计检验的相伴概率大于0.05(Sig. =0.087),表明二者不存在相关性。这说明,福清市居民随着客观的家庭人均年收入水平提高,对"收入差距的合理性"的认可比例也升高;而龙海市对此则不存在显著关联。

表7-12显示,当问及"您是否同意让少数人先富起来对社会有好处?"时,福清市中等收入阶层与低收入阶层之间的回答差异不大,而龙海市差异略大些。福清市中等收入阶层与低收入阶层中分别有44.7%和43.9%的样本

表7-12 "您是否同意让少数人先富起来对社会有好处?"

单位:份,%

| 选 项 | 福清市 | | | | 龙海市 | | | |
| | 中等收入阶层 | | 低收入阶层 | | 中等收入阶层 | | 低收入阶层 | |
	样本数	占比	样本数	占比	样本数	占比	样本数	占比
非常同意	98	44.7	229	43.9	54	43.9	128	34.4
比较同意	66	30.1	149	28.5	27	22.0	124	33.3
一 般	21	9.6	52	10.0	15	12.2	46	12.4
不太同意	17	7.8	37	7.1	14	11.4	51	13.7
很不同意	11	5.0	29	5.6	9	7.3	10	2.7
不 清 楚	6	2.7	19	3.6	4	3.3	11	3.0
不 回 答	0	0.0	7	1.3	0	0.0	2	0.5
合 计	219	100.0	522	100.0	123	100.0	372	100.0

① "家庭人均年收入分组"赋值同上。

② 该问题的选项赋值为:非常同意 =1,比较同意 =2,一般 =3,不太同意 =4,很不同意 =5。

对象认为"非常同意",二者相差 0.8%;30.1% 和 28.5% 的样本对象认为"比较同意",二者相差 1.6%;9.6% 和 10.0% 的样本对象认为"一般",后者仅大于前者 0.4%;7.8% 和 7.1% 的样本对象认为"不太同意",二者相差 0.7%;5% 和 5.6% 的样本对象认为"很不同意",后者大于前者 0.6%;2.7% 和 3.6% 的样本对象认为"不清楚",后者大于前者 0.9%。龙海市中等收入阶层与低收入阶层中分别有 43.9% 和 34.4% 的样本对象认为"非常同意",二者相差 9.5%;22% 和 33.3% 的样本对象认为"比较同意",后者大于前者 11.3%;12.2% 和 12.4% 的样本对象认为"一般",后者仅大于前者 0.2%;11.4% 和 13.7% 的样本对象认为"不太同意",后者大于前者 2.3%;7.3% 和 2.7% 的样本对象认为"很不同意",前者大于后者 4.6%;3.3% 和 3% 的样本对象认为"不清楚",前者仅大于后者 0.3%。总体而言,两个县域中等收入阶层与低收入阶层分别有 2/3 以上的样本对象同意"让少数人先富起来对社会有好处",其中,福清市的认可比例要比龙海市高一些。但是,福清市中等收入阶层与低收入阶层分别有 12.8% 和 12.7% 的样本对象不同意"让少数人先富起来对社会有好处",而龙海市则分别有 18.7% 和 16.4% 的样本对象不同意"让少数人先富起来对社会有好处"。

这里,我们进一步将两个县域居民的"家庭人均年收入分组"与"您是否同意让少数人先富起来对社会有好处?"① 进行二元定序变量的相关分析,得出福清市二者的相关系数为 0.004,统计检验的相伴概率大于 0.05（Sig. = 0.906），表明二者不存在相关性;龙海市二者的相关系数为 0.008,统计检验的相伴概率大于 0.05（Sig. = 0.861），表明二者也不存在相关性。这说明,两个县域居民客观的家庭人均年收入水平与他们对"让少数人先富起来对社会有好处"的主观判断不存在显著关系。

李春玲认为,生活在同一个环境中的人们,对于收入差距的大小可能有不同的感受,有些人能够容忍较大程度的收入差距,而另一些人只能容忍较小程度的收入差距②。表 7-13 显示,在问及"在您看来,您所在的市、县里,人们之间的收入差距如何?"时,两个县域样本对象之间的

---

① 该问题的选项赋值为:非常同意 = 1,比较同意 = 2,一般 = 3,不太同意 = 4,很不同意 = 5。

② 李春玲:《断裂与碎片——当代中国社会阶层分化实证分析》,社会科学文献出版社,2005,第 299 页。

表 7-13　"在您看来，您所在的市、县里，人们之间的收入差距如何？"

单位：份,%

选　项	福清市				龙海市			
	中等收入阶层		低收入阶层		中等收入阶层		低收入阶层	
	样本数	占比	样本数	占比	样本数	占比	样本数	占比
差距太大	144	65.5	369	70.6	36	29.3	121	32.6
差距较大	47	21.4	91	17.4	44	35.8	138	37.2
一般正常	20	9.1	52	9.9	29	23.4	84	22.6
差距较小	6	2.7	3	0.6	9	7.3	17	4.6
差距太小	0	0.0	0	0.0	0	0.0	0	0.0
不清楚、不回答	3	1.4	8	1.5	5	4.1	11	3.0
有效样本数	220	100.0	523	100.0	123	100.0	371	100.0

差异较大，但是，县域内中等收入阶层与低收入阶层之间差异不大。其中，福清市中等收入阶层与低收入阶层中分别有 65.5% 和 70.6% 的样本对象认为"差距太大"，21.4% 和 17.4% 的样本对象认为"差距较大"，9.1% 和 9.9% 的样本对象认为"一般正常"，2.7% 和 0.6% 的样本对象认为"差距较小"。而龙海市中等收入阶层与低收入阶层中则分别有 29.3% 和 32.6% 的样本对象认为"差距太大"，35.8% 和 37.2% 的样本对象认为"差距较大"，23.4% 和 22.6% 的样本对象认为"一般正常"，7.3% 和 4.6% 的样本对象认为"差距较小"。总体而言，福清市中等收入阶层和低收入阶层中约有 2/3 的样本对象认为"差距太大"，约有 1/5 的样本对象认为"差距较大"，约有 1/10 的样本对象认为"一般正常"及"差距较小"。而龙海市中等收入阶层和低收入阶层中近 1/3 的样本对象认为"差距太大"，略多于 1/3 的样本对象认为"差距较大"，近 1/3 的样本对象认为"一般正常"及"差距较小"。也就是说，两个县域中等收入阶层与低收入阶层普遍认为"县域内人们的收入差距太大或较大"，其中，福清市中等收入阶层的比例高出龙海市 21.8%，低收入阶层的比例高出龙海市 18.2%；而龙海市中等收入阶层认为"县域内居民之间的收入差距一般正常或较小"的比例高出福清市 18.9%，低收入阶层的比例高出福清市 16.7%。当然，这也与本课题第五章第一节关于两个县域中等收入阶层与低收入阶层的实际收入差距的研究结果相一致。

这里，我们进一步将两个县域居民的"家庭人均年收入分组"与"在您看来，您所在的市、县里，人们之间的收入差距如何?"① 进行二元定序变量的相关分析，得出福清市二者的相关系数为 0.059，统计检验的相伴概率大于 0.05（Sig. = 0.108），表明二者不存在相关性；龙海市二者的相关系数为 0.037，统计检验的相伴概率大于 0.05（Sig. = 0.421），表明二者也不存在相关性。这说明，两个县域居民客观的家庭人均年收入水平与他们对县域内居民收入差距的主观感受不存在显著关系。

五 总结与讨论

首先，两个县域中等收入阶层与低收入阶层在主观分层标准中都突出了金钱或财富在社会分层中的地位。但同时又存在一些差异，福清市中等收入阶层与低收入阶层在主观分层中还强调权力和社会地位的重要性，然后才是教育水平和生活水平；而龙海市则认为社会地位、权力、教育水平和职业也是主观分层的主要因素。究其原因，我们认为福清市是一个工业化、市场化快速转型的县域，经济资源和权力资源拥有的多寡对居民影响较大。因此，在福清市居民的观念里，可能社会阶层不仅是一个经济地位高低的概念，同时也是一个权力大小的概念。而龙海市居民在重视经济资源的同时，则较为崇尚文化资本的因素，这可能与其区域文化底蕴相对较为深厚有关。同时，家庭出身对社会分层和阶层差异的影响力、解释力均很小。这说明先赋因素、世袭因素在两个县域居民经济社会地位的获取中不再具有决定意义，同时也间接说明两地的社会开放程度均较高。

其次，在阶层自我定位中，福清市主观中产阶层的规模比例为39.8%，龙海市为 48.1%。其中，福清市客观的中等收入阶层与低收入阶层分别有 59.2% 和 30.6% 的"主观中产认同"，龙海市则分别为 57% 和44.5%。两个县域居民在阶层等级自我定位中认为属于"中层认同"的人口比例是比较高的，福清市为 63.3%，龙海市为 56%。其中，福清市的客观中等收入阶层与低收入阶层分别有 71.6% 和 61% 的"中层认同"，龙海

---

① 该问题的选项赋值为：差距太大 = 1，差距较大 = 2，一般正常 = 3，差距较小 = 4，差距太小 = 5。

市则分别有 48% 和 58.8% 的 "中层认同"。同时，两个县域居民阶层地位的自我认同与其客观的经济地位是相一致的。经方差分析发现，居民不同的地位认同对个人年总收入有显著差异。我们认为，这在某种程度上解释了两个县域居民内部收入差距较大，却为何没有引发激烈的社会矛盾和冲突：原因之一就在于两个县域居民中较高比例的 "中层认同"，使得他们自我成就感和满足感较强，对区域社会利益矛盾起到缓冲作用，对区域社会的和谐和稳定起到了 "社会安全阀" 的作用。

再次，两个县域中等收入阶层在对经济地位获取的实然判断中大多选择有经营能力的、当官的和有资产的这三种人最容易获得高收入，既突出了能力主义的地位又强调了权力资本和经济资本的重要性，体现了手段和目标、价值理性与工具理性的消解与融合。需要指出的是，福清市低收入阶层的实然判断更突出政治资本的重要性，而龙海市低收入阶层更强调能力主义的重要性。同时，两个县域中等收入阶层与低收入阶层在对经济地位获取的应然判断中则普遍强调有技术、有能力、有文化的人应该获取高收入，充分体现了能力主义的价值观。这也说明，东南沿海县域在传统社会向现代社会转型的过程中，尽管手段和目标、价值理性与工具理性在不断博弈，但是，在日常生活中人们依然坚守着一些理性价值和传统美德。

复次，两个县域中等收入阶层与低收入阶层分别有半数以上的样本对象同意 "社会应该存在收入差距"，其中，中等收入阶层比低收入阶层的认可度要高一些；两个县域中等收入阶层与低收入阶层分别有 2/3 以上的样本对象同意 "让少数人先富起来对社会有好处"，其中，福清市的认可比例要比龙海市高一些；两个县域中等收入阶层与低收入阶层普遍认为 "县域内人们的收入差距太大或较大"，其中，福清市的比例高于龙海市。尽管两个县域居民普遍认为目前的收入差距太大，但是，他们对收入差距的看法较为趋同和理性，大多数人对收入差距的容忍度较高，多数人倾向于承认收入差距存在的合理性。究其原因，我们认为，这与两个县域居民对当前生活的满意度较高、幸福感较强有关。正如本章第一节中在问及 "在您所在的市、县里，如果把人分成不同等级，您认为您是哪一等级的人？" 时，福清样本居民回答 "中等" 的比例为 63.3%，龙海回答 "中等" 的比例为 56.0%。东南沿海县域的实践表明，经济收入的不平等与社会的不平等有内在联系，但并不必然导致社会的不平等和不稳定。

最后，我们认为有必要探讨一下阶层意识对协调区域各阶层之间的关系以及构建和谐的区域社会秩序有怎样的作用。关于阶层意识和社会秩序的关系，学界通常认为，强烈的阶层冲突意识是导致恶性社会秩序的重要诱因。反之，阶层认同意识越强，社会秩序越稳定，社会运行越健康。而阶层模糊意识则淡化了群体之间的冲突，分散了社会冲突的力量，在不同社会群体之间形成交叉压力，对于社会秩序的影响不太明显，社会秩序处于中性状态[①]。综合两个县域居民的客观经济地位看，个人年收入水平普遍较高，城乡之间收入差距不大（福清市城乡收入差距比为 1.22∶1，龙海市为 1.21∶1），但城镇居民与农村居民内部收入差距则较大，并且农村内部收入差距大于城镇内部收入差距，尤其是福清市农村内部收入差距悬殊（龙海市城乡合一的基尼系数为 0.477，城镇为 0.415，农村为 0.516；福清市城乡合一的基尼系数为 0.66，城镇为 0.589，农村为 0.701）[②]。同时，阶层之间收入差异也相当明显（例如，福清市居民个人年均总收入、家庭年均总收入和家庭人均年收入数据最高阶层分别是最低阶层的 10.6 倍、8.4 倍和 10 倍）[③]。综上可见，两个县域居民在主观分层标准中都突出了经济标准在社会分层中的地位，这与两个县域居民的客观经济地位是相符的。但是，在阶层地位的自我认同中，两个县域居民"中层认同"的比例较高，这又与两个县域的客观现实不相符合。我们认为，这种区域阶层意识的主观构建与客观现实的一致性与差异性，在某种程度上解释了为何东南沿海县域能够发展与稳定并存这一问题。居民内部以及阶层之间收入差距的拉大，大大地激发了人们的致富欲望，促使人们不断寻求致富的手段和机会，产生了强大的示范效应。但是，收入差距过于悬殊容易导致阶层之间矛盾的激化和社会的不稳定。正是两个县域居民这种较高的阶层地位"中层认同"比例，对区域社会利益矛盾起到缓冲和调适的作用，这也是这一区域至今依然充满生机与活力的原因所在。

---

① 陈占江：《阶层意识与社会秩序——对建国以来历史和现实的考察》，《理论研究》2007年第6期，第57~58页。
② 程丽香：《东南沿海县域居民收入差异及内在关联：福建例证》，《改革》2009年第8期，第89、92~93页。
③ 程丽香：《东南沿海县域居民收入不平等与阶层差异》，《东南学术》2009年第6期，第146页。

第二节 县域中等收入阶层的社会心态

近年来，学界关于社会心态定义的讨论，理论分析最深入、学科依据最充分的应为杨宜音研究员。她在"群体与个体"的分析框架下提出：社会心态是一段时间内弥散在整个社会或社会群体（类别）中的宏观社会心境状态，是整个社会的情绪基调、社会共识和社会价值观的总和。社会心态透过整个社会的流行、时尚、舆论和社会成员的社会生活感受、对未来的信心、社会动机、社会情绪等而得以表现；它与主流意识形态相互作用，通过社会认同、情绪感染等机制，促使社会行为者形成模糊的、潜在的和情绪性的影响。它来自社会个体心态的同质性，却不等同于个体心态的简单加总，而是新生成的、具有本身特质和功能的心理现象，反映了个人与社会之间相互建构而形成的最为宏观的心理关系①。杨宜音将社会心态理解为由表及里的三个心理层次：社会情绪基调、社会共识和社会价值取向。从社会心态的本质来看，这三个层次是构成社会心态的最基本也是最核心的内容。因此，通过这三个层次来界定社会心态概念，应该说是抓住了问题的关键。另外，这样一种从经验科学的角度对社会心态概念下定义的方法具有十分重要的意义，它使得对于社会心态概念的操作化成为可能。与其他的一些关于社会心态的定义相比，这一定义不仅使社会心态概念的内涵更加明确，而且在概念定义的逻辑学要求上也达到了近乎完善的水平②。

马广海则将社会心态定义如下：社会心态是与特定的社会运行状况或重大的社会变迁过程相联系的，在一定时期内广泛地存在于各类社会群体内的情绪、情感、社会认知、行为意向和价值取向的总和。它属于社会心理的动态构成部分。对这个定义的理解还应该强调如下几点：①引起或产生社会心态的社会条件的特殊性。也就是说，引起社会心态变化的不是一般的群体物质生活条件或社会生活方式（这种条件所决定的常常是社会心理的相对稳定的构成部分），而主要是在社会运行中具有特殊的历史影响

---

① 杨宜音：《个体与宏观社会的心理关系：社会心态概念的界定》，《社会学研究》2006 年第 4 期，第 128 页。

② 马广海：《论社会心态：概念辨析及其操作化》，《社会科学》2008 年第 10 期，第 68 页。

意义的社会变迁过程。②社会心态的内容不同于一般的社会心理内容，它主要是直接反映当前社会运行或社会变迁的动态的、具有较强烈的情感情绪色彩的心理活动内容。相对来说，社会心理的内涵比社会心态要广泛得多。③社会心态具有即时性、动态性、直接性等较"表面性"的特征，是较易被感知、被认识到的心理层面的内容①。他指出，社会心态与社会心理是两个既有联系又有区别的概念，虽然在一些情况下它们所指涉的含义是相近的甚至是相同的，但是，在很多情况下它们又有各自的表达领域或指涉范围。因此，我们应该承认社会心态概念在社会心理学中相对独立的学科地位，不能简单地把它与社会心理混淆使用。从某种意义上说，社会心态这一概念的提出并被广泛使用，是汉语社会心理学研究对社会心理学学科的一大贡献②。他进一步指出，社会心态要成为一个社会心理学的学术概念，需要有一个概念化（conceptualization）的过程。当研究者在用"社会心态"一词来指涉在哪些特定的心理现象问题上达成了基本共识时，社会心态作为一个社会心理学的学科概念（concept）就基本稳定下来了。也许这个概念化过程至今并没有完成，因为在社会心态概念的许多基本问题上还存在着巨大的分歧。我们之所以说"社会心态"概念化的过程还没有完成，最重要的一个根据就是关于社会心态的测量应该从哪些方面入手这个问题目前基本上没有统一的意见。根据前文对社会心态概念的界定，我们确定以下几个方面为社会心态测量的基本维度，即社会情绪、社会认知、社会价值观和社会行为意向。之所以以这几个方面作为社会心态测量的基本维度，是因为这几个方面都与社会行为有着高度的关联，是社会行为最重要的心理决定要素，在社会心理学关于态度的研究中它们与社会行为之间的关系已经得到了充分的证明。毫无疑问，从实践的角度看，探讨社会心态问题的意义首先就在于对社会行为的预测与控制。因此，以与社会行为高度相关的心理要素作为社会心态的测量指标一定是社会心态研究的必然要求③。

本课题综合两位学者的研究成果，从以下五个方面对东南沿海县域中

---

① 马广海：《论社会心态：概念辨析及其操作化》，《社会科学》2008 年第 10 期，第 71 页。

② 马广海：《论社会心态：概念辨析及其操作化》，《社会科学》2008 年第 10 期，第 71 页。

③ 马广海：《论社会心态：概念辨析及其操作化》，《社会科学》2008 年第 10 期，第 71 ~ 72 页。

等收入阶层与低收入阶层的社会心态进行比较研究。一是对社会生活的感受及对未来的预期比较；二是对群际关系的认识比较；三是对公民政治参与的认识比较；四是对慈善事业的认识比较；五是利益冲突的经历及化解策略的选择比较。

一 对社会生活的感受及对未来生活的预期比较

20世纪八九十年代经济改革和市场化的进一步推进使人们普遍获益，人们的生活水平普遍得到提高。进入21世纪后，经济改革的深化和经济高速的增长使一部分人获益较多，生活水平提高较快，而另一部分人获益较少，生活水平提高较慢，还有一部分人则利益相对受损，生活水平变化不大，甚至下降。因此，本课题设计了"与10年前相比，您现在的生活是变好了还是变坏了？""您认为您将来的生活会比现在好还是会不如现在？"这两个问题，来测量东南沿海县域居民对社会生活的感受及对未来生活的预期。我们运用SPSS 13.0对调查数据进行交叉列联的频次处理，得出表7-14和表7-15。

表7-14显示，在问及"与10年前相比，您现在的生活是变好了还是变坏了？"时，两个县域无论中等收入阶层还是低收入阶层普遍都认为"好许多"，福清市中等收入阶层的比例为79.5%，低收入阶层的比例为68.7%，前者高出后者10.8%；龙海市中等收入阶层的比例为82.1%，低

表7-14 "与10年前相比，您现在的生活是变好了还是变坏了？"

单位：份，%

选 项	福清市				龙海市			
	中等收入阶层		低收入阶层		中等收入阶层		低收入阶层	
	样本数	占比	样本数	占比	样本数	占比	样本数	占比
好 许 多	174	79.5	358	68.7	101	82.1	262	71.0
好 一 点	34	15.5	119	22.8	15	12.2	84	22.8
几 乎 一 样	9	4.1	28	5.4	2	1.6	15	4.1
差 一 点	2	0.9	11	2.1	5	4.1	7	1.9
差 很 多	0	0.0	5	1.0	0	0.0	1	0.3
合 计	219	100.0	521	100.0	123	100.0	369	100.0

收入阶层的比例为71%，前者高出后者11.1%。福清市中等收入阶层与低收入阶层认为"好一点"的比例分别为15.5%和22.8%，前者比后者低了7.3%；龙海市则分别为12.2%和22.8%，前者比后者低了10.6%。福清市中等收入阶层与低收入阶层认为"几乎一样"的比例分别为4.1%和5.4%，前者比后者低了1.3%；龙海市则分别为1.6%和4.1%，前者比后者低了2.5%。福清市中等收入阶层与低收入阶层认为"差一点"的比例分别为0.9%和2.1%，前者比后者低了1.2%；龙海市则分别为4.1%和1.9%，前者高出后者2.2%，龙海市这一组数据较为反常。需要指出的是，福清市中等收入阶层中认为"几乎一样"和"差一点"的比例为5%，而低收入阶层中认为"几乎一样""差一点"和"差很多"的比例为8.5%；龙海市中等收入阶层中认为"几乎一样"和"差一点"的比例为5.7%，而低收入阶层中认为"几乎一样""差一点"和"差很多"的比例为6.3%。这表明，两个县域中等收入阶层与低收入阶层在普遍感受到国家经济改革深化和经济收入增长给人们的生活带来改善的同时，也有一小部分的样本对象没有感受到生活水平的变化，甚至认为下降了。

这里，我们进一步将两个县域居民的"家庭人均年收入分组"[①] 与"与10年前相比，您现在的生活是变好了还是变坏了？"[②] 进行二元定序变量的相关分析，得出福清市二者的相关系数为 − 0.097[**]，统计检验的相伴概率小于 0.01 （Sig. = 0.008），表明二者显著相关，且为负相关；龙海市二者的相关系数为 − 0.075，统计检验的相伴概率大于 0.05 （Sig. = 0.094），表明二者不存在相关性。这表明，福清市居民客观的家庭人均年收入水平越高，他们对于生活水平的感受就越好；而龙海市居民对此则不存在显著关联。

表 7 - 15 显示，在问及"您认为您将来的生活会比现在好还是会不如现在？"时，两个县域无论中等收入阶层还是低收入阶层普遍都认为"好许多"，福清市中等收入阶层的比例为75%，低收入阶层的比例为65.9%，前者高出后者9.1%；龙海市中等收入阶层的比例为72.9%，低收入阶层

---

① "家庭人均年收入分组"的赋值：家庭人均年收入 "0 ~ 19999 元" 赋值为 1，"20000 ~ 166667 元" 赋值为 2，"≥166668 元" 赋值为 3。

② 该问题的选项赋值为：好许多 = 1，好一点 = 2，几乎一样 = 3，差一点 = 4，差很多 = 5。

表 7 – 15　　"您认为您将来的生活会比现在好还是会不如现在？"

单位：份，%

选　项	福清市				龙海市			
	中等收入阶层		低收入阶层		中等收入阶层		低收入阶层	
	样本数	占比	样本数	占比	样本数	占比	样本数	占比
好 许 多	159	75.0	336	65.9	86	72.9	226	63.3
好 一 点	41	19.3	132	25.9	27	22.9	102	28.6
几乎一样	7	3.3	28	5.5	2	1.7	22	6.2
差 一 点	3	1.4	8	1.6	2	1.7	6	1.7
差 很 多	2	0.9	6	1.2	1	0.8	1	0.3
合　　计	212	100.0	510	100.0	118	100.0	357	100.0

的比例为 63.3%，前者高出后者 9.6%。福清市中等收入阶层与低收入阶层认为"好一点"的比例分别为 19.3% 和 25.9%，前者比后者低了 6.6%；龙海市则分别为 22.9% 和 28.6%，前者比后者低了 5.7%。福清市中等收入阶层与低收入阶层认为"几乎一样"的比例分别为 3.3% 和 5.5%，前者比后者低了 2.2%；龙海市则分别为 1.7% 和 6.2%，前者比后者低了 4.5%。福清市中等收入阶层与低收入阶层认为"差一点"的比例分别为 1.2% 和 1.4%，前者比后者低了 0.2%；龙海市则同为 1.7%。福清市中等收入阶层与低收入阶层认为"差很多"的比例分别为 0.9% 和 1.2%，前者比后者低了 0.3%；龙海市则分别为 0.8% 和 0.3%，前者高出后者 0.5%。这表明，两个县域中等收入阶层与低收入阶层对未来生活的预期普遍较好，当然，也有小部分样本对象对未来生活的预期不高甚至是下降。

　　这里，我们进一步将两个县域居民的"家庭人均年收入分组"与"您认为您将来的生活会比现在好还是会不如现在？"[①] 进行二元定序变量的相关分析，得出福清市二者的相关系数为 – 0.076*，统计检验的相伴概率小于 0.05（Sig. = 0.040），表明二者显著相关，且为负相关；龙海市二者的相关系数为 – 0.085，统计检验的相伴概率大于 0.05（Sig. = 0.062），表明二者不存在相关性。这表明，福清市居民客观的家庭人均年收入水平越高，他们对于未来生活的预期就越高；而龙海市居民对此则不存在显著关联。

---

　　① 该问题的选项赋值为：好许多 =1，好一点 =2，几乎一样 =3，差一点 =4，差很多 =5。

二 对群际关系的认识比较

群际关系通常有"穷人与富人""干部与群众""城里人与乡下人""雇主与雇员""管理者与被管理者""高学历者与低学历者"和"体力劳动者与脑力劳动者"等关系。本课题设计了"您是否同意应该从有钱人那里征收更多的税来帮助穷人?""您是否同意现在廉洁奉公的干部不多了?""您是否同意大多数干部都能为老百姓干实事?""您是否同意大量农民工进城,增加了城市社会治安问题?""您是否同意进城农民工应该享受与城市居民相同的待遇?"及"您是否同意为了保住城里人的饭碗,应该限制农民工进城打工?"等问题,旨在比较分析两个县域中等收入阶层与低收入阶层之间对"穷人与富人""干部与群众"及"农民工与市民"关系的不同看法与认识,这也可以从另一侧面了解这些群体之间发生矛盾和冲突的可能性判断,并推断这些群体矛盾和冲突存在的程度。我们运用 SPSS 13.0 对调查数据进行处理,得出表 7 - 16 至表 7 - 21。

(一) 对富人与穷人关系认识比较

表 7 - 16 显示,当问及"您是否同意应该从有钱人那里征收更多的税来帮助穷人?"时,两个县域中等收入阶层与低收入阶层普遍赞同,福清市超过半数的样本对象选择"非常同意",龙海市也有超过 1/3 的样本对象选择"非常同意"。如果将福清市中等收入阶层选择"非常同意"和"比较同意"的样本比例相加则为 79.9%、低收入阶层为 71.4%,龙海市中等收入阶层为 65.1%、低收入阶层为 60.1%;如果将福清市中等收入阶层选择"不太同意"和"很不同意"的样本比例相加则为 12.4%、低收入阶层为 13%,龙海市中等收入阶层为 19.5%、低收入阶层为 20.8%。可见,福清市中等收入阶层与低收入阶层赞同"应该从有钱人那里征收更多的税来帮助穷人"的比例高于龙海市;反之,不赞同的比例则相应低于龙海市。

综合表 7 - 13 的问题"在您看来,您所在的市、县里,人们之间的收入差距如何?"福清市中等收入阶层与低收入阶层超过 2/3 选择"差距太大",而龙海市的选择则不到 1/3;再综合第五章第一节关于两个县域中等收入阶层与低收入阶层的实际收入差距的研究结果,说明了由于福清市中等收入阶层与低收入阶层之间现实的收入差距大于龙海市，决定了他们对于收入差距的容忍程度不如龙海市样本对象，因此，他们当中更多的人主张应该从有钱人那里征收更多的税来帮助穷人，以此来消解贫富差距过大的现实及由此引发的诸多社会矛盾和冲突。

表 7 - 16　"您是否同意应该从有钱人那里征收更多的税来帮助穷人？"

单位：份，%

选　项	福清市				龙海市			
	中等收入阶层		低收入阶层		中等收入阶层		低收入阶层	
	样本数	占比	样本数	占比	样本数	占比	样本数	占比
非常同意	115	52.5	279	53.4	50	40.7	129	34.8
比较同意	60	27.4	94	18.0	30	24.4	94	25.3
一　般	15	6.8	48	9.2	14	11.4	44	11.9
不太同意	17	7.8	43	8.2	17	13.8	56	15.1
很不同意	10	4.6	25	4.8	7	5.7	21	5.7
不清楚	2	0.9	28	5.4	5	4.1	24	6.5
不回答	0	0.0	5	1.0	0	0.0	3	0.8
合　计	219	100.0	522	1000	123	100.0	371	100.0

（二）对干部与群众关系认识比较

表 7 - 17 显示，当问及"您是否同意现在廉洁奉公的干部不多了？"时，福清市超过 1/4 的样本对象选择"非常同意"，龙海市仅有略超过 1/8 的样本对象选择"非常同意"，福清市选择此答案的比例约是龙海市的 1 倍。如果将福清市中等收入阶层选择"非常同意"和"比较同意"的样本比例相加则为 51.2%，低收入阶层为 49.3%，龙海市中等收入阶层为 34.4%，低收入阶层为 41.7%；如果将福清市中等收入阶层选择"不太同意"和"很不同意"的样本比例相加则为 29.2%，低收入阶层为 23.2%，龙海市中等收入阶层为 37.7%，低收入阶层为 25.1%。可见，福清市中等收入阶层与低收入阶层赞同"现在廉洁奉公的干部不多了"的比例高于龙海市；反之，不赞同的比例则相应低于龙海市。这说明，福清市中等收入阶层与低收入阶层对于干部的负面评价的比例大大高于龙海市，这也间接说明了福清市的干群关系总体比龙海市紧张。

表 7 – 17　"您是否同意现在廉洁奉公的干部不多了?"

单位：份,%

| 选　项 | 福清市 | | | | 龙海市 | | | |
| | 中等收入阶层 | | 低收入阶层 | | 中等收入阶层 | | 低收入阶层 | |
	样本数	占比	样本数	占比	样本数	占比	样本数	占比
非常同意	58	26.5	146	27.9	16	13.1	52	14.1
比较同意	54	24.7	112	21.4	26	21.3	102	27.6
一　般	29	13.2	90	17.2	21	17.2	80	21.6
不太同意	46	21.0	82	15.7	24	19.7	74	20.0
很不同意	18	8.2	39	7.5	22	18.0	19	5.1
不清楚	12	5.5	49	9.4	13	10.7	38	10.3
不回答	2	0.9	5	1.0	0	0.0	5	1.4
合　计	219	100.0	523	100.0	122	100.0	370	100.0

　　表 7 – 18 显示，当问及"您是否同意大多数干部都能为老百姓干实事?"时，福清市超过 1/5 的样本对象选择"非常同意"，而龙海市中等收入阶层与低收入阶层选择"非常同意"的比例差异较大，前者为 25.2%（大约 1/4），后者仅为 15.7%（大约 1/7），前者大于后者 9.5%。如果将福清市中等收入阶层选择"非常同意"和"比较同意"的样本比例相加则

表 7 – 18　"您是否同意大多数干部都能为老百姓干实事?"

单位：份,%

| 选　项 | 福清市 | | | | 龙海市 | | | |
| | 中等收入阶层 | | 低收入阶层 | | 中等收入阶层 | | 低收入阶层 | |
	样本数	占比	样本数	占比	样本数	占比	样本数	占比
非常同意	44	20.1	110	21.0	31	25.2	59	15.7
比较同意	52	23.7	123	23.5	44	35.8	125	33.6
一　般	38	17.4	93	17.8	25	20.3	76	20.4
不太同意	41	18.7	109	20.8	12	9.8	63	16.9
很不同意	31	14.2	64	12.2	7	5.7	23	6.2
不清楚	10	4.6	20	3.8	4	3.3	25	6.7
不回答	3	1.4	4	0.8	0	0.0	1	0.3
合　计	219	100.0	523	100.0	123	100.0	372	100.0

为 43.8%，低收入阶层为 44.5%，龙海市中等收入阶层为 61%，低收入阶层为 49.3%；如果将福清市中等收入阶层选择"不太同意"和"很不同意"的样本比例相加则为 32.9%，低收入阶层为 33%，龙海市中等收入阶层为 15.5%，低收入阶层为 23.1%。可见，对于"大多数干部都能为老百姓干实事"这一正面评价，福清市中等收入阶层与低收入阶层超过四成持赞同意见，超过三成持反对意见，超过 1/6 持"一般"的意见；而龙海市的差异较大，有六成左右的中等收入阶层持赞同意见，一成半左右的持反对意见，有五成左右的低收入阶层持赞同意见，超过两成的持反对意见，大约 1/5 的中等收入阶层与低收入阶层均持"一般"的意见。这说明，两个县域中等收入阶层与低收入阶层之间对于干部的正面评价差异性较大，其中，龙海市中等收入阶层与低收入阶层之间的差异性更大。值得一提的是，龙海市中等收入阶层对干部更多的是持肯定意见。

（三）对农民工与市民关系认识比较

表 7-19 显示，当问及"您是否同意大量农民工进城，增加了城市社会治安问题？"时，福清市大约 1/5 的样本对象选择"非常同意"，龙海市仅不到 1/10 的样本对象选择"非常同意"，福清市选择此答案的比例是龙

表 7-19　"您是否同意大量农民工进城，增加了城市社会治安问题？"

单位：份，%

选　　项	福清市				龙海市			
	中等收入阶层		低收入阶层		中等收入阶层		低收入阶层	
	样本数	占比	样本数	占比	样本数	占比	样本数	占比
非常同意	44	20.1	98	18.7	11	8.9	32	8.6
比较同意	66	30.1	167	31.9	35	28.5	100	27.0
一　　般	29	13.2	62	11.9	20	16.3	55	14.8
不太同意	40	18.3	87	16.6	31	25.2	98	26.4
很不同意	27	12.3	57	10.9	21	17.1	59	15.9
不清楚	11	5.0	45	8.6	5	4.1	25	6.7
不回答	2	0.9	7	1.3	0	0.0	2	0.5
合　　计	219	100.0	523	100.0	123	100.0	371	100.0

海市的 1 倍多。如果将福清市中等收入阶层选择"非常同意"和"比较同

意"的样本比例相加则为 50.2%，低收入阶层为 50.6%，龙海市中等收入阶层为 37.4%，低收入阶层为 35.6%；如果将福清市中等收入阶层选择"不太同意"和"很不同意"的样本比例相加则为 30.6%，低收入阶层为 27.5%，龙海市中等收入阶层与低收入阶层均为 42.3%。可见，对于"大量农民工进城，增加了城市社会治安问题"这样的实然判断，两个县域内部中等收入阶层与低收入阶层之间差异不大，但是，两个县域之间的差异则很大。福清市中等收入阶层与低收入阶层中有一半左右的样本对象赞同"大量农民工进城，增加了城市社会治安问题"，不赞同的比例不到 1/3，龙海市略超过 1/3 赞同"大量农民工进城，增加了城市社会治安问题"，不赞同的占四成多。

表 7－20 显示，当问及"您是否同意进城农民工应该享受与城市居民相同的待遇？"时，福清市中等收入阶层与低收入阶层分别有 57.1% 和 61.5% 的样本对象选择"非常同意"，龙海市分别有 50.4% 和 53.8% 的样本对象选择"非常同意"。如果将福清市中等收入阶层选择"非常同意"和"比较同意"的样本比例相加则为 81.8%，低收入阶层为 80.7%，龙海市中等收入阶层为 82.1%，低收入阶层为 86.6%；如果将福清市中等收入阶层选择"不太同意"和"很不同意"的样本比例相加则为 7.3%，低收入阶层为 6.1%，

表 7－20　"您是否同意进城农民工应该享受与城市居民相同的待遇？"

单位：份,%

选项	福清市				龙海市			
	中等收入阶层		低收入阶层		中等收入阶层		低收入阶层	
	样本数	占比	样本数	占比	样本数	占比	样本数	占比
非常同意	125	57.1	321	61.5	62	50.4	200	53.8
比较同意	54	24.7	100	19.2	39	31.7	122	32.8
一般	13	5.9	40	7.7	9	7.3	20	5.4
不太同意	14	6.4	25	4.8	7	5.7	12	3.2
很不同意	2	0.9	7	1.3	1	0.8	1	0.3
不清楚	9	4.1	22	4.2	5	4.1	15	4.0
不回答	2	0.9	7	1.3	0	0.0	2	0.5
合计	219	100.0	522	100.0	123	100.0	372	100.0

龙海市中等收入阶层为 6.5%，低收入阶层为 3.5%。可见，两个县域绝大

多数中等收入阶层与低收入阶层赞同"进城农民工应该享受与城市居民相同的待遇"这样的应然意见，只有极少数居民对此持反对意见。

表7-21显示，当问及"您是否同意为了保住城里人的饭碗，应该限制农民工进城打工？"时，福清市中等收入阶层与低收入阶层分别有54.8%和52.8%的样本对象选择"很不同意"，龙海市分别有51.2%和45.4%的样本对象选择"很不同意"。如果将福清市中等收入阶层选择"很不同意"和"不太同意"的样本比例相加则为79.9%，低收入阶层为77.7%，龙海市中等收入阶层为78.8%，低收入阶层为80.3%；如果将福清市中等收入阶层选择"非常同意"和"比较同意"的样本比例相加则为8.2%，低收入阶层为8.8%，龙海市中等收入阶层为11.4%，低收入阶层为9.4%。可见，两个县域仅约八成的中等收入阶层与低收入阶层不赞同"为了保住城里人的饭碗，应该限制农民工进城打工"这样的应然意见，只有一成左右的居民对此持肯定意见。

表7-21　"您是否同意为了保住城里人的饭碗，应该限制农民工进城打工？"

单位：份,%

选　　项	福清市				龙海市			
	中等收入阶层		低收入阶层		中等收入阶层		低收入阶层	
	样本数	占比	样本数	占比	样本数	占比	样本数	占比
非常同意	7	3.2	17	3.3	4	3.3	9	2.4
比较同意	11	5.0	29	5.5	10	8.1	26	7.0
一　　般	13	5.9	32	6.1	5	4.1	14	3.8
不太同意	55	25.1	130	24.9	34	27.6	129	34.9
很不同意	120	54.8	276	52.8	63	51.2	168	45.4
不清楚	11	5.0	32	6.1	6	4.9	18	4.7
不回答	2	0.9	7	1.3	1	0.8	6	1.6
合　　计	219	100.0	523	100.0	123	100.0	370	100.0

综上所述，两个县域中等收入阶层与低收入阶层对于农民工进城以及农民工与市民的关系有很理性的认识，相当一部分样本对象在赞同"大量农民工进城，增加了城市社会治安问题"的同时，又清醒地认识到"进城农民工应该享受与城市居民相同的待遇"，并反对"为了保住城里人的饭碗，应该限制农民工进城打工"这样的意见。也就是说，他们中的多数人既能清醒地

认识到大批农民工进城对于城市的负面影响，同时又能认识到应该保障进城农民工的生存权益和社会地位，保障进城农民工与市民的同等待遇等问题。

三　对公民参政议政的认识比较

公民参政议政通常是公民政治参与的一种重要方式。公民参政是指公民对公共事务和关系的直接管理，公民是执行者；公民议政是指公民对管理公共事务和关系的提议进行讨论后，决定是否由执政党或政府去执行的行为。政治参与是政治文明进程的一个重要变量，亦称参与政治，顾名思义就是一定的政治主体从事政治的活动。大量的研究表明，社会经济地位（如职业地位、受教育水平、家庭收入等）与政治参与之间有着紧密的关联。社会经济地位高的人，往往比那些处于社会底层的人在政治上表现更积极[①]。本课题设计了"您是否同意参政议政可以提升个人的社会地位？""您是否同意只要管好自己的事就行了，政府的好坏与我无关？"及"您是否同意我向村委会、居委会、工作单位提建议时，大多数会被接受？"等问题，旨在了解东南沿海县域居民对参政议政的认识及其个人议政的影响力等。我们运用 SPSS 13.0 对调查数据进行处理，得出表 7-22、表 7-23 和表 7-24。

表 7-22 显示，当问及"您是否同意参政议政可以提升个人的社会地位？"时，福清市中等收入阶层与低收入阶层分别有 41.1% 和 37% 的样本对象选择"非常同意"，龙海市分别有 43.1% 和 24.7% 的样本对象选择"非常同意"。如果将福清市中等收入阶层选择"非常同意"和"比较同意"的样本比例相加则为 65.3%，低收入阶层为 63.4%，龙海市中等收入阶层为 70.7%，低收入阶层为 62.3%；如果将福清市中等收入阶层选择"不太同意"和"很不同意"的样本比例相加则为 9.5%，低收入阶层为 11.3%，龙海市中等收入阶层为 9%，低收入阶层为 15.9%。可见，两个县域中等收入阶层与低收入阶层近 2/3 的样本对象赞同"参政议政可以提升个人的社会地位"这一观点，大约 1/10 的样本对象对此持反对意见（龙海市低收入阶层略高）。

---

① 转引自"百度百科"，http://baike.baidu.com/view/87029.htm，最后访问日期：2012 年 12 月 22 日。

表 7 - 22 "您是否同意参政议政可以提升个人的社会地位?"

单位：份,%

选 项	福清市				龙海市			
	中等收入阶层		低收入阶层		中等收入阶层		低收入阶层	
	样本数	占比	样本数	占比	样本数	占比	样本数	占比
非常同意	90	41.1	193	37.0	53	43.1	92	24.7
比较同意	53	24.2	138	26.4	34	27.6	140	37.6
一 般	27	12.3	54	10.3	8	6.5	43	11.6
不太同意	15	6.8	45	8.6	7	5.7	42	11.3
很不同意	6	2.7	14	2.7	4	3.3	17	4.6
不 清 楚	27	12.3	71	13.6	17	13.8	33	8.9
不 回 答	1	0.5	7	1.3	0	0.0	5	1.3
合 计	219	100.0	522	100.0	123	100.0	372	100.0

表 7 - 23 显示，当问及 "您是否同意只要管好自己的事就行了，政府的好坏与我无关?" 时，福清市中等收入阶层与低收入阶层分别有 48.4% 和 41.5% 的样本对象选择 "很不同意"，龙海市分别有 53.7% 和 41% 的样本对象选择 "很不同意"。如果将福清市中等收入阶层选择 "很不同意" 和 "不太同意" 的样本比例相加则为 69.4%，低收入阶层

表 7 - 23 "您是否同意只要管好自己的事就行了，政府的好坏与我无关?"

单位：份,%

选 项	福清市				龙海市			
	中等收入阶层		低收入阶层		中等收入阶层		低收入阶层	
	样本数	占比	样本数	占比	样本数	占比	样本数	占比
非常同意	23	10.5	68	13.0	10	8.1	21	5.7
比较同意	19	8.7	59	11.3	11	8.9	41	11.1
一 般	19	8.7	35	6.7	7	5.7	21	5.7
不太同意	46	21.0	123	23.5	27	22.0	115	31.0
很不同意	106	48.4	217	41.5	66	53.7	152	41.0
不 清 楚	5	2.3	16	3.1	2	1.6	19	5.1
不 回 答	1	0.5	5	1.0	0	0.0	2	0.5
合 计	219	100.0	523	100.0	123	100.0	371	100.0

为 65%，龙海市中等收入阶层为 75.7%，低收入阶层为 72%；如果将福清市中等收入阶层选择"非常同意"和"比较同意"的样本比例相加则为 19.2%，低收入阶层为 24.3%，龙海市中等收入阶层为 17%、低收入阶层为 16.8%。可见，福清市中等收入阶层与低收入阶层约 2/3 的样本对象反对"只要管好自己的事就行了，政府的好坏与我无关"，而龙海市则有约 3/4 的样本对象反对这一说法。

表 7-24 显示，当问及"您是否同意我向村委会、居委会、工作单位提建议时，大多数会被接受？"时，福清市中等收入阶层与低收入阶层分别有 26.9% 和 25.7% 的样本对象选择"非常同意"，龙海市分别有 26.8% 和 19.6% 的样本对象选择"非常同意"。如果将福清市中等收入阶层选择"非常同意"和"比较同意"的样本比例相加则为 50.6%，低收入阶层为 51.6%，龙海市中等收入阶层为 52%，低收入阶层为 53.7%；如果将福清市中等收入阶层选择"不太同意"和"很不同意"的样本比例相加则为 15.5%，低收入阶层为 12.7%，龙海市中等收入阶层为 13.8%，低收入阶层为 14.5%。可见，两个县域中等收入阶层与低收入阶层超过半数的样本对象认为"我向村委会、居委会、工作单位提建议时，大多数会被接受"，仅有略超过 1/8 的样本对象对此持反对意见。

表 7-24　"您是否同意我向村委会、居委会、工作单位提建议时，大多数会被接受？"

单位：份,%

选　　项	福清市				龙海市			
	中等收入阶层		低收入阶层		中等收入阶层		低收入阶层	
	样本数	占比	样本数	占比	样本数	占比	样本数	占比
非常同意	59	26.9	134	25.7	33	26.8	73	19.6
比较同意	52	23.7	135	25.9	31	25.2	127	34.1
一　　般	38	17.4	90	17.3	24	19.5	54	14.5
不太同意	22	10.0	40	7.7	10	8.1	41	11.0
很不同意	12	5.5	26	5.0	7	5.7	13	3.5
不 清 楚	31	14.2	88	16.9	17	13.8	61	16.4
不 回 答	5	2.3	8	1.5	1	0.8	3	0.8
合　　计	219	100.0	521	100.0	123	100.0	372	100.0

综上说明，两个县域中等收入阶层与低收入阶层普遍赞同"参政议政对公民个人的作用""公民应该参政议政"，同时也对个人议政的影响力有比较好的评价。

四 对慈善事业的认识比较

慈善事业是一种有益于社会与人群的社会公益事业，是政府主导下的社会保障体系的一种必要的补充；是在政府的倡导或帮助、扶持下，由民间团体和个人自愿组织与开展活动的、对社会中遇到灾难或不幸的人，不求回报地实施救助的一种无私的支持与奉献的事业。慈善事业实质上也是社会再分配的一种实现形式①。慈善事业是国民素质提高的反映，它有利于促进社会公平，因此，当今社会应该大力发展慈善事业。发展慈善事业可从教育和政策两个方面着手，即以教育的形式来鼓励慈善，以政策和立法来规范慈善。同时，对慈善也要有正确的认识，慈善是一种精神引导而不是强制，发展慈善事业的同时要防止"伪慈善"和"被慈善"的发生。本课题设计了"您是否同意公民参与慈善事业是必需的行为？"及"您是否同意慈善事业可以提高企业和个人的知名度和社会形象？"等问题，旨在了解东南沿海县域居民对慈善事业的认识及它对企业和个人的意义。我们运用 SPSS 13.0 对调查数据进行处理，得出表 7-25 和表 7-26。

表 7-25 显示，当问及"您是否同意公民参与慈善事业是必需的行为？"时，福清市中等收入阶层与低收入阶层分别有 73.1% 和 75% 的样本对象选择"非常同意"，龙海市分别有 69.1% 和 56.9% 的样本对象选择"非常同意"。如果将福清市中等收入阶层选择"非常同意"和"比较同意"的样本比例相加则为 91.8%，低收入阶层为 91.9%，龙海市中等收入阶层为 90.2%，低收入阶层为 87.1%；如果将福清市中等收入阶层选择"不太同意"和"很不同意"的样本比例相加则为 3.7%，低收入阶层为 1.8%，龙海市中等收入阶层与低收入阶层均为 4.9%。可见，两个县域中等收入阶层与低收入阶层绝大多数样本对象赞同"公民参与慈善事业是必需的行为"这一观点。

---

① 转引自"百度百科"，http://baike.baidu.com/view/132164.htm，最后访问日期：2012年 12 月 22 日。

表 7 - 25　　"您是否同意公民参与慈善事业是必需的行为?"

单位:份,%

选　　项	福清市				龙海市			
	中等收入阶层		低收入阶层		中等收入阶层		低收入阶层	
	样本数	占比	样本数	占比	样本数	占比	样本数	占比
非常同意	160	73.1	390	75.0	85	69.1	211	56.9
比较同意	41	18.7	88	16.9	26	21.1	112	30.2
一　　般	9	4.1	23	4.4	5	4.1	24	6.5
不太同意	8	3.7	6	1.2	4	3.3	14	3.8
很不同意	0	0.0	3	0.6	2	1.6	4	1.1
不清楚	1	0.5	5	1.0	1	0.8	6	1.6
不回答	0	0.0	5	1.0	0	0.0	0	0.0
合　　计	219	100.0	520	100.0	123	100.0	371	100.0

表 7-26 显示,当问及 "您是否同意慈善事业可以提高企业和个人的知名度和社会形象?"时,福清市中等收入阶层与低收入阶层分别有 65.3% 和 56.9% 的样本对象选择 "非常同意",龙海市分别有 45.5% 和 32.3% 的样本对象选择 "非常同意"。如果将福清市中等收入阶层选择 "非常同意" 和 "比较同意" 的样本比例相加则为 84%,低收入阶层为 80.9%,

表 7 - 26　　"您是否同意慈善事业可以提高企业和个人的知名度和社会形象?"

单位:份,%

选　　项	福清市				龙海市			
	中等收入阶层		低收入阶层		中等收入阶层		低收入阶层	
	样本数	占比	样本数	占比	样本数	占比	样本数	占比
非常同意	139	63.5	296	56.9	55	45.5	120	32.3
比较同意	45	20.5	125	24.0	44	36.4	156	42.0
一　　般	13	5.9	36	6.9	7	5.8	26	7.0
不太同意	13	5.9	25	4.8	6	5.0	23	6.2
很不同意	6	2.7	11	2.1	5	4.1	29	7.8
不清楚	3	1.4	22	4.2	4	3.3	15	4.0
不回答	0	0.0	5	1.0	0	0.0	2	0.5
合　　计	219	100.0	520	100.0	121	100.0	371	100.0

龙海市中等收入阶层为 81.9%，低收入阶层为 74.3%；如果将福清市中等收入阶层选择"不太同意"和"很不同意"的样本比例相加则为 8.6%，低收入阶层为 6.9%，龙海市中等收入阶层为 9.1%，低收入阶层为 14%。可见，两个县域中等收入阶层与低收入阶层普遍赞同"慈善事业可以提高企业和个人的知名度和社会形象"这一观点。当然，龙海市低收入阶层的比例略小些。

综上说明，两个县域中等收入阶层与低收入阶层普遍认识到慈善事业的社会意义，认为公民应该积极参与慈善事业，并认识到慈善事业对提升个人及企业社会地位的重要性。

五　利益冲突的经历及化解策略的选择比较

要构建社会主义和谐社会，就必须更加积极主动地正视矛盾、化解矛盾，最大限度地消除不和谐的社会因素。那么，在广大居民的视野中，各种社会问题指什么？其严重性究竟如何？公众是否经历过？通常采取哪些方式解决？等等，这些也是本课题关注的问题。本课题设计了"在最近的五年中，您是否遇到过以下问题的其中一项？""如果亲身经历过，印象最深的那一次，主要采用了哪些办法？"（选三项）及"如果没亲身经历过，今后如果遇到这样的问题您会采取哪些办法？"（选三项）等问题，旨在了解东南沿海县域居民利益冲突的经历及化解策略的选择。我们运用 SPSS 13.0 对调查数据进行处理，得出表 7-27、表 7-28 和表 7-29。

表 7-27 显示，当问及"在最近的五年中，您是否遇到过以下问题的其中一项？"时，福清市中等收入阶层与低收入阶层约 1/5 的样本对象经历过"乱收费、征地拆迁及补偿不合理、劳资纠纷、消费纠纷、司法不公、因举报上访而遭到报复等其中一项"；而龙海市仅有不到 1/12 的样本对象经历过。这也间接体现了福清市"乱收费、征地拆迁及补偿不合理、劳资纠纷、消费纠纷、司法不公、因举报上访而遭到报复"等现象比龙海市严重，同时也说明福清市中等收入阶层与低收入阶层所处的社会生存环境不如龙海市和谐与稳定。

表 7 - 27 "在最近的五年中，您是否遇到过以下问题的其中一项？"

单位：份,%

选 项	福清市				龙海市			
	中等收入阶层		低收入阶层		中等收入阶层		低收入阶层	
	样本数	占比	样本数	占比	样本数	占比	样本数	占比
是	50	22.8	101	19.6	10	8.1	30	8.1
否	169	77.2	413	80.4	113	91.9	341	91.9
合 计	219	100.0	514	100.0	123	100.0	371	100.0

注：选项设计为①乱收费；②征地拆迁及补偿不合理；③劳资纠纷；④消费纠纷；⑤司法不公；⑥因举报上访而遭到报复。

表 7 - 28 显示，当问及"如果亲身经历过，印象最深的那一次，主要采用了哪些办法？"时，福清市中等收入阶层前三项的选择排序依次是："无可奈何，只好忍了"（46.7%）、"与对方当事人、单位协商"（37.8%）、"没有采用任何办法"（28.9%）；低收入阶层的选择排序依次是："无可奈何，只好忍了"（57.3%）、"没有采用任何办法"（36.5%）、"向政府有关部门反映"（29.2%）。龙海市中等收入阶层的选择排序依次是："无可奈何，只好忍了"和"向政府有关部门反映"并列排序第一（37.5%）、"没有采用任何办法"排序第二（25%）；低收入阶层的选择排序依次是："无可奈何，只好忍了"和"没有采用任何办法"并列第一（41.9%）、"与对方当事人、单位协商"（38.7%）排序第二。可见，两个县域中等收入阶层与低收入阶层首先均为"无可奈何，只好忍了"，其余两项普遍选择"与对方当事人、单位协商"或者"向政府有关部门反映"或者"没有采用任何办法"。两个县域低收入阶层选择"无可奈何，只好忍了"和"没有采用任何办法"的比例尤其高，福清市低收入阶层二者相加的比例高达93.8%，龙海市低收入阶层的比例也达83.8%；而福清市中等收入阶层选择这两项的比例为75.6%，龙海市中等收入阶层的比例为62.5%。这说明，两个县域中等收入阶层与低收入阶层对于曾经经历过的上述种种社会不公和不平等现象普遍无可奈何、无能为力；选择"与对方当事人、单位协商"或者"向政府有关部门反映"的比例不足四成。值得一提的是，福清市中等收入阶层有17.8%的样本对象选择"打官司"，仅有4.4%的样本对象分别选择"暴力反抗"和"上访静坐示威"这样相对过激的行动；而龙海市中等收入阶层有12.5%的样本对象

分别选择"暴力反抗"和"上访静坐示威",龙海市低收入阶层则有22.6%的样本对象选择"上访静坐示威",16.1%的样本对象选择"打官司"。这说明,尽管福清市的总体社会生存环境可能不如龙海市,但福清市中等收入阶层与低收入阶层的行为选择比龙海市更理性一些。

表7-28　"如果亲身经历过,印象最深的那一次,主要采用了
哪些办法?"(选三项)

单位:%

选项	福清市				龙海市			
	中等收入阶层		低收入阶层		中等收入阶层		低收入阶层	
	频数	占比	频数	占比	频数	占比	频数	占比
打官司	8	17.8 (4)	9	9.4 (5)	1	12.5 (4)	5	16.1 (4)
与对方当事人、单位协商	17	37.8 (2)	24	25.0 (4)	1	12.5 (4)	12	38.7 (2)
向政府有关部门反映	8	17.8 (4)	28	29.2 (3)	3	37.5 (1)	4	12.9 (5)
找说得上话的官员帮忙	4	8.9 (5)	5	5.2 (6)	0	0.0	1	3.2 (6)
找媒体帮助	2	4.4 (7)	3	3.1 (7)	0	0.0	1	3.2 (6)
暴力反抗	2	4.4 (7)	0	0.0	1	12.5 (3)	0	0.0
上访静坐示威	2	4.4 (7)	3	3.1 (7)	1	12.5 (3)	7	22.6 (3)
找人报复	0	0.0	0	0.0	0	0.0	0	0.0
不采用任何办法	13	28.9 (3)	35	36.5 (2)	2	25.0 (2)	13	41.9 (1)
无可奈何,只好忍了	21	46.7 (1)	55	57.3 (1)	3	37.5 (1)	13	41.9 (1)
其他	3	6.7 (6)	1	2.2 (8)	0	0.0	4	12.9 (5)
不适用、不清楚或不回答	0	0.0	0	0.0	0	0.0	0	0.0

注:括号内的数据为排序。福清市中等收入阶层有效样本数为45份,低收入阶层为96份;龙海市中等收入阶层有效样本数为8份,低收入阶层为31份。

表7-29显示,当问及"如果没亲身经历过,今后如果遇到这样的问题您会采取哪些办法?"时,两个县域中等收入阶层与低收入阶层对前三项的选择大致相同,只是排序和选择的比例略有差异。福清市中等收入阶层与低收入阶层前三项的选择排序相同,依次是:"向政府有关部门反映"

表 7 - 29   "如果没亲身经历过，今后如果遇到这样的问题您会采取
哪些办法？"（选三项）

单位:%

选　项	福清市				龙海市			
	中等收入阶层		低收入阶层		中等收入阶层		低收入阶层	
	频数	占比	频数	占比	频数	占比	频数	占比
打官司	70	41.2 (3)	123	30.1 (3)	43	39.1 (3)	100	29.3 (3)
与对方当事人、单位协商	85	50.0 (2)	170	41.6 (2)	69	62.7 (1)	236	69.2 (1)
向政府有关部门反映	96	56.5 (1)	215	52.6 (1)	65	59.1 (2)	201	58.9 (2)
找说得上话的官员帮忙	19	11.2 (6)	42	10.3 (7)	19	17.3 (4)	23	6.7 (6)
找媒体帮助	33	19.4 (4)	53	13.0 (5)	11	10.0 (6)	34	10.0 (5)
暴力反抗	1	0.6 (9)	2	0.5 (10)	2	1.8 (8)	3	0.9 (9)
上访静坐示威	1	0.6 (9)	4	1.0 (9)	1	0.9 (9)	3	0.9 (9)
找人报复	0	0.0	0	0.0	1	0.9 (9)	0	0.0
没有用任何办法	13	7.6 (7)	48	11.7 (6)	7	6.4 (7)	20	5.9 (7)
无可奈何，只好忍了	28	16.5 (5)	89	21.8 (4)	17	15.5 (5)	56	16.4 (4)
其他	7	4.1 (8)	9	2.2 (8)	2	1.8 (8)	8	2.3 (8)
不适用、不清楚或不回答	0	0.0	0	0.0	0	0.0	0	0.0

注：括号内的数据为排序。福清市中等收入阶层的有效样本数为 170 份，低收入阶层为 409 份；龙海市中等收入阶层有效样本数为 110 份，低收入阶层为 341 份。

（56.5% 和 52.6%）、"与对方当事人、单位协商"（50% 和 41.6%）、"打官司"（41.2% 和 30.1%）；龙海市中等收入阶层与低收入阶层前三项的选择排序也相同，依次是："与对方当事人、单位协商"（62.7% 和 69.2%）、"向政府有关部门反映"（59.1% 和 58.9%）、"打官司"（39.1% 和 29.3%）。这说明，今后如果遇到类似的社会不公和不平等现象，两个县域中等收入阶层与低收入阶层普遍将采取更为理性、更符合法制的方式解决。值得一提的是，随着各种社会矛盾和社会不平等现象的频发，广大媒体（尤其是网络）的作用越来越显著。许多难以解决的社会问

题和社会矛盾一经媒体介入、跟踪报道，就会引起各级政府的关注和重视，最终得以解决。东南沿海县域的民众也意识到了媒体的影响力和作用。因此，当问及"如果没亲身经历过，今后如果遇到这样的问题您会采取哪些办法？"时，福清市中等收入阶层与低收入阶层分别有 19.4% 和 13% 的样本对象选择"找媒体帮助"，而龙海市中等收入阶层与低收入阶层也有 10% 的样本对象选择此答案。

六 总结与讨论

首先，两个县域中等收入阶层与低收入阶层超过 2/3 的样本认为"与10 年前相比，现在的生活好许多"；超过 2/3 的样本认为"将来的生活会比现在好许多"。但是，在普遍感受到国家经济改革深化和经济收入增长给人们的生活带来好处的同时，也有一小部分的样本对象没有感受到生活水平的变化，甚至认为下降了。对未来生活的预期亦如此，在普遍认为"将来的生活会比现在好许多"的同时，也有小部分样本对象对未来生活的预期不高甚至是下降。

其次，两个县域中等收入阶层与低收入阶层普遍赞同"应该从有钱人那里征收更多的税来帮助穷人"，但福清市的比例高于龙海市。我们分析，可能由于福清市中等收入阶层与低收入阶层之间现实的收入差距大于龙海市，决定了他们对于收入差距的容忍程度不如龙海市的样本对象。因此，他们中更多的人主张应该从有钱人那里征收更多的税来帮助穷人，以此来消解贫富差距过大的现实及由此引发的诸多社会矛盾和冲突。

福清市中等收入阶层与低收入阶层赞同"现在廉洁奉公的干部不多了"的比例高于龙海市，而对于"大多数干部都能为老百姓干实事"这一正面评价，两个县域之间的差异较大，其中，龙海市中等收入阶层与低收入阶层之间的差异更大。概括而言，福清市中等收入阶层与低收入阶层对于干部的负面评价的比例大大高于龙海市，而龙海市中等收入阶层对干部持肯定意见的比例更高。

两个县域中等收入阶层与低收入阶层对于农民工进城以及农民工与市民的关系有一个很理性的认识，相当一部分样本对象在赞同"大量农民工进城，增加了城市社会治安问题"的同时，又清醒地认识到"进城农民工应该享受与城市居民相同的待遇",并反对"为了保住城里人的饭碗,应该限制农民工进城打工"这样的意见。也就是说,他们中的多数人既能清醒地认识到大批农民工进城对于城市的负面影响,同时又认识到应该保障进城农民工的生存权益和社会地位,保障进城农民工与市民的同等待遇等问题。

再次,两个县域中等收入阶层与低收入阶层普遍赞同"参政议政对公民个人的作用"以及赞同"公民应该参政议政",同时,也对个人议政的影响力有比较好的评价。例如,两个县域中等收入阶层与低收入阶层近2/3的样本对象赞同"参政议政可以提升个人的社会地位",超过半数的样本对象认为"我向村委会、居委会、工作单位提建议时,大多数会被接受"。福清市中等收入阶层与低收入阶层约2/3的样本对象反对"只要管好自己的事就行了,政府的好坏与我无关",而龙海市则约3/4的样本对象反对这一说法。

复次,两个县域中等收入阶层与低收入阶层普遍认识到慈善事业的社会意义,认为公民应该积极参与慈善事业。同时,他们也认识到慈善事业对提升个人及企业社会地位的重要性。

最后,福清市中等收入阶层与低收入阶层经历过"乱收费、征地拆迁及补偿不合理、劳资纠纷、消费纠纷、司法不公、因举报上访而遭到报复等其中一项"的样本对象大大多于龙海市。对于曾经经历过的上述种种社会不公和不平等现象,两个县域中等收入阶层与低收入阶层普遍选择"无可奈何、无能为力";选择"与对方当事人、单位协商"或者"向政府有关部门反映"的比例不足四成。但是,福清市样本对象的选择比龙海市更理性一些,只有很小比例的样本对象选择"暴力反抗"和"上访静坐示威"这样过激的行为。对于今后如果遇到上述种种社会不公和不平等现象,两个县域中等收入阶层与低收入阶层则将选择诸如"向政府有关部门反映""与对方当事人、单位协商"及"打官司"这样更为理性、更符合法制的方式解决。值得一提的是,两个县域中等收入阶层与低收入阶层也意识到了媒体的影响力和作用。例如,福清市中等收入阶层与低收入阶层分别有19.4%和13%的样本对象选择"找媒体帮助",而龙海市中等收入阶层与低收入阶层也有10%的样本对象选择此答案。

总之,关于东南沿海县域阶层之间社会心态的研究,本课题的研究成果只能起到抛砖引玉的作用,对于阶层之间社会心态差异的原因以及各地位群体之间社会心态的调适等均未涉及,这也是我们今后进一步努力的方向。

第八章

扩大中国县域中等收入
阶层的政策建议

党的十七大报告指出，2020 年实现全面建设小康社会的目标，届时合理有序的收入分配格局基本形成，中等收入者占多数，绝对贫困现象基本消除。2020 年中国能否实现"中等收入者占多数"这一目标？如导论所述，2001 年龙永图大胆预测，在未来 10 年中，中国具有中等收入的群体将达 4 亿人之多。2005 年 9 月，陆学艺教授在"第二届中欧政府管理高层论坛"上预测，如果按照目前中国社会中产阶层每年 1% 的增长速度，20 年后中国中产阶层可以达到总就业人口的 40%①。中国中等收入阶层的规模和发展趋势是否如陆学艺教授所预测的那么乐观？如果只有城市中等收入阶层的壮大而广大的县域没有形成中等收入阶层，中国是难以形成"橄榄型"的社会结构的。中国要形成"橄榄型"的社会结构，除城市的中等收入阶层进一步扩大之外，为数众多的县域也需要不断扩大中等收入阶层的规模与数量。从福建省福清市和龙海市的实践看，两个县域的中等收入阶层的规模比例并不大，福清市为 28.4%，龙海市为 24.5%。当前影响我国县域中等收入阶层发展的制度约束是什么？如何克服这些制度约束，合理地设计制度框架，进一步培育和扩大我国县域的中等收入阶层？这是本章将要探讨的问题。

---

① 陆学艺：《20 年内中国中产阶层可达就业人口 4 成》，http://finance.sina.com.cn/roll/20050915/0326312373.shtml，最后访问日期：2012 年 12 月 20 日。

第一节　影响中国中等收入阶层发展的制度约束

客观地说，中国是一个城乡、区域之间发展很不平衡的大国，城乡居民、区域居民之间收入差距很大。在这样的国情下，如何实现城乡与区域之间可持续的、更协调的发展？如何实现中等收入阶层占多数的小康社会和共同富裕的社会？对此，邓小平同志在1992年的南方谈话中就已指出："一部分地区有条件先发展起来，一部分地区发展慢点，先发展起来的地区带动后发展的地区，最终达到共同富裕。如果富的愈来愈富，穷的愈来愈穷，两极分化就会产生，而社会主义制度就应该而且能够避免两极分化。解决的办法之一，就是先富起来的地区多交点利税，支持贫困地区的发展。……可以设想，在本世纪末达到小康水平的时候，就要突出地提出和解决这个问题。到那个时候，发达地区要继续发展，并通过多交利税和技术转让等方式大力支持不发达地区。不发达地区又大都是拥有丰富资源的地区，发展潜力是很大的。总之，我们一定能够逐步顺利解决沿海同内地贫富差距的问题。"[①] 在过去30多年的改革开放实践中，正是遵循这一发展的指导思想，一些地区取得了超常的发展，在经济社会发展方面已经达到中等发达国家和地区的水平，但是，它们基本上是一些大中城市，尤其是北京、上海、深圳、广州、武汉、成都等这样的中心城市，以及沿海发达地区的县域，如江苏省的江阴市、常熟市、张家港市、昆山市，浙江省的慈溪市、绍兴市、诸暨市、温岭市，福建省的晋江市、福清市、南安市、龙海市等这样的全国百强县（市）。而广大中部和西部的县域经济社会发展则显得相对滞后。长期以来，县域一直是中国区域经济社会发展的最稳定、最基本的实体，如果绝大多数县域得不到稳定而快速的发展，国家的整体发展就难以为继，绝大多数居民的共同富裕就是一句空话。但是，当前我国存在的一些制度上的约束不仅影响了广大县域乃至全国经济社会的进一步发展，也影响了广大县域乃至全国中等收入阶层的进一步扩大。

[①] 《邓小平文选》第3卷，人民出版社，1993，第374页。

一　不尽合理的收入分配制度容易引发社会各阶层相对剥夺感增强

改革开放 30 多年来，中国在经济不断发展、社会不断进步的同时，城乡之间、阶层之间的收入差距也在不断拉大。赵人伟和李实等人进行了四次关于基尼系数的大型调查和测算，结果分别为：1988 年 0.382，1995 年 0.455，2002 年 0.454，2007 年 0.48。李实估计，2010 年基尼系数达到 0.50[①]。李实、赵人伟等人的研究成果还显示：到 20 世纪 90 年代中期，中国居民收入分配的不均等已经达到相当高的程度，但还没有明显出现两极分化的问题；与其他大多数国家不同的是，中国收入差距的很大一部分来自城乡之间的差距和地区之间的差距；在现阶段通过政策的调整来缩小收入差距的空间还是存在的[②]。中国严重的城乡分割要求对基尼系数分地区、分城乡进行计算。东部城乡之间的差距占整个东部地区不平等程度的 36%，但中部和西部城乡差距占相应地区整体收入差距的比重在一半以上，在西部甚至达到 58% 左右。收入越低的地区不平等程度越严重，这验证了我国的收入差距主要来自城乡差距[③]。根据《中国统计年鉴》中的城镇居民家庭人均可支配收入与农村居民的人均纯收入之比计算得出：2002 年我国城乡居民的收入差距为 3.11∶1，2003 年为 3.23∶1，2004 年为 3.21∶1，2006 年为 3.28∶1，2007 年为 3.33∶1，2008 年则高达 3.38∶1。可见，2002～2008 年我国城乡居民收入差距除 2004 年略有回落外，其余年份均逐年攀升。胡金焱、卢立香认为，90 年代以后尤其是 1997 年以来，我国城乡收入差距日益扩大。如果把城镇居民的医疗补贴、教育补贴、失业保险等因素考虑在内，城乡收入差距将会更大。同时，他们利用《中国统计年鉴》数据研究分析了 1986～2007 年各地区的城乡收入差距的趋势，从中看出城乡收入差距在时间序列上和地区截面上表现出相反的变化趋势。从时间序列上看，随着人均 GDP 的上升，所有地区城乡收入差距都在不断

①　崔烜：《中国国际基尼系数突破国际警戒线？》，《时代周刊》2012 年第 1 期。

②　李实、赵人伟：《中国居民收入分配再研究》，《经济研究》1999 年第 4 期，第 15～16 页。

③　李实等：《中国收入差距再估计》，《绿色中国》2004 年第 1 期，第 122 页。

扩大；但从横截面上看，城乡收入差距则随着人均 GDP 的上升而下降，即经济发展水平越高的地区，城乡收入差距就越小[①]。

本课题组的阶段性研究成果则显示：东南沿海县域的福清市和龙海市居民个人年收入水平普遍较高，但是，城乡之间收入差距不大，城镇居民与农村居民内部收入差距较大，并且农村内部收入差距大于城镇内部收入差距，尤其是福清市农村内部收入差距悬殊。2007 年福清市城乡收入差距比为 1.22∶1，龙海市为 1.21∶1。如果把两个县域城镇居民的住房补贴、医疗补贴、失业保险等因素考虑在内，估计不会超过 1.5∶1。[②] 可见，东南沿海县域的城乡收入差距比远远低于 2007 年全国的城乡收入差距比。但是，本课题首先选择了最常用的反映居民收入差距的"五等分"法进行统计得出：城乡合一的样本居民内部福清市个人年收入最高 20% 组的均值与最低 20% 组的均值的绝对差距为 146688.79 元，相对差距为 37.13 倍；龙海市的绝对差距为 65946.82 元，相对差距为 11.03 倍。城镇居民内部福清市个人年收入最高 20% 组的均值与最低 20% 组的均值的绝对差距为 129971.74 元，相对差距为 16.85 倍；龙海市的绝对差距为 55473.40 元，相对差距为 7.64 倍。农村居民内部福清市个人年收入最高 20% 组的均值与最低 20% 组的均值的绝对差距为 157329.27 元，相对差距为 62.26 倍；龙海市的绝对差距为 72997.16 元，相对差距为 14.14 倍[③]。比较上述数据可见，福清市城镇居民和农村居民内部收入差距远远大于龙海市，尤其是福清市农村居民内部收入差距更是悬殊，收入分布严重不均。同时，本课题再进一步运用胡祖光的基尼系数简易公式（g = p5 - p1）[④] 计算得出：福清市城乡合一的基尼系数为 0.66，城镇为 0.589，农村为 0.701，大大超过世界银行的 0.40 的高度警戒线，尤其是农村居民内部属于严重的收入不平等；龙海市城乡合一的基尼系数为 0.477，城镇为 0.415，农村

---

① 胡金焱、卢立香：《地区金融发展与城乡收入差距的因应：1986～2007》，《改革》2009 年第 2 期，第 81、83 页。

② 程丽香：《东南沿海县域居民收入差异及内在关联：福建例证》，《改革》2009 年第 8 期，第 92 页。

③ 程丽香：《沿海农村的社会流动——来自福建省福清市 18 个村庄的调查》，《福建省社会主义学院学报》2003 年第 3 期，第 93 页。

④ 胡祖光：《基尼系数理论最佳值及其简易计算公式研究》，《经济研究》2004 年第 9 期，第 61～65 页。

为 0.516，也超过世界银行 0.40 的高度警戒线，其中城镇接近世界银行的警戒线，而农村则高出许多①。到底是什么原因导致居民之间的收入差距在不断拉大？

孙立平认为，形成当前中国贫富格局的几个因素如下②。

（1）灰色收入太多。王小鲁等人的研究表明，2008 年我国隐性收入总计有 9.3 万亿元，其中 63% 的部分集中在 10% 的家庭；而 2008 年"灰色收入"的金额是 5.4 万亿元。灰色收入主要来自制度不健全导致的腐败、寻租行为、公共资金流失和垄断性收入的不合理分配。王小鲁等人据此推算城镇居民收入分配差距，按城镇居民家庭 10% 分组，2008 年城镇最高收入家庭与最低收入家庭的实际人均收入分别是 13.9 万元和 5350 元，前者是后者的 26 倍，而按统计数据计算只有 9 倍。用城镇最高收入 20% 的家庭和农村最低收入 20% 的家庭来近似地代表全国最高和最低收入 10% 家庭，全国最高 10% 家庭的人均收入是 9.7 万元，而最低 10% 家庭的人均收入是 1500 元，两者在 2008 年相差 65 倍，而按统计数据计算只有 23 倍③。由此可见，灰色收入对于拉大我国国民收入差距，起到了极为重要的作用。大量灰色收入的存在，不仅急剧拉大了贫富差距，而且使得通过个人收入所得税调节个人收入差距的手段失去了效力，使得收入差距的扩大处于不可治理的状态。

（2）个人的财富向政府转移过多。这当中首先的问题是政府从社会抽取的资源过多。这其中包括：一是税收。按照中共中央党校政策研究室副主任周天勇的计算，中国实际的宏观税负已经达到 31%；按照中国社会科学院财政与贸易经济研究所的研究报告，2009 年中国全口径财政收入为 10.8 万亿元，占 GDP 的比重为 32.2%。而财政部的数据则显示，当年中国财政收入为 6.8 万亿元，占 GDP 的比重为 20%。在这些税收项目中，有相当一些是隐性的，有人根据税率计算出一些日常商品的含税份额：一袋价格为 2 元的盐，包含大约 0.29 元的增值税和 0.03 元的城建税；去餐馆吃饭，埋单费用的 5.5% 是营业税和城建税；一瓶 3 元的啤酒包含大约

① 程丽香：《沿海农村的社会流动——来自福建省福清市 18 个村庄的调查》，《福建省社会主义学院学报》2003 年第 3 期，第 93 页。
② 孙立平：《当前中国的贫富格局》，《经济观察报》2011 年 4 月 7 日。
③ 王小鲁：《巨额灰色收入不容忽视》，《商周刊》2010 年第 16 期，第 33 页。

0.44元的增值税、0.12元的消费税和0.06元的城建税；如果你吸烟，一包8元的香烟包含4.70元的消费税、增值税和城建税。二是社保缴费。根据清华大学白重恩教授的研究，中国五项社会保险法定缴费之和相当于工资水平的40%，有的地区甚至达到50%，这一比例超过了世界上绝大多数国家。按照世界银行2009年测算的实际承受税率，中国的社会保险缴费在181个国家中排名第一，约为"金砖四国"其他三国平均水平的2倍，是北欧五国的3倍，是G7国家的2.8倍，是东亚邻国和邻近地区（中国香港和中国台湾）的4.6倍。三是出让土地的收入。根据国土资源部发布的数据，2009年中国土地出让总价款为1.59万亿元，同比增长63.4%。2010年中国土地出让总价款为2.9万亿元。虽然土地收入不能完全看做民间财富向国家的转移，但至少其中农民在土地上的损失具有这种性质。根据有关部门前些年在北京地区的调查，一亩耕地转为商业用地后，假如最终在市场中的售价为100万元的话，农民得到的补偿只有5万元。其实，除了这些因素之外，还有一个很重要的因素，这就是出口和外汇制度导致的通货膨胀以及民间财富的缩水。按照一些经济学家的分析，目前我国的出口和外汇管理制度，具有财富转移的效应。也就是说，按照我国目前的外汇管理制度，人们在出口获得美元之后，是要把美元卖给中国人民银行的，中国人民银行再按照汇率印发人民币。也就是说，中国出口的东西越多，中国银行的外汇储备越多，同时印出的人民币钞票也就越多。所以有人将其称为中国经济的陷阱，即经济增长越快，出口越多，中国的外汇储备就越多，印的钞票也越来越多。换言之，中国的经济越发展，通货膨胀会越严重。这样就使民间财富以贬值的方式流入政府手中。

（3）财富在不同群体或个人间转移加剧。实际上，即使是最后到了人们手中的收入，甚至包括掌握在个人手中的财富，还有一个在群体间或在个人间转移的问题。这又是影响社会中贫富格局的一个重要因素。早在2004年的时候，经济学家钟伟教授就曾经做过一个研究。根据他的研究，群体间或个人间的财富转移，在当时至少包括如下几个方面。一是资方对劳方的掠夺。当时农民进城务工人员已高达1.85亿人。假定他们的月收入和必要的劳动保障较之正常状态偏低每月200元，那么用工企业每年因此而多获得4400亿元的利润。二是土地方面。三是每年储蓄

1.5 万亿元的增量和 −2% 的实际收益，也至少意味着存款人每年损失至少 600 亿元利息收入。此外还有中小股民在证券市场上的损失，在当时大约为 1.5 万亿元。

（4）财产性收入与工资性收入失衡。这当中最重要的是住房和财富的形成。现在整个中国居民拥有的住房总价值为 100 多万亿元。这 100 多万亿元按照有的学者提出的 1/4 和 3/4 在城乡之间进行划分的话，城市居民大约拥有 75 万亿元的住房，农村居民拥有 25 万亿元。在研究中国目前贫富格局的时候，我们应当对这个因素给予足够的重视。因为近年来，随着房价的大幅上涨，由此实现的财富升值是相当可观的。而这种财富形成和升值过程对整个社会的贫富格局有着重大影响。以城乡差距为例，尽管 2010 年城乡居民收入差距可能有所缩小，但实际上财富的差距可能是大大拉大了，重要的原因就是房产价值的变动。

孙立平对于中国贫富格局的四个因素分析，可谓精辟、深刻。当下，随着改革的深入和市场经济的发展，人们可获得的社会资源日益丰富和多元化，社会阶层之间的收入差距也在逐渐拉大，这使得相当一部分人发生了不同程度的心理失衡危机。一方面，人们生活水平有了很大程度的提高，生活需求得到了前所未有的满足；另一方面，人们又对社会生活现状表现出种种不满情绪。具体表现在：①人们主观上感受到的生活水平的提高同实际状况存在相当大的偏差。特别是当人们习惯于同高收入者攀比时，往往更觉得实际生活水平的提高微乎其微。②为数不少的民众倾向于认为其个人经济地位与其对社会的贡献相比偏低，认为两者相称的比例连年下降。③民众中相当广泛地存在着对先富起来的个人致富手段的正当性与合法性的怀疑心理，认为他们实际上是靠钻法律、政策的空子，靠偷税漏税、违法乱纪先富起来的。这种主观感受，极大地加剧了民众的心理不平衡，加剧了人们有关社会分配不公的主观印象，不可避免地引起了相对剥夺感的增强[①]。本课题第七章关于两个县域中等收入阶层与低收入阶层的阶层意识与社会心态的分析在一定程度上也印证了上述观点。

---

① 温淑春：《对当前民众社会心态的基本判断及存在问题分析》，《社科纵横》2008 年第 4 期，第 69 页。

总之，收入差距的进一步拉大，容易引起社会成员不满情绪，从而引发社会阶层之间以及阶层内部的相对剥夺感增强，最终导致社会距离的进一步扩大和社会等级化现象更为严重。

二 不够健全的社会保障制度容易促使城乡居民医疗和养老保障成本攀升

社会保障制度，是指国家和社会依据一定的法律和规定，通过国民收入的再分配，对社会成员的基本权利予以保障的一项重大社会政策。这一制度的建立和运行情况是否良好，直接关系到每一位社会成员的切身利益。在过去的十多年里，我国对社会保障问题高度关注，出台了一系列社会保障方面的制度规定，一个覆盖城乡居民的社会保障体系框架已经基本形成。根据人力资源和社会保障部公布的数据，截至 2008 年底，全国参加城镇基本养老保险、基本医疗保险和失业保险的人数，分别达到 2.19 亿人、3.17 亿人和 1.24 亿人。城镇职工基本医疗保险、城镇居民医疗保障、农村新型合作医疗三条保障线，从制度上实现了城乡居民的全覆盖。近几年来，我国医疗保障体系覆盖面的扩展，以前所未有的速度快速推进，已经基本实现了全民覆盖的制度建设。其中，农村新型合作医疗扩展覆盖面发挥的作用更加明显。根据中国社会科学院社会学研究所 2008 年 5～9 月进行的第二次"中国社会状况综合调查"（GSS2008，CASS）数据显示，仅有 37.6% 的城乡居民认为"医疗支出大，居民难以承受"；对于"如果生了病，医疗费能否报销"的问题，仅有 24.7% 的城乡居民回答"完全自理"，其中，农村居民医疗费需要完全自理的比例为 17.2%，城镇居民医疗费"完全自理"的比例为 33.1%。同时，相当比例的农民工享有了社会保障。这次调查数据显示，在城镇工作的农民工，参加农村新型合作医疗的比例很高，参合率为 62%。有 1/4 在正规部门就业的农民工，享有城镇职工医疗保险，有失业保险的占 14% 左右，参加工伤保险的为 36%[①]。

---

① 《我国城乡居民社会保障状况调查 社保体系框架基本形成》，《光明日报》2009 年 3 月 26 日。

本课题第五章的研究显示，就职于体制内的公有制单位或机构的人员大多享受到了养老保险和医疗保险这两项基本公民权，而就职于体制外的非公有制单位和机构的人员则基本没享受到这两项基本公民权，这体现了公民权在不同所有制单位和机构的不均衡关系。同时，两个县域农村居民中等收入阶层和低收入阶层接近80%的样本对象参与了农村合作医疗保障，这表明，国家自上而下推行的农村合作医疗保障工作成效显著。但是，两个县域农村居民中等收入阶层和低收入阶层参与商业医疗保险和养老保险的意识普遍较弱。福清市中等收入阶层和低收入阶层各有11.9%和10.2%参与了商业医疗保险，各有18.8%和14.2%参与了商业养老保险；龙海市中等收入阶层和低收入阶层各有24.7%和15.8%参与了商业医疗保险，各有22.5%和16.2%参与了商业养老保险。

在福清市和龙海市的入户问卷调查中，我们发现：福清市和龙海市城镇下岗或失业居民的医疗和养老问题比农村居民更为严重。实行了新型农村合作医疗保障制度后，农村居民的"看病难、看病贵"问题有了很大的缓解。至于养老保障方面，农村虽然基本上还是以家庭代际养老为主，但是，土地发挥的保障作用依然很大，农村居民在粮食和蔬菜方面至少可以自给自足。而城镇居民一方面由于城镇医疗保障的实行比农村迟，另一方面由于缺乏土地等基本生产生活资料，因此，他们如果无业或失业在家，那么其基本的生活都难以为继。在福清市城关镇的入户调查中，个别困难户的家庭生活状况让笔者潸然泪下。在后续电话访谈福清市新型农村合作医疗保障中心主任时了解到：福清市农村居民住院医疗费可报销的上限为28万元左右，而城镇居民住院医疗费可报销的上限为6万元左右，二者之间差距较大。在两个县域的调查中，我们发现：城镇居民中的绝对贫困户要多于农村，特困户主要集中在城镇。

郑功成认为，我国社会保障制度建设所面临的困难与挑战主要表现在以下几个方面[①]：第一，城乡分割与地区发展失衡并非短期内可以改变的，决定了我国社会保障体系建设只能走渐进发展的道路。第二，人口老龄化、家庭结构小型化，导致家庭保障功能急剧弱化，对社会保障服务的需求骤然提升。同时，人口流动速率在加快，对社会保障制度的整合提出了

---

① 郑功成：《中国社会保障改革与未来发展》，《新华文摘》2011年第2期，第14页。

更为复杂的现实要求。第三，快速工业化、城镇化与就业形式多样化，对社会保障制度建设构成了重大挑战。第四，现行社会保障制度自身的不足和以往改革中的缺陷，构成了进一步推进这一制度建设的重大的制约因素。

总之，不够健全的社会保障制度促使城乡居民医疗和养老保障成本的绝对数攀升，从而决定了医疗保障问题和养老保障问题仍然是我国当前社会建设的重要民生问题。

三 不够通畅的社会流动机制及不尽合理的高等教育体制改革容易导致阶层复制现象强化

如果将社会流动放置在人类社会发展的历史过程中比较，我们会发现传统的封闭型社会与现代的开放型社会其社会流动的特征差异很大。在传统的封闭型社会里，个人的社会地位是由先赋性因素决定的，正所谓"士之子常为士，农之子常为农，工之子常为工，商之子常为商"①。阶级、阶层之间等级森严，界限十分清楚，几乎不可逾越，社会流动率极低。在历代封建王朝中，科举考试是底层平民百姓向上流动的唯一通道，正所谓"学而优则仕"。因此，相对于世袭、举荐等选材制度，科举考试无疑是一种公平、公开及公正的方法，改善了用人制度。反之，在现代的开放型社会里，个人社会地位的获取应该由后致性因素决定。社会成员可以通过个人后天的努力奋斗，实现向上流动到更高层次的社会地位的愿望。在现代社会，随着科技的不断进步、社会化大生产的不断拓展以及产业结构的不断高级化，客观上创造了许多新的工作岗位，因此产生了社会流动的需要。只有通过社会流动，新的工作岗位才会有人去充实，才能实现劳动力和人才的合理配置。同时，这种流动又将在客观上推动社会化生产的发展，从而形成经济结构变动和社会结构变动相互促进的良性循环。

改革开放后的很长一段时间里，中国社会正是在这样一种良性循环的社会流动中产生了诸如私营企业主阶层、个体工商户阶层、农民工阶层等，从而由传统的"两个阶级，一个阶层"过渡到了现代的"五大社会等

---

① 管仲：《管子·小匡》，载《诸子集成》卷五，中华书局，1954，第121页。

级，十大社会阶层"① 的社会阶层结构。这一时期，工业化、城市化、市
场化的力量推动着经济的发展和经济结构的变化，也推动着社会结构的变
迁和分化，从而促使后致性因素对社会流动机制的影响逐渐扩大。社会流
动渠道越来越多元化，能力主义原则在社会经济地位获得中的作用日趋显
著。但是，20 世纪 90 年代后，后致性因素在社会成员经济社会地位获得
方面的作用在下降，先赋性因素的影响在回潮，社会成员不再像 80 年代那
样通过个人的努力可以较快地实现社会地位的飞跃，一些优势地位阶层的
门槛在抬高，阶层开始出现固化现象。2000 年后，尤其近几年，社会成员
经济社会地位的获得更多地取决于其拥有经济资本、政治资本和社会资本
的多寡，教育资本、能力主义和吃苦耐劳等美德的影响力在削弱。

　　本课题关于两个县域中等收入阶层与低收入阶层的代内流动与代际流
动研究以及他们对经济地位获取的实然判断也大致印证了上述观点。例
如，两个县域中等收入阶层与低收入阶层虽然代内职业流动率较高，但
是，其流动方向多为向下流动（除龙海市中等收入阶层外）。福清市中等
收入阶层代内上向流动率为 32.3%，代内下向流动率为 41.9%；低收入阶
层代内上向流动率为 28.2%，代内下向流动率为 49.6%。龙海市中等收入
阶层代内上向流动率为 38.1%，代内下向流动率为 26.8%；低收入阶层代
内上向流动率为 34.9%，代内下向流动率为 38.6%。又如，两个县域中等
收入阶层与低收入阶层对经济地位获取的实然判断显示，福清市中等收入
阶层答案排序前三位的是有经营能力的人（54.7%）、当官的人（48.1%）
和有资产的人（42%），低收入阶层的排序依次为当官的人（49.8%）、有
经营能力的人（46.8%）和有资产的人（45.8%）；龙海市中等收入阶层
答案排序前三位的是有经营能力的人（65.5%）、有资产的人（45.4%）
和当官的人（35.3%），低收入阶层的排序依次为有经营能力的人
（66.9%）、当官的人（44.8%）和有技术专长的人（39.2%）。可见，两
个县域中等收入阶层对经济地位获取的实然判断既突出了能力主义的地位
又强调了权力资本和经济资本的重要性，但是，福清市低收入阶层更突出
政治资本的重要性，而龙海市低收入阶层则更强调能力主义的重要性。

---

① 　这是"当代中国社会结构变迁研究"课题组的划分方法，参见陆学艺主编《当代中国社
　会阶层研究报告》，社会科学文献出版社，2002，第 9 页。

简言之，当下整个社会"穷者愈穷，富者愈富"的马太效应在扩大，阶层复制的陷阱正在形成并呈扩大化的趋势。高等教育系统亦如此。布尔迪厄把教育系统视为当代社会中控制社会阶层与社会特权地位的主要机构。他认为，通过允许世代相袭的文化差异塑造学术成就与职业获取，教育实际上有助于不平等的社会系统的维持。他在《继承人》一书中用大量的资料表明，尽管教育的扩展已经进行多年，但是中上层阶级出身的学生在法国大学中继续占据着压倒性多数。在此后的著作中，布尔迪厄坚持不懈地强调法国教育的社会不平等特征。他认为，教育系统比家庭、教会以及公司，更应该对现代社会的不平等的传递负责①。

北京大学、清华大学等重点大学的教授调查发现，中国重点大学农村学生比例自 20 世纪 90 年代起不断滑落。"出身越底层，上的学校越差"，这一趋势正在被加剧和固化。北京大学教育学院副教授刘云杉在统计 1978～2005 年近 30 年间北京大学学生的家庭出身时发现：1978～1998 年，来自农村的北京学子比例约占三成，90 年代中期开始下滑，2000 年至今，考上北京大学的农村子弟只占一成左右。清华大学人文学院 2010 级王斯敏等几位本科生在清华大学 2010 级学生中作的抽样调查显示，农村生源占总人数的 17%。2010 年的高考考场里，全国农村考生的比例是 62%。杨东平主持的"我国高等教育公平问题的研究"课题组的研究显示，农村学生主要集中在普通地方院校与专科院校。以湖北省为例，2002～2007 年 5 年间，考取专科的农村生源比例从 39% 提高到 62%，以军事、师范等方向为主的提前批次录取的比例亦从 33% 升至 57%。而在重点高校，中产家庭、官员、公务员子女则是城乡无业、失业人员子女的 17 倍。事实上，向上流动备感艰难的不仅仅是农村少年。厦门大学教育学院课题组对全国 34 所高校的生源状况进行调查后发现，普通工人子女考入重点高校与普通高校的比例分别减少了 7.9% 与 5.6%②。

为何农村学子考上重点大学越来越难？据来自北京大学招生办的信息，2010 年北京大学在某省招收的 70 名文理科学生中，只有 10 人没有任何加分，其余 60 人则通过自主招生加分、政策性加分、保送的途径迈

① 〔美〕戴维·斯沃茨：《文化与权力——布尔迪厄的社会学》，陶东风译，上海译文出版社，2006，第 218～219 页。
② 《研究称中国重点大学农村学生比例持续滑落》，《重庆晚报》2011 年 8 月 6 日。

入北京大学。他们绝大多数出自超级中学。超级中学是各省重点中学的升级版，它们大多位于省会城市，拥有丰厚的教育经费与政策支持，每年几乎垄断了其所在省份北京大学、清华大学的名额。绝大多数普通高中与县城高中，被远远甩在了后面。"这一被大大拉长的过程从一开始就把低收入家庭排斥在外了。"杨东平说："保送、加分、自招等高考政策又叠加了优越家庭的优势，寒门子弟拿什么和他们竞争？靠什么改变命运？"自主招生的考题涉及面广，往往是城市孩子才可能接触到的事物，比如五线谱。艺术加分与寒门子弟更是绝缘。来自北京大学招生办的资料显示，最近五年北京大学招收的体育特长生绝大部分来自东部地区，七成来自大中城市，来自农村的只有 6%；而艺术特长生，迄今为止没有一位来自农村①。

　　朱四倍认为，当前来自农村和城镇的考生以及父亲身份分别是农民、工人、干部的子女，在高等教育的入学机会和专业入读上存在明显的不均等。"出身越底层，上的学校越差"现象，与温家宝总理的感慨不谋而合。温总理说："过去我们上大学的时候，班里农村的孩子几乎占到 80%，甚至还要高，现在不同了，农村学生的比重下降了……本来经济社会发展了，但是他们上高职、上大学的比重却下降了。"可以说，这已经成为横亘在整个社会面前的一个课题。我国重点高校的教育机会，明显偏向那些拥有优越的组织资源、文化资源和经济资源的社会阶层子女②。朱四倍进一步指出，阶层差异导致对教育后学业成功机会的不均等，更隐蔽地表现在教育过程本身就使不同阶层在教育后个人发展前景机会出现不均等。科尔曼在《教育机会均等的观念》中指出，机会的平等寓于某种特定的课程的接触之中，如果只有入学机会的均等、参与教育过程的均等，那么工匠或手艺人的子女反而会失去他们最可能从事的职业机会和未来发展的机会。因为学校开设的课程主要是适应于升学的课程，这种教育课程和教育过程在为中上层阶层打开机会之门的同时，也把低收入阶层拒于大门之外，甚至阻碍了低收入阶层子女获得职业的机会。这种现象在我国也普遍存在着。这是审视中国农业大学农村户籍生源十年来首次跌破三成的社会

　　①　《研究称中国重点大学农村学生比例持续滑落》，《重庆晚报》2011 年 8 月 6 日。

　　②　朱四倍：《警惕阶层复制的陷阱》，《长江日报》2011 年 8 月 6 日。

背景①。

总之，不够通畅的社会流动机制及不尽合理的高等教育体制改革使得弱势地位阶层流向优势地位阶层的通道逐渐封闭了，这促使社会阶层固化现象日趋严重，最终导致阶层复制的陷阱正在形成。

第二节　扩大中国县域中等收入阶层的政策建议

世界各国的社会发展实践表明，中等收入阶层的壮大有助于调整社会阶层结构，是社会发展的稳定器。对我国而言，现代意义上的中等收入阶层的出现是在改革开放以后，对此，国内外学界关注的焦点多集中在城市。然而，在我国东南沿海地区，随着县域工业化、市场化和城市化的快速推进，出现了一个正在壮大且不太稳定的中等收入阶层。他们是改革开放的受益者，活跃在现代化建设的方方面面；他们也追求生活安逸，是社会稳定的支撑力量。但是，如前所述，我国现行制度在很多方面还约束着中等收入阶层的进一步发展壮大，与此同时，更缺少细化的社会政策支持县域中等收入阶层的进一步培育扩大。社会建设和经济建设同样重要，我们要像重视产业结构调整那样重视社会结构的调整，而阶层结构是社会结构的核心和基础。因此，本课题基于合理的社会阶层结构建构的分析框架提出扩大我国县域中等收入阶层的相关政策建议。

一　不断改革我国的收入分配制度，努力消解社会成员之间的相对剥夺感和不公平感

许多国家和地区的发展经验表明，人均 GDP 1000～3000 美元的阶段，既是经济增长提速和社会发展加快的重要时期，同时也是社会阶层利益差距加大、群体矛盾因素增多的时期。因此，这一时期带有重要的"转折点"性质。大约从 2001 年以来，"仇富心理"一词的出现及其频繁使用，

---

① 朱四倍：《农业大学变脸"城市大学"背后的社会忧虑》，http：//www.jyb.cn/opinion/gdjy/201108/t20110831_451292.html，最后访问日期：2012 年 7 月 6 日。

从一个独特角度反映了社会对贫富差距加大及其引起的社会公正问题的更多关注。目前，贫富差距问题已经被社会公众看做当前中国社会发展所面临的重大问题。在现代化进程中的一定时期内，不同社会阶层或群体之间利益差距加大有一定的规律性。然而，在我们所处的社会转型加剧时期，由于促进社会公正的机制还不健全，因此，贫富差距加大这一现实极容易使社会成员深感利益格局反差太大而产生相对剥夺感或不公平感。社会阶层利益差距加大这一特殊现象，已经对现有的社会管理机制和社会整合模式形成了巨大挑战，因此，尽快建立并完善能够体现社会公正原则的制度化体系，是保持社会凝聚力和维护社会整合的基本措施，也是消除相对剥夺感或不公平感的根本着力点①。孙立平认为，贫富格局远不是狭义的收入分配和收入差距的问题，因此，要理顺目前我国的利益关系，解决利益关系严重失衡的问题，仅仅在狭义的收入分配上做文章是远远不够的，而是需要一系列的机制与制度建设。换言之，我们需要建立起能够真正平衡社会中利益关系的长效机制，防止在劫贫济富和劫富济贫两个极端之间摇摆②。

第一，规范收入分配的各个环节，解决灰色或隐性收入的问题。在收入分配领域调节利益关系，首先就是要尽可能掌握每个社会成员真实的收入状况。现在政府能够掌握的实际上只有工薪阶层的工资单收入。换句话说，现在我们的政府连谁是穷人谁是富人都分不清。这就造成两方面的结果，一是调节收入分配实际是无从下手的，利益关系的失衡实际上处于"不可治理状态"；二是在利用个人收入所得税杠杆调节收入分配时，往往使工薪阶层成为主要纳税人，结果不是缩小工薪阶层与富人之间的差距，而是扩大了这种差距。因此，需要规范收入分配的各个环节，使隐性的收入变成显性的收入，使灰色收入变成白色收入。只有这样，我们调节利益关系才有起码的基础。

第二，强化再分配在调节利益关系中的作用，解决再分配中的不公平问题。如果没有确实提高广大弱势阶层的经济地位、政治地位和社会地位，那么，扩大社会的中间阶层将是一句空话。在我国现有的初次分配框

---

①　沈杰：《当前时期我国的社会心态》，《北京观察》2008 年第 2 期，第 31 页。
②　孙立平：《当前中国的贫富格局》，《经济观察报》2011 年 4 月 7 日。

架中，农业劳动者和产业工人（包括农民工）是获得较少利益的群体，因此在再次分配中，首先要充分考虑这些弱势群体的利益，尽可能实现社会公平。国际上一般的情况是，市场中的初次分配造成贫富差距，国家的再分配缩小贫富差距。而我们现在的情况是，有些时候政府的再分配是扩大贫富差距的。政府再分配的目标应当是向全体国民提供基本的公共服务，而不是向少数群体提供更高的福利。需要注意的是，目前产业工人的队伍中农民工占了近2/3，在未来，农民工的比例将进一步提高，因此，在制定城市社会保障制度时，应该考虑将城市农民工包括在内，让他们共享社会经济发展的成果，如市民待遇、同工同酬、同工同保障以及均等的教育机会、培训机会和就业机会等。目前，强化再分配在调节利益关系中的作用关键在于各级政府劳动部门的有效监督，同时，非政府组织和大众传媒的监督也是十分必要的。

第三，调整初次分配格局，实施减税措施，真正实现藏富于民。近年来，国富民穷已经成为一个受到广泛诟病的问题。但问题是，最近几年中，政府从民间攫取资源的速度有增无减。现在政府实施的很多调控措施最后都变成了收钱。房价高要收钱，汽车多要收钱，几乎所有的调控最后都变成了收费，居民的经济负担日益沉重。在这种情况下，税收制度改革要把减税作为重要目标之一，通过减税让利于民。首先要进一步提高个人所得税的起征点。2011年9月1日起我国个人所得税起征点提高至3500元，这是自1994年我国现行个人所得税法实施以来第三次提高个税免征额。尽管如此，本课题认为，个税起征点提高至5000元更为合适。其次要保护居民的财产安全，停止房产税试点。现有的房产，是改革开放30多年中国民众积累的唯一财富，要通过保护居民的财产安全，使民众对未来有稳定的预期和信心。房地产调控的目标应当是帮无房者买房，促有房者消费，对于买不起也租不起的由政府提供廉租房。

第四，完善劳资协商制度，实现资方让利，确实提高劳动者所得。目前劳动者收入偏低仍然是一个亟待解决的问题。虽然可以预见，随着劳动力短缺趋势的出现，劳动者在劳动市场中的议价能力会有所增强，但在目前的制度背景下，资强劳弱的状况不会在短时间内有明显改观。因此，在制度的层面上强化劳动者利益博弈能力仍然是迫切需要解决的问题。更具体地说，要不断完善工会制度，使工会真正成为工人自己的组织，成为维护自己利益和权利的有力工具。要完善包括工资协商制度在内的劳资协商制度，建立劳资双方的谈判制度，用这种协商制度平衡劳资双方的利益关系。

孙立平认为，上述一切有赖于强化社会中公民参与机制，促进不同利益主体博弈能力的均衡，并用制度保障利益博弈的公平有序进行。市场经济社会中的利益均衡，必须也只能建立在利益主体公平博弈的基础之上。政府能够进行的调控是有限的，在劫贫济富和劫富济贫两个极端摇摆更会对社会造成深深的伤害。关键的问题是，我们已经开始进入市场经济的时代，我们必须要将市场经济条件下的利益均衡机制建立起来。

除此之外，本课题认为完善我国的收入分配制度还应该从以下两个方面入手。

第一，加大对公民私有财产的保护力度，积极遏制特权阶层的利益。调查中我们最大的感受是，东南沿海县域中等收入阶层及高收入阶层对家庭财产和个人收入普遍有一种焦虑感。一是凡涉及此问题均极为敏感，如有第三者在场回答则更为谨慎、保守；二是收入越高者有关家庭财产和收入的数据失真越多，反倒是低收入阶层如农民工穷其所有，唯恐遗漏。这种焦虑实际上反映了对私有财产安全的不确定性。其结果导致相当一部分高收入阶层向海外转移财产，应验了俗语"鸡蛋不放在同一篮子里"，或者一些富豪进行奢侈性消费等。中华人民共和国第十届全国人民代表大会第五次会议于2007年3月16日通过的《中华人民共和国物权法》（自2007年10月1日起施行）规定："国家、集体、私人的物权和其他权利人的物权受法律保护，任何单位和个人不得侵犯。"《物权法》的颁布，保护了公民合法的财产权，有利于遏制特权阶层的利益。

第二，及时开征遗产税，调节社会财富的再分配。遗产税是以财产所有者死亡以后所遗留的财产为征税对象，向遗产的继承人和受遗赠人征收的一种税，属于财产转移税。遗产税具有积极的社会意义和一定的财政意义，是人类社会文明、进步、法制建设加强的表现，因而成为各国普遍征收的一个税种。改革开放以后，随着经济和社会的发展，中国重新开征遗产税的条件逐步成熟。目前我国开征遗产税，有利于调节个人财产的分配和遵从国际税收惯例，将一部分富人的遗产转为国家所有，用于社会需要，有利于调节社会财富的分配，缓解贫富悬殊的矛盾；有利于增强人们的法制观念，鼓励勤劳致富，限制不劳而获；有利于增强人们的社会公共意识，鼓励人们向社会公益事业（如科学、教育、文化、卫生、民政等）捐赠等①。总之，遗产税的开征也应当抓住时机，宜早不宜迟。

二　不断完善我国的社会保障制度，努力提升城乡居民的生活质量和幸福指数

《我国城乡居民社会保障状况调查 社保体系框架基本形成》② 一文认为，我国社会保障制度的建设取得了很大成就，但应对经济波动的挑战、人口老龄化的加剧、人口迁移流动的加快、就业形式的多样化等，都要求我国社会保障制度加快完善。

第一，养老保险尤其是农村养老保险覆盖率亟待提高。2008 年第二次"中国社会状况综合调查"数据显示，养老保障问题在调查的 18 个社会问题中排在第七位，18% 的居民认为养老保障问题是我国重大的社会问题。养老等社会保障问题的解决程度，也直接影响到居民的社会公平感，从本次调查来看，认为养老等社会保障"比较公平"和"很公平"的刚刚超过一半，为 50.4%，还有接近 40% 的居民认为"很不公平"或"不大公平"。本次调查显示，接近 1/3 的家庭中有 60 岁及以上的老年人，其中有一个老人的家庭占 18%，有两个老年人的家庭超过 13%；从家庭人口数来看，在所有的一人户家庭中，35.2% 是 60 岁以上的老年人，在所有的两人户家庭中，有两个 60 岁以上老年人的占 1/3。而从收入来看，无论是城市还是乡村，家中老年人数越多，家庭年人均收入越低。根据这次调查，在 18～69 岁的拥有城镇户籍的人口中，有 53% 的人参加了城镇养老保险（包含城镇基本养老保险和企业补充养老保险），而在 18～69 岁的拥有农村户籍的人口中，参加养老保险的仅有 5.6%。从 2004 年开始，国家对农村部分计划生育家庭实行奖励扶助制度试点：农村只有一个子女或两个女

---

① 刘佐：《中国开征遗产税问题的研究》，中华会计网校，http：//www.chinalawedu.com/news/21602/21661/21674/2006/8/zh929031382113286002192 2 - 0.htm，最后访问日期：2012 年 10 月 26 日。

② 《我国城乡居民社会保障状况调查 社保体系框架基本形成》，《光明日报》2009 年 3 月 26 日。

孩的计划生育夫妇，每人从年满 60 周岁起享受年均不低于 600 元的奖励扶助金，直到亡故为止，奖励扶助金由中央和地方政府共同负担。奖励扶助制度的实施在农民中引起了极大反响，但这一政策是面向计生户的，到 2006 年，共有 134.7 万人受惠，目前覆盖面还相对有限。因此，在实行了新型农村合作医疗制度和农村最低生活保障制度之后，加快农村养老保险的试点工作，扩大农村养老保险的覆盖面，需要着重考虑。

第二，解决医疗问题依然是改善民生的重点之一。在 2008 年的全国调查中，"看病难、看病贵"问题依然排在第二位，是仅次于"物价问题"的社会问题。分城乡看，39.6% 的城镇居民和 44.1% 的农村居民认为，"看病难、看病贵"是重大的社会问题之一。"看病贵"表现为居民看病的绝对支出较高，根据有关调查，目前在城乡居民低收入家庭中，因病致贫的家庭显著增加。从调查结果看，在 2007 年城乡居民家庭消费总支出中，医疗支出占 10.6%，仅次于食品支出和教育支出，排在第三位。其中城镇居民家庭医疗支出占消费总支出的 9.4%，农村居民家庭的医疗支出的绝对数低于城镇，但是占消费总支出的比例要高于城镇。

第三，失业保险的覆盖面需要进一步扩大。从 20 世纪 90 年代中期至今，我国下岗失业的总人数增加，城镇登记失业人数急剧攀升，近五年来每年都在 800 万人以上。但是，目前的失业保险覆盖面依然偏小，有相当一部分失业人员得不到失业保险的救助。属于登记失业范围内的失业人员，无论是再就业、自谋职业还是在养老医疗保险等方面，国家都有相关的优惠政策，而登记失业以外的失业人员，例如一部分改制的国有企业职工，因企业停产而失去工作，但企业没破产，下岗没依据，上岗没工作，生活费没处要，低保享受不了；还有一部分停产企业没有缴纳失业保险金，职工失业后也无法享受失业保险。根据 2008 年的调查数据，在 18~60 岁的城镇失业者中，参加养老保险的比例是 31.3%，参加医疗保险的比例为 37.4%，而参加失业保险的比例仅为 6.1%，享有城镇最低生活保障的有 5%。根据调查，在失业保险方面，不同类型的企业，参加失业保险的比例差异也很大。参加失业保险的人员比例，最高的是国有企业，为 58.1%；其次是三资企业，为 36%，集体企业为 28.4%；而民办非企业单位和私营企业的失业保险覆盖率仅略高于 12%。失业保险的调查覆盖率，低于国家统计部门公布的数据，这主要是因为统计口径的不同，因为在调查数据中，不同类型企业的员工都包含了相当比例的农民工。

第四，要完善非公有制企业和非正规就业者的社会保险制度。根据2008年的这次调查，目前社会保障的享有状况，仍与就业单位的性质有紧密的关联，公有制单位比非公有制单位的社会保障程度要高很多。调查数据显示，在目前就业的18～60岁的人口中，就职于公有制机构和"三资"企业的人员，养老保险的覆盖率较高。比如在国有企业和集体企业单位，城镇养老保险的覆盖率都在60%～80%，"三资"企业也接近60%，但在私营企业中，就业人员的养老保险享有的比例只有33%，就业于个体机构和没有固定单位的人员，享有城镇养老保险的比例仅为17%左右。还有一类是没有单位者，这部分包括自由职业、做散工等无固定单位者，与个体工商户的养老保险覆盖率基本一样，都在17%左右。不同类型单位就业人员的医疗保障覆盖率都在65%～90%，但国有及国有控股企业、集体企业和"三资"企业的员工，以参加城镇职工医疗保险为主，参保率分别为69%、47.8%、43.0%；私营企业、民办非企业单位的员工和个体工商户，则以参加农村新型合作医疗为主，参加城镇职工医疗保险的人员比例较低；特别是个体工商户，参加"新农合"的比例超过50%，而参加城镇职工医疗保险的仅有5.4%，另外还有12.5%的人参加的是城镇居民医疗保险。

第五，参保人群的年龄老化问题需要引起注意。随着经济社会的发展、人民生活水平的改善和医疗技术水平的提高，居民的人均预期寿命也不断提高，居民的年龄结构趋于老龄化，老龄人口绝对量在快速增加，居民家庭的老年抚养系数提高，社会用于老龄人口的养老保障、医疗保障以及相应的社会福利事业的负担也因此而增加，社会保障参保人员的年龄结构也逐渐向老龄化过渡，社会保障基金的支付压力越来越大，必须及早对参保人员结构老龄化问题进行研究。以参加基本养老保险的数据为例，在20世纪90年代初，参保的在职职工与离退休职工的比例是5.4∶1，到90年代中期上升到4∶1，而到2007年这一比例为3.06∶1。本次调查的数据也显示，在城镇职工基本医疗保险和城镇基本养老保险中，基本的趋势是，越是年龄大的年龄组，社会保障的参保率就越高，社会保障的参保率随年龄的降低而递减，特别是50岁以上年龄组的参保率明显高于50岁以下年龄组。这意味着养老保险基金负担系数逐渐提高，一旦养老保险基金收不抵支，就会直接影响我国养老保险制度的运行及作用发挥。

除上述五个方面外，本课题认为完善我国的社会保障制度还应该从以下三个方面入手。

第一，提高县域城镇居民和农村居民贫困群体的最低生活保障金。福清市从 2012 年 1 月起提高城乡低保标准，其中，城市低保标准分别从单人户每人每月 260 元、多人户每人每月 220 元提高至每人每月 330 元和每人每月 300 元，实行差额补助，所需资金由市财政承担；农村低保标准从每人每月 115 元提高至每人每月 200 元，实行差额补助，所需资金由市、镇两级按 8∶2 比例分担；农村"五保"补助标准分别从集中供养对象每人每月 300 元、分散供养对象每人每月 250 元提高至每人每月 350 元和每人每月 300 元，实行全额发放，所需资金由市财政承担①。龙海市从 2011 年 9 月 1 日起城市最低生活保障标准为每人每月 325 元（月补差补助水平由每人每月 132 元提高到每人每月 195 元）；农村最低生活保障标准为人均家庭年收入低于 1200 元（月补差补助水平由每人每月 61.67 元提高到每人每月 73.67 元）。农村"五保"人员月发放供养金每人每月 212 元，"五保"供养标准达到上年度农民人均纯收入的 60%；集中供养每人每月 320 元，分散供养每人每月 285 元，资金由市、乡镇、村三级负担②。

第二，必须将进城农民工纳入城市的社会保障范畴。在社会保障制度上，要重视解决进城农民工的社会保障的衔接、漏洞问题。我国农民工数量庞大，是扩大中等收入阶层的主要对象，但是他们常常劳动条件差，工作环境恶劣。尤其是早期的农民工已经开始进入了中老年阶段，许多人在打工时身体受到严重损害，健康情况很不乐观，社会保障要充分考虑这批人的养老和医疗问题。

第三，鼓励各种社会力量和非政府组织发展慈善事业。发展慈善事业是发挥三次分配在利益关系调节中作用的体现。多年来，福清市充分发挥其在外乡亲众多且实力雄厚的优势，广泛募集资金，大力发展社会慈善事

---

① 《福清市明年提高城乡低保保障标准》，福建财政新闻联播网，http：//www.mof.gov.cn/xinwenlianbo/fujiancaizhengxinxilianbo/201111/t20111109_606214.html，最后访问日期：2012 年 7 月 7 日。

② 龙海市民政局：《关于实施城乡低保调整、扩面、提标、分类施保工作方案》，http：//mzj.longhai.gov.cn/InfoPublic/PublicView.asp? id = 104，最后访问日期：2012 年 7 月 7 日。

业，成效显著。自 2008 年至今，福清市已募集慈善资金 1.14 亿元，发放善款近 9000 万元，受惠人数 10.6 万，均位居福州地区县级首位。继福清市级慈善总会成立后，目前全市 24 个镇街已成立慈善分会 15 个、慈善联络站 2 个，已投入 120 万元，建立了 60 个村级慈善卫生所，惠及民众 8 万余人；投入 6 万元启动资金，设立了 3 个慈善超市①。

三 进一步畅通弱势群体的社会流动机制，努力构建 "橄榄型" 的现代社会阶层结构

扩大县域中等收入阶层，构建合理的现代社会阶层结构的主要难点在于：一是社会流动问题。处于社会底层的庞大的农业劳动者阶层是否能顺利向上流动到其他的社会阶层中去？二是资源分配问题。广大产业工人阶层尤其是农民工的经济地位、政治地位和社会地位是否能真正提高从而逐步进入到社会的中产阶层？三是阶层整合问题。精英集团与弱势群体之间的阶层鸿沟是否能得到有效的弥合？这里着重针对如何构建一个合理顺畅的社会流动机制提几点看法。

第一，充分认识到合理的社会流动机制的重要性。合理顺畅的社会流动机制有助于社会成员通过自身后天的努力（如接受现代教育等）改变原有的贫穷生活境遇从而较普遍地享有向上流动 "过上体面生活" 的发展机会，它体现了社会开放性和公平性的特征。陆学艺和孙立平教授等人认为，随着社会阶层结构的不断定型化，目前社会流动已经出现减弱或是常规化趋势，一部分阶层已出现 "凝固化" 的现象。课题组在福清市和龙海市的调查也证实了这一现象，例如，20 世纪八九十年代，福清市和龙海市的私营企业主阶层多来自工人和农民。而进入到 21 世纪，普通工人和农民想要依靠自身的后致性因素直接流动到社会的精英阶层（如私营企业主阶层、社会管理者阶层等）几乎不再可能，普通农民多是流向相邻的产业工人阶层或商业服务业阶层以及个体劳动者阶层，新生代的精英阶层地位的取得则更多地依赖先赋性因素即父辈和家庭关系网络资源。

---

① 敏忠：《福建福清慈善事业居福州县区首位》，中国新闻网，http://news. xinmin. cn/she-hui/2012/03/10/13977117. html，最后访问日期：2012 年 3 月 10 日。

第二，进一步改革现有的城乡分隔的户籍制度。由于户籍制度的限制，流动在城市和农村之间的巨大农民工群体，绝大多数最终将回到农村，而无法融入城市社会，因此，户籍制度的改革有利于农业劳动者阶层实现向城市非农产业的职业转移和身份变更。如果一代农民转移困难，可以通过代际变迁完成转化，使农民的第二代转化为工人和市民。当然，户籍制度的改革可以寻求多元化的改革模式。例如，可以根据城市的不同外来人口（外来白领和外来蓝领）的需求，采取不同的方式、方法和政策。

第三，进一步建立健全公平公正的教育机制。在未来的社会中，教育将会越来越多地取代体制改革成为我国社会流动的主要机制。目前促进社会流动的最大动力是教育，其他促进社会流动的方法还包括就业和收入分配，而后两者又与教育息息相关。但是，当前教育不公平是最大的不公平，例如，农村的孩子不能享受正常的义务教育，而城镇的孩子却要支付高昂的择校费才能上好学校；高等教育录取方面的不公平，拥有优势教育资源的大城市却能比边远的省份享有低得多的录取分数线；还有高等教育产业化的改革，高昂的学费使相当一部分贫困农村的考生对大学校门望而却步。可见，我国目前在教育资源的分配上存在着不平等。当前，贫困地区边远农村地区教育的最大难题是师资的缺乏，过低的工资使得贫困地区农村教师大量流失。因此，当前加大对农村的教育投入力度、振兴农村的教育事业已不仅是教育的公平问题，而且是提供有效社会流动机制以确保社会流动得以正常进行，从而保证社会的活力和公平问题。

第四，进一步探讨沿海县域跨国劳务输出的正规渠道。发展经济学家认为，受过教育、高度熟练的劳动力的国际迁移，尽管可以提高世界 GNP 的总量，但是会使富国与穷国之间的收入分配状况进一步恶化。其原因有二：一是这类人是发展中国家最稀缺的资源之一；二是在大多数场合，他们接受教育要花费时间，费用昂贵，并且需要国家给予大量的补贴。如果他们迁移到国外去，损失的不仅是他们所能提供的服务，而且必须为培训他们的替代者支付高昂的费用。反之，非熟练劳动力的国际迁移，则能给劳动力迁出国带来利益。其一是汇款。非熟练移民很少携带家眷一道迁出，因此总是要汇款回国，这使得劳动力成为一项国家出口。其二是人才的培训。那些迁往国外的非熟练工人在国外工作几年后再回国时，也带回了在国外学到的有用技术。由于无力在国内创造更多的就业机会，一些发展中国家的政府已开始鼓励更多的工人去海外就业①。针对当前国内严峻的就业形势，引导一部分城乡剩余劳动力走出国门，参与国际劳动力市场的竞争，利大于弊。福清市的实践证明，通过正规渠道出国务工的居民，回国后带回了资金、技术和信息。他们在家乡投资办厂，既为家乡提供了新的就业机会，也促进了家乡经济的进一步发展。首先，政府应该降低普通公民出国务工的门槛，应该给沿海县市一些特殊政策，建立以政府为主、民间为辅的有计划的劳务输出与对外移民的畅通渠道，鼓励沿海县域居民通过正当渠道出国务工。其次，应该根据国际市场的需求，有针对性、预见性地对沿海县域过剩劳动力进行相关的技术培训和外语培训，提高劳务输出人员的素质。再次，应该将经过培训的人员的资料储存起来，建立沿海县域劳动力资源信息库，以便随时向国外用人单位提供劳务人员的详细资料。最后，各级政府应该加强管理，完善法规。有关部门应该搞好境外就业服务试点工作，提高服务质量，积极探索简化劳务人员出国手续的途径，如坚持归口管理，统一审批程序，统一办理时限，统一境外就业人员办理护照、签证、体检等出国手续的收费标准等。同时，应该重视对国际上有关境外就业的法律法规的研究，按照国际通用标准，制定出具有中国特色的境外就业法律法规。

---

① 〔美〕吉利斯等：《发展经济学》，黄卫平译，中国人民大学出版社，1998，第224～225页。

结　语

　　构建和谐的社会阶层结构是构建和谐社会的核心内容,而扩大中等收入阶层或中间阶层更是构建和谐的社会阶层结构的关键所在。党的十七大报告在谈到 2020 年全面建设小康社会目标时指出,要基本形成中等收入者占多数,绝对贫困现象基本消除的合理有序的收入分配格局。这实质上就是要形成社会学所指的"两头小、中间大"的"橄榄型"社会结构。目前我国中等收入者阶层主要集中在城市,学者们的目光也集中在城市,但如果只有城市的中等收入阶层得以壮大,而广大的县域没有形成中等收入阶层,那么,中国是难以形成"橄榄型"的社会结构的。

　　东南沿海县域相对于中西部内陆县域而言,经济较为发达,社会转型速度较快,社会阶层结构分化急剧,中等收入阶层的形成也领先于中西部内陆县域。因此,本课题选择东南沿海县域作为研究对象,力图在问卷调查的基础上全面、系统地考察这一区域的中等收入阶层的规模、群体特征、内部差异、社会流动,也力图把握其阶层意识与社会心态,在此基础上针对中等收入阶层的发展壮大提出具有可操作性的政策建议。因此,这不仅具有典型意义,而且也有助于促进县域乃至全国中等收入阶层的进一步培育和壮大。

　　本课题首先厘清了中等收入阶层、中间阶层以及中产阶层等概念的内涵,明确了东南沿海县域中等收入阶层的划分依据和标准;其次探究了中等收入阶层的经济地位差异及社会流动的内在影响机制,并考察了其群体认同、阶层意识和社会心态等;最后在政策层面上为进一步扩大县域乃至全国的中等收入阶层提出若干建议。具体如下：①中等收入阶层研究的理论取向与分析框架，包括中等收入阶层、中间阶层和中产阶层的主要理论，相关的概念界定、分析框架以及研究方法和资料来源。②东南沿海县域中等收入阶层的划分依据、规模、基本特征。③东南沿海县域中等收入阶层的经济地位差异，包括个人与家庭的收入及家庭的财产分布状况、消费水平与消费构成等方面的比较分析。④东南沿海县域中等收入阶层的社会流动，包括代内流动、代际流动分析及其职业地位获得的影响机制研究。⑤东南沿海县域中等收入阶层的阶层意识与社会心态，包括阶层意识与社会心态形成条件与障碍的实证研究。⑥扩大我国县域中等收入阶层的政策建议，包括影响我国中等收入阶层发展的制度约束，以及扩大我国县域中等收入阶层的政策建议。

1. 重要观点与对策建议

（1）对中产阶层和中等收入阶层的概念作出界定。中产阶层是指在社会整体阶层结构中居于中间地位且无论是生活水平、财产地位还是其他社会属性或者社会资源的占有均处于中等层次的社会群体。中等收入阶层是指在社会整体阶层结构中相对稳定的家庭年人均收入水平居于中间等级的社会群体。中等收入阶层是中产阶层从经济财富资源占有角度的反映，是中产阶层的一个极其重要的维度。

（2）在前人研究的基础上，选择比较容易操作且对目前人们的经济社会地位影响较大的三个指标作为测量中产阶层的指标，即收入水平、职业类别和教育资本，并区分了"核心中产阶层""半核心中产阶层"和"边缘中产阶层"；把符合收入水平这一测量指标的人群定义为"中等收入阶层"，凡2007年家庭人均年收入在20000～166666.67元者即为"中等收入阶层"；同时，对主观分层中的中产阶层进行了界定和分析，将党政干部阶层、经理人员阶层、专业技术人员阶层、办事人员（职员）阶层、私营企业主阶层、个体经营者阶层以及部分从事非体力的商业或服务人员阶层和专职的乡村管理者阶层界定为主观中产阶层。

（3）运用比较分析法考察东南沿海县域中等收入阶层的规模和特征。①从规模比例看：2007年福清市中等收入阶层的比例占全部样本总数的28.4%，龙海市的比例为24.5%；福清市低收入阶层的比例为68.3%，龙海市为74.6%；福清市高收入阶层的比例为1.7%，龙海市为0.8%。可见，中等收入阶层的规模还较小，社会阶层结构仍然处于"金字塔型"。②从人口特征看：2008年中等收入阶层的平均年龄普遍低于低收入阶层，其家庭平均人口数也普遍低于低收入阶层；其共产党员的比例和高学历的比例普遍高于低收入阶层；中等收入阶层的职业主要分布在农、林、牧、渔、水利业生产人员类别，国家机关、党群组织、企业、事业单位负责人类别，商业工作人员类别以及不便分类人员类别；中等收入阶层从事第二职业或兼职的比例大大高于其低收入阶层。③从社会交往看：中等收入阶层在社会交往中以血缘关系和朋友关系构成的初级社会群体网络占据了重要的地位，且交往最多的人其职业类别基本上还是与涉农相关或与商业、服务业相关；传统的面对面交往方式占据主导地位；中等收入阶层的社会交往规模大于低收入阶层。④从闲暇生活看：中等收入阶层闲暇时普遍选择观看"时事新闻""电影、电视剧""歌舞、戏剧、综艺娱乐节目""体育节目""经济、财经节目"等；中等收入阶层闲暇时外出旅游的比例大大高于低收入阶层；但是，中等收入阶层闲暇时出入公共娱乐场所、公共健身场所的比例较低。

（4）东南沿海县域中等收入阶层的经济地位。①从收入地位看：中等收入阶层的个人年收入分布跨度大，离散系数大，个体收入差异性大，相对而言经济更为发达的福清市比龙海市更为显著；中等收入阶层的个人年收入构成主要以工资奖金收入和经商办厂纯收入为主；中等收入阶层与低收入阶层之间个人年收入、家庭年总收入的相对差距较大，其中福清市比龙海市更大。②从财产分布看：中等收入阶层与低收入阶层之间家庭资产的相对差距较大，而家庭房产的相对差距较小。③从消费行为和消费观念看：中等收入阶层与低收入阶层之间的家庭生活总支出的差距相对较小；中等收入阶层内部家庭生活总支出的差异比低收入阶层显著；中等收入阶层和低收入阶层日常生活的主要消费支出项目大类基本相同，其前三项支出依次为食品支出、人情往来费支出和子女教育支出；中等收入阶层的消费选择日趋理性与成熟；中等收入阶层与低收入阶层对高消费的态度都比较理性。

（5）东南沿海县域中等收入阶层的社会流动及其影响机制。①从代内流动看：中等收入阶层代内职业流动率较高；中等收入阶层最初职业为农、林、牧、渔、水利业生产人员类别的人员除相当一部分依然在从事农业外，其余多流向相关的第二产业和第三产业；中等收入阶层就业单位所有制的流动率均较高且多从国有及集体流向私营、家庭经营和个体；中等收入阶层有一半以上的人员就业单位从体制内流向了体制外；中等收入阶层就业地点的下向流动率均高于上向流动率。②从代际流动看：中等收入阶层代际职业总流动率较高，且高于低收入阶层；中等收入阶层中的白领职业类别阶层复制现象相对明显；中等收入阶层的代际流出率属于长距离流动与短距离流动相并存；中等收入阶层代际上向流动率一般（42%左右），而代际下向流动率较低。③从初职地位获取与现职地位获取的主要影响因素看：后致性因素与制度性因素交织地影响着中等收入阶层初职地位的获得；福清市中等收入阶层现职地位的获得主要是由制度性因素、体制性因素以及先赋性因素决定的，而龙海市中等收入阶层现职地位的获得则是后致性因素与先赋性因素共同作用的结果。

（6）东南沿海县域中等收入阶层的阶层意识和社会心态。①从阶层意识看：中等收入阶层在主观分层中突出了金钱或财富在社会分层中的地位并强调了权力和社会地位的重要性；在阶层自我定位中，受访者自我"中层"认同的比重显著高于课题中划分的中等收入阶层比重；中等收入阶层在对经济地位获取的实然判断中大多认为有经营能力的、当官的和有资产的这三种人最容易获得高收入，这既突出了能力主义的地位又强调了权力资本和经济资本的重要性，体现了手段和目标、价值理性与工具理性的消解与融合；中等收入阶层在对经济地位获取的应然判断中则普遍强调有技术、有能力、有文化的人应该获取高收入，充分体现了能力主义的价值观；他们对收入差距的看法较为趋同和理性，大多数人对收入差距的容忍度较高，多数人倾向于承认收入差距存在的合理性。②从社会心态看：中等收入阶层超过2/3的人认为现在的生活比过去好、将来的生活会比现在好，心态趋于乐观向上；他们也在一定程度上认同调节收入差距，认为"应该从有钱人那里征收更多的税来帮助穷人"；对于农民工与市民的关系则有很理性的认识，大多赞同"进城农民工应该享受与城市居民相同的待遇"，并反对"为了保住城里人的饭碗，应该限制农民工进城打工"这样的看法；中等收入阶层的政治参与意识较强，普遍赞同"参政议政对公民个人有作用""公民应该参政议政"，并肯定个人议政的影响力；他们普遍认识到慈善事业的社会意义，主张公民应该积极参与慈善事业；对于社会不公现象他们的态度温和又保守，普遍选择"无可奈何、无能为力"，并倾向于选择较为理性的方式解决。

（7）扩大我国县域中等收入阶层的政策建议。我国现行制度在很多方面还约束着中等收入阶层的进一步发展壮大，更缺少细化的社会政策支持县域中等收入阶层的进一步培育扩大。本课题基于合理的社会阶层结构建构的分析框架来提出扩大我国县域中等收入阶层的相关政策建议。①不断改革我国的收入分配制度，努力消解社会成员之间的相对剥夺感和不公平感。例如，规范收入分配的各个环节，解决灰色或隐性收入的问题；强化再分配在调节利益关系中的作用，解决再分配中的不公平问题；调整初次分配格局，实施减税措施，真正实现藏富于民；完善劳资协商制度，确实提高劳动者所得；加大对公民私有财产的保护力度，积极遏制特权阶层的利益；及时开征遗产税，调节社会财富的再分配。②不断完善我国的社会保障制度，努力提升城乡居民的生活质量和幸福指数。例如，完善非公有制企业和非正规就业者的社会保险制度；提高县域城镇居民和农村居民贫困群体的最低生活保障金；将进城农民工纳入城市的社会保障范畴；鼓励各种社会力量和非政府组织发展慈善事业。③进一步畅通弱势群体的社会流动机制，努力构建"橄榄型"的现代社会阶层结构。例如，政府要充分认识合理的社会流动机制的重要性；进一步改革现有的城乡分隔的户籍制度；进一步建立健全公平公正的教育机制；进一步探讨沿海县域跨国劳务输出的正规渠道。

2. 成果的学术价值、应用价值，以及社会影响和效益

本课题的研究不仅力图在一定程度上弥补中国中等收入阶层微观研究和县域研究的不足，而且尝试合理界定中国中等收入阶层和中产阶层的含义与归类指标，在系统综述前人研究成果的基础上，建构了东南沿海县域中等收入阶层的分析框架，采用定量的研究方法探究东南沿海县域中等收入阶层的社会流动机制及阶层意识等内在逻辑关系，为当代中国中等收入阶层是否具有相应的阶层意识提供经验性的实证验证，从而为构建合理的现代社会阶层结构以及构建社会主义和谐社会提供理论依据和政策指导。有鉴于此，本课题的研究成果不仅具有一定的学术价值和应用价值，而且具有一定的方法论意义。

本课题在进展过程中撰写了 7 篇阶段性研究成果，且 5 篇研究成果在权威刊物和 CSSCI 刊物上发表，并获 4 项社会科学研究成果奖，取得了较好的社会评价。其中，论文《转型进程中东南沿海县域社会阶层的实证分析——以福建省晋江市为例》，刊于《中国农村观察》2008 年第 1 期，获福建省第八届优秀社会科学奖二等奖；论文《东南沿海县域居民财产分布差距比较分析——基于福建省福清市和龙海市的调查》，刊于《中国农村经济》2009 年第 12 期，获第八届全国党校系统优秀科研成果奖二等奖，并获福建省第九届社会科学优秀成果奖三等奖；论文《东南沿海县域居民阶层意识比较分析——基于福建省福清市和龙海市的调查》，刊于《福建论坛》2009 年第 11 期，获福建省党校系统第八届社会科学优秀成果二等奖。

参考文献

一 专著类

《马克思恩格斯选集》第 4 卷，人民出版社，1972。

《列宁选集》第 4 卷，人民出版社，1995。

《邓小平文选：第三卷》，人民出版社，1993。

边燕杰：《市场转型与社会分层——美国社会学者分析中国》，三联书店，2002。

陈新年主编《中等收入者论》，中国计划出版社，2005。

陈曙红：《中国中间阶层教育与成就动机》，中国大百科全书出版社，2007。

陈义平：《分化与组合——中国中产阶层研究》，广东人民出版社，2005。

刁永祚：《北京市中等收入群体消费问题研究》，首都师范大学出版社，2007。

《诸子集成》卷五，中华书局，1954。

李春玲主编《比较视野下的中产阶级形成》，社会科学文献出版社，2009。

李春玲：《断裂与碎片——当代中国社会阶层分化实证分析》，社会科学文献出版社，2005。

李春玲：《中国城镇的社会流动》，社会科学文献出版社，1997。

李培林等：《中国社会分层》，社会科学文献出版社，2004。

李培林：《另一只看不见的手——社会结构转型》，社会科学文献出版社，2005。

李培林等：《社会冲突与阶级意识——当代中国社会矛盾问题研究》，社会科学文献出版社，2005。

李路路、孙志祥：《透视不平等——国外社会阶层理论》，社会科学文献出版社，2002。

李路路：《再生产的延续——制度转型与城市社会分层结构》，中国人民大学出版社，2003。

李强：《转型时期的中国社会分层结构》，黑龙江人民出版社，2002。

李强：《社会分层与贫富差别》，鹭江出版社，2000。

李强：《转型时期中国社会分层》，辽宁教育出版社，2004。

李实等编《中国居民收入分配研究Ⅲ》，北京师范大学出版社，2008。

李友梅、孙立平、沈原主编《当代中国社会分层：理论与实证》，社会科学文献出版社，2006。

陆学艺主编《当代中国社会阶层研究报告》，社会科学文献出版社，2002。

陆学艺主编《当代中国社会流动》，社会科学文献出版社，2004。

陆学艺主编《当代中国社会结构》，社会科学文献出版社，2010。

孙立平：《失衡：断裂社会的运作逻辑》，社会科学文献出版社，2004。

沈晖：《当代中国中间阶层认同研究》，中国大百科全书出版社，2008。

王开玉主编《中国中等收入者研究》，社会科学文献出版社，2006。

王建平：《中国城市中间阶层消费行为》，中国大百科全书出版社，2007。

魏城：《所谓中产——英国〈金融时报〉中文网对中国中产阶层的调查》，南方日报出版社，2007。

严行方：《中产阶层》，中华工商联合出版社，2008。

殷一平：《高级灰——中国城市中产阶层写真》，中国青年出版社，1999。

许欣欣：《当代中国社会结构变迁与流动》，社会科学文献出版社，2000。

许荣：《中国中间阶层文化品位与地位恐慌》，中国大百科全书出版社，2007。

张文宏：《中国城市的阶层结构与社会网络》，上海世纪出版集团、上海人民出版社，2006。

张静主编《身份认同研究——观念 态度 理据》，上海世纪出版集团、上海人民出版社，2006。

张伟：《冲突与变数——中国社会中间阶层政治分析》，社会科学文献出版社，2005。

郑杭生、李路路等：《当代中国城市社会结构现状与趋势》，中国人民大学出版社，2004。

周晓虹主编《中国中产阶层调查》，社会科学文献出版社，2005。

周晓虹主编《全球中产阶级报告》，社会科学文献出版社，2005。

朱耀群编著《中产阶层与和谐社会》，中国人民公安大学出版社，2005。

〔英〕安东尼·吉登斯：《社会学（第4版）》，赵旭东等译，北京大学出版社，2003。

〔美〕埃里克·奥林·赖特：《后工业社会中的阶级——阶级分析的比较研究》，陈心想等译，辽宁教育出版社，2004。

〔美〕保罗·福塞尔：《格调》，梁丽真、乐涛、石涛译，中国社会科学出版社，1998。

〔美〕彼得·盖伊：《施尼兹勒的世纪——中产阶级文化的形成，1815～1914》，梁永安译，北京大学出版社，2006。

〔美〕C. 莱特·米尔斯：《白领：美国的中产阶级》，周晓虹译，南京大学出版社，2006。

〔日〕大前沿一：《M型社会——中产阶级消失的危机与商机》，刘锦秀、江裕真译，中信出版社，2007。

〔美〕丹尼斯·吉尔伯特、〔美〕约瑟夫·A. 卡尔：《美国阶级结构》，彭华民、齐闪鸿等译，中国社会科学出版社，1992。

〔美〕戴维·斯沃茨：《文化与权力——布尔迪厄的社会学》，陶东风译，上海译文出版社，2006。

〔美〕戴维·格伦斯基编《社会分层》，王俊等译，华夏出版社，2005。

〔德〕维尔纳·桑巴特：《奢侈与资本主义》，王燕平、侯小河译，上海世纪出版集团，2005。

〔日〕高坂健次主编《当代日本社会分层》，张弦等译，中国人民大学出版社，2004。

〔美〕凡勃伦：《有闲阶级论》，蔡受百译，商务印书馆，1964。

〔美〕吉利斯等：《发展经济学》，黄卫平译，中国人民大学出版社，1998。

〔日〕今田高俊：《社会阶层与政治》，赵华敏译，经济日报出版社，1991。

〔匈〕卢卡奇：《历史与阶级意识》，王伟光等译，华夏出版社，1989。

〔美〕约翰·斯梅尔：《中产阶级文化的起源》，陈勇译，上海人民出版社，2006。

C. WrIght Mills, *White Collar*：*The American Middle Class*, London：Oxford University Press, 1951.

Parker, Richard, *The Myth of the Middle Class*, New york：Harper, 1972.

二　论文类

陈义平：《关于中产阶级概念的理论问题》，《广东社会科学》2002年第1期。

陈占江：《阶层意识与社会秩序——对建国以来历史和现实的考察》，《理论研究》2007年第6期。

程丽香：《东南沿海县域居民收入差异及内在关联：福建例证》，《改革》2009年第8期。

程丽香：《东南沿海县域居民财产分布差距比较分析——基于福建省福清市和龙海市的调查》，《中国农村经济》2009年第12期。

程丽香：《东南沿海县域中等收入阶层消费差异比较分析》，《中共福建省委党校学报》2009年第11期。

程丽香：《沿海农村的社会流动——来自福建省福清市18个村庄的调查》，《福建省社会主义学院学报》2003年第3期。

程丽香：《东南沿海县域居民收入不平等与阶层差异》，《东南学术》2009年第6期。

程丽香：《转型进程中东南沿海县域社会阶层的实证分析——以福建省晋江市为例》，《中国农村观察》2008年第1期。

崔烜：《中国国际基尼系数突破国际警戒线?》，《时代周刊》2012 年第 1 期。

胡金焱、卢立香：《地区金融发展与城乡收入差距的因应：1986 ~ 2007》，《改革》2009 年第 2 期。

胡荣华等：《南京城市居民中等收入界定及分析》，《南京社会科学》2006 年第 1 期。

胡祖光：《基尼系数理论最佳值及其简易计算公式研究》，《经济研究》2004 年第 9 期。

李春玲：《中国当代中产阶层的构成及比例》，《中国人口科学》2003 年第 6 期。

李春玲：《中产阶层的现状、隐忧及社会责任》，《人民论坛》2011 年第 5 期。

李春玲：《各阶层的社会不公平感比较分析》，《湖南社会科学》2006 年第 1 期。

李强：《关于中产阶级和中间阶层》，《中国人民大学学报》2001 年第 2 期。

李培林、张翼：《中国中产阶级的规模、认同和社会态度》，《社会》2008 年第 2 期。

李培林、张翼：《消费分层：启动经济的一个重要视点》，《中国社会科学》2000 年第 1 期。

李培林：《当今英国社会阶级阶层结构的变化》，《国际经济评论》1998 年第 11 ~ 12 期。

李实等：《中国城镇居民的财产分配》，《经济研究》2000 年第 3 期。

李实、赵人伟：《中国居民收入分配再研究》，《经济研究》1999 年第 4 期。

李实等：《中国收入差距再估计》，《绿色中国》2004 年第 1 期。

李路路、李升：《"殊途异类"：当代中国城镇中产阶级的类型化分析》，《社会学研究》2007 年第 6 期。

刘欣：《中国城市的阶层结构与中产阶层的定位》，《社会学研究》2007 年第 6 期。

刘欣：《转型期中国大陆城市居民的阶层意识》，《社会学研究》2001

年第 3 期。

刘毅：《中产阶层的界定方法及实证测度——以珠江三角洲为例》，《开放时代》2006 年第 4 期。

刘毅：《社会转型期中产阶层的收入状况分析——来自珠江三角洲的报告》，《经济研究参考》2007 年第 23 期。

刘伟、周月梅、周克：《中国中等收入家庭界定方法探讨》，《经济评论》2007 年第 1 期。

陆学艺：《构建和谐社会与社会结构的调整》，《江苏社会科学》2005 年第 6 期。

陆梅：《中产阶级的概念及理论回顾》，《南通师专学报》（社会科学版）1998 年第 3 期。

马广海：《论社会心态：概念辨析及其操作化》，《社会科学》2008 年第 10 期。

沈杰：《当前时期我国的社会心态》，《北京观察》2008 年第 2 期。

沈瑞英：《"自在"或"自为"：中产阶级与阶级意识》，《上海大学学报》（社会科学版）2010 年第 1 期。

孙立平：《当前中国的贫富格局》，《经济观察报》2011 年 4 月 7 日。

孙瑞灼：《改革收入分配体制正当其时》，《新华文摘》2009 年第 15 期。

陶冶：《中等收入和上海的中等收入群体》，《社会科学》2006 年第 9 期。

王春光：《当前中国社会阶层关系变迁中的非均衡问题》，《社会》2005 年第 5 期。

王天夫、王丰：《中国城市收入分配中的集团因素：1986～1995》，《社会学研究》2005 年第 3 期。

王小鲁：《巨额灰色收入不容忽视》，《商周刊》2010 年第 16 期。

温淑春：《对当前民众社会心态的基本判断及存在问题分析》，《社科纵横》2008 年第 4 期。

吴莹等：《城镇居民代际之间的职业变化规律研究——以武汉市为例》，《中南财经政法大学研究生学报》2010 年第 1 期。

肖文涛：《中国中间阶层的现状与未来发展》，《社会学研究》2001 年第 3 期。

杨宜音：《个体与宏观社会的心理关系：社会心态概念的界定》，《社会学研究》2006 年第 4 期。

张宛丽：《现阶段中国社会新中间阶层的构成特征》，《江苏社会科学》2004 年第 6 期。

张伟：《中间阶层界定的一种》，《东岳论丛》2005 年第 6 期。

张彬：《有房有车：339 万重庆人达到中等收入》，《重庆晚报》2008 年 8 月 29 日。

郑功成：《中国社会保障改革与未来发展》，《新华文摘》2011 年第 2 期。

周晓虹：《中国中产阶级：何以可能与何以可为?》，《江苏社会科学》2002 年第 6 期。

中国社会科学院"当代中国人民内部矛盾研究"课题组：《城市人口的阶层认同现状及影响因素》，《中国人口科学》2004 年第 5 期。

朱四倍：《警惕阶层复制的陷阱》，《长江日报》2011 年 8 月 6 日。

《中产阶层的门槛又高了——有感于一份调查统计报告》，《中国信用卡》2006 年第 3 期。

《广东 35% 城镇居民是中等收入者目标：提升到 60%》，《南方日报》2005 年 1 月 6 日。

《我国城乡居民社会保障状况调查 社保体系框架基本形成》，《光明日报》2009 年 3 月 26 日。

《研究称中国重点大学农村学生比例持续滑落》，《重庆晚报》2011 年 8 月 6 日。

Peter N. Stearns, "The Middle Class: Toward a Precise Definition", *Comparative Studies in Society and History*, 1979.

Featherman, David L. F. Lancaster Jones, Robert M. Hauser, "Assumptions of Social Mobility Research in the United States: The Case of Occupational Status", *Social Science Research*, 1975（4）.

Ganzeboom, Harry B. G. , Donald J. Treiman, "Internationally Comparable Measures of Occupational Status for the 1988 International Standard Classification of Occupations", *Social Science Research*, 1996（25）.

Erikson, John H. Goldthorpe, *The Constant Flux: A Study of Class Mobility in Industrial Societies*, Oxford: Clarendon, 1992.

B. Benjamin, "Intergeneration Differences in Occupation", *Population Studies*, 1958 (4).

Peter M., Blau, Otis Dudley Duncan, *The American Occupational Structure*, New York: The Free Press, 1967.

后　记

　　课题即将完成之际,课题进展的每一个阶段以及与课题相关的所有人和事如一幕幕影视画面在脑海中闪现。

　　2000 年前后,我有幸参与陆学艺研究员主持的中国社会科学院"十五"重点课题"当代中国社会结构变迁研究"之福建福清市分课题"转型进程中的农村社会阶层结构变迁"的调查与研究,开始涉足社会分层与流动这一领域,并为这一领域的博大精深所吸引,毅然将自己的研究方向从经济学转向了社会学。2003 年又参与了何秉孟研究员主持的国家社会科学基金重点项目"中国百县(市)经济社会跟踪调查"的子项目"晋江市经济社会跟踪调查·晋江卷"的调查与研究,承担了《社会分层与流动》等章节的撰写任务,至此与社会分层和流动的研究结下了不解之缘。十多年来,由于从未间断在福建东南沿海县域的农村和城镇作田野调查与问卷调查,由此见证了这一区域经济社会的发展与变迁,也领略了这一区域"百姓从贫穷走向富裕"以及"藏富于民"的客观现实,并时时为这一区域的勃勃生机和活力而激情澎湃,同时也为这一区域居民收入分配差距的日渐拉大以及阶层的日趋分化而忧心忡忡。在完成所参与课题之余,我撰写并发表了十余篇与之相关的学术论文。

　　2006 年上半年,激情使然抑或责任使然,我以"当代中国中间阶层的实证研究——以东南沿海地区为例"为题申报了当年的国家社会科学基金青年项目,最终有幸以"当代中国中等收入阶层的实证研究——以东南沿海地区为例"的题目获得立项。欣喜之余,我开始思考:全国哲学社会科学规划办何以将"中等收入阶层"这一概念替代"中间阶层"?"中等收入阶层"和"中间阶层"的内涵和外延相同吗?怎样定义中等收入阶层?东南沿海县域的中等收入阶层的规模到底有多大?其主要构成特征如何?它有何生成机制?其内在逻辑又如何?它有什么样的阶层意识和社会心态?它与城市的中产阶层有何差异?与构建和谐的社会阶层结构有何内在联系?如何扩大我国县域的中等收入阶层?有什么样的制度约束?所有这一切问题在我脑海里翻腾。

2006年下半年和2007年一整年,课题组成员再次翻阅与阶层相关的国内外论著,重新构思课题的研究策略、相关概念的界定、国内外相关文献的回顾和综述以及考察和选择什么样的县域作为样本县域调查点更为合适。最终课题组在综合考虑专家意见、课题经费以及入户调查的可能性等基础上确定了把福建省福清市和龙海市作为问卷调查的样本县域。选择的依据是两个县域的经济基本竞争力多年来均列全国"百强县(市)"。样本县域确定后,课题组依据福清市与龙海市人口比例(1.55:1)大致确定了两个县的抽样问卷总数分别为780份、500份,并按城市化率确定福清市和龙海市的农村样本和城镇样本比例。然后,采用分层抽样法,按乡镇产值表(按现行价格计算)分别抽取两个县域的样本镇(街道办事处)以及样本村(样本居委会)。最后,以户为单位,按等距离抽样法抽取两个县域的样本户,并从被调查户家中选取年龄为16~70岁,或为户主或家中管事的且语言表达清晰的家庭成员作为调查对象。以此同时,课题组成员在中国社会科学院社会学研究所"当代中国社会结构变迁研究"课题组设计的2000年福清市的社会调查问卷以及2007年晋江市的社会调查问卷的基础上,结合福清市和龙海市的实际,设计了《"东南沿海县域中等收入阶层研究"社会调查问卷》和《"东南沿海县域中等收入阶层研究"调查员手册》,并印刷成册。

2008年上半年,课题组为进入样本县域以及样本村和居民委员会做了大量的协调工作。2008年7月2日至8月7日,课题组成员和调查员分别到福清市的9个样本村、4个样本居委会和龙海市的6个样本村、4个样本居委会进行了为时一个多月的入户问卷调查。现在回想起当时的调查过程,感慨万千,心中充满感动。入户调查之时,正值盛夏酷暑,调查的艰巨可想而知。但是,由于市镇两级政府的精心协调和组织安排,村委会和居委会干部的热心引路以及被访户的积极配合，再加上课题组成员和调查员的齐心协力和相互帮助，问卷调查顺利完成。2008 年下半年开始了问卷校对和录入工作，同时，课题组成员的阶段性研究成果也陆续产生。5 篇研究成果在权威刊物和 CSSCI 刊物上发表，并荣获福建省第八届社会科学优秀成果奖二等奖、福建省第九届社会科学优秀成果奖三等奖、第八届全国党校系统优秀科研成果奖二等奖以及福建省党校系统第八届社会科学优秀成果二等奖。

2009 年课题组成员开始进入了正式的书稿撰写阶段，2011 年底书稿写作完成。2012 年上半年进行书稿的修改与校对工作。两年多的写作过程是一个亦苦亦甜的过程，有思路不畅而辗转反侧的痛苦，也有思如泉涌而亢奋难眠的快乐。可是，面对最终的研究成果，总觉得还有许多不尽如人意的地方，无法做到巨细靡遗，由此更是忐忑不安，衷心期待评审专家们的批评指正。

本课题能够顺利完成，得到众多师长、朋友、同仁以及家人的帮助。

首先，感谢我的课题组成员们。他们是张义祯、孙秀艳、肖庆文，他们既是我课题的合作伙伴又是我生活中的挚友。没有他们真诚无私的帮助，我的课题是无法顺利完成的。多少次围绕着"中等收入阶层"这一话题，我们进行了深入探讨；多少次为了修改调查问卷，我们共同挑灯夜战；多少次为了入户问卷调查，我们在酷暑中走村串巷。感谢课题组的调查成员们。他们是福建师范大学福清分校的杨妹妹、苏晓红、林能章、陈熙、高泓媛、陈镇洲、许国狮、蔡养儿、严艺蓉，以及我先生的弟子林冠宇和表弟林晓亮、林晓波，他们是一群充满朝气和活力的在校大学生。忘不了他们白天在骄阳下进行入户问卷调查时挂满汗珠的脸庞，也忘不了他们夜晚还要加班加点校对问卷和编码的艰辛。

其次，感谢福清市沙埔镇原镇长念琪、组织委员林黎，高山镇原组织委员薛勇，新厝镇原党委书记陈成龙、原党办干事郑华明，玉屏街道办事处原副书记何育航，组织部何心平，宣传部焦丽云，融城街道派出所林晶等为课题组在福清市的入户问卷调查做了大量的组织协调和后勤保障工作；还要感谢龙海市原市委常委、市委办主任高伟强，副主任陈裕成，科长郭艺辉等人的大力支持和精心协调，为课题组在龙海市的顺利调研提供了重要保障。感谢福建师范大学福清分校人文社科系的系主任林良章、庄文泉教授为本课题组织了调查员；感谢课题负责人所在单位的原分管副校长关家麟和现任分管副校长刘大可、科研处处长柳秉文、副处长高飞乐等人为课题的顺利开展提供的支持和帮助；感谢中国社会科学院社会学研究所陆学艺教授、王春光研究员为课题的问卷设计提供了无私的帮助；感谢课题组入户的所有村委会（居委会）的干部、社区主任和一般干部的支持和帮助，也感谢所有接受本课题入户问卷调查和访谈的对象们。

再次，感谢我的先生和我的女儿。没有他们无时无刻的督促和鼓励，没有他们在生活上的支持和帮助，我的课题是难以顺利完稿的。还要感谢我的父母亲和婆婆。因为课题的缘故，我无法常回家尽孝，他们对此给予了充分的理解和支持。

最后，感谢全国哲学社会科学规划办对本课题的立项和提供的研究经费，感谢福建省社科联规划办的领导和工作人员对课题研究的支持、鼓励和鞭策，感谢中共福建省委党校对本课题的研究成果给予出版资助，感谢本课题申请出版资助时匿名评审专家们的中肯建议，感谢社会科学文献出版社社长谢寿光、社会政法分社社长王绯、责任编辑曹义恒等人的大力支持和辛勤编校。

图书在版编目（CIP）数据

中等收入阶层实证研究：以福建省东南沿海县域为例／程丽香著.

-- 北京：社会科学文献出版社，2012.12（2019.6 重印）

（海西求是文库）

ISBN 978 - 7 - 5097 - 4185 - 6

Ⅰ.①中…　Ⅱ.①程…　Ⅲ.①县 - 消费水平 - 研究 - 福建省

Ⅳ.①F126.1

中国版本图书馆 CIP 数据核字（2013）第 004242 号

·海西求是文库·

中等收入阶层实证研究
——以福建省东南沿海县域为例

著　　者／程丽香

出 版 人／谢寿光
项目统筹／王　绯
责任编辑／曹义恒

出　　版／社会科学文献出版社·社会政法分社（010）59367156
　　　　　地址：北京市北三环中路甲 29 号院华龙大厦　邮编：100029
　　　　　网址：www. ssap. com. cn
发　　行／市场营销中心（010）59367081　59367083
印　　装／三河市龙林印务有限公司

规　　格／开　本：787mm × 1092mm　1/16
　　　　　印　张：17.5　字　数：293 千字
版　　次／2012 年 12 月第 1 版　2019 年 6 月第 4 次印刷
书　　号／ISBN 978 - 7 - 5097 - 4185 - 6
定　　价／58.00 元

本书如有印装质量问题，请与读者服务中心（010 - 59367028）联系